한국춤의 역사

한국춤의 역사

김명숙 지음

이화여자대학교출판문화원

| 책을 펴내며 |

이 책은 저자가 1995년부터 이화여자대학교에서 '한국무용사' 강의를 하며 수집해두었던 자료들과, 그와 연관된 사진 자료들을 집대성한 것이다. 이 책의 자료를 수집하는 작업은 저자가 2011년 이화여자대학교 한국문화연구원에서 기획한 『Understanding Korean Art』를 집필하면서부터 시작되었다. 저자는 2006년부터 3년간 미술·음악·무용 분야 교수진으로 구성된 이화여자대학교 한국 예술교재 개발팀 집필위원으로 참여하면서, 선사시대부터 현대까지의 역사 흐름에 따른 한국 예술의 장르별 특성을 심도 있게 논의했다. 그리고 그 결과물이 외국 대학의 교양서적으로 사용될 목적으로 발간된 '이화 한국학 국제화 총서 4' 『Understanding Korean Art』이다. 저자는 이 작업에서 수집한 자료들을 기반으로 하여 이 책을 집필했다.

이 책에서는 한국춤의 기원을 살펴보고, 선사시대부터 고구려·백제·신라의 삼국시대 및 통일신라시대, 고려시대, 조선 전·후기와 근현대까지 시대적·문화적 배경과 미술사·음악사 그리고 춤의 역사를 함께 살펴본다. 단순히 한국춤의 역사만을 다루는 것이 아니라 각각의 시대적·문화적 배경, 그리고 미술사·음악사와 함께 서술함으로써 한국 예술, 즉 춤과 사회와 예술의 관계를 총체적으로 이해할 수 있도록 한 것이 이 책의 가장 큰 특징이라 할 수 있다. 또한 일차 자료인 원전과 국문 해석본을 함께 수록하여 원전에 대한 쉬운 풀이를 제공하고, 춤과 관련된 주요 용어 역시 쉽게 풀어주며, 이와 함께 다양한 사진 자료를 제시함으로써 독자들이 한국춤의 역사를 이해하는 데 필요한 기초적이면서 구체적인 콘텐츠를 제공한다.

이 책은 한국춤의 역사의 근간이 되는 『고려사高麗史』「악지樂誌」, 『악학궤범樂學軌範』, 『정재무도홀기呈才舞圖忽記』, 『삼국유사三國遺事』, 『진찬의궤進饌儀軌』, 『진작의궤進爵儀軌』 등의 원전을 새롭게 해석했다는 점, 저자가 정재(呈才) 중 가장 많이 추어지는 춘앵전의 홀기를 故김천흥 선생님께 직접 사사받은 대로 정리하여 한자 풀이와 함께 춤사위에 대한 설명을 곁들였다는 점, 승무와 살풀이춤, 태평무 등 국가무형문화재로 지정된 춤 종목을 '예인무'로 새롭게 규정(『Understanding Korean Art』 집필 당시 문화재로 지정된 춤 종목을 '예인의 춤'으로 분류했음)하여 한성준, 김천흥, 배구자, 조택원, 최승희, 한영숙, 송범, 강선영, 김백봉, 이매방, 최현 등 여러 예인들의 삶과 그들의 예술 세계를 깊이 있게 다룸으로써 인물 중심으로 한국춤의 역사를 살펴본다는 점에서 의의가 있다. 특히 근현대 춤을 다룬 부분에서는 저자가 직접 사사받은 스승님들을 중심으로 그들의 예술 세계를 서술했다. 미술과 음악, 춤을 포함한 한국 예술의 역사와 전반적인 흐름을 새로운 시각으로 서술한 이 책이 무용을 전공하는 학생들에게는 한국춤의 역사를 살펴보기 위한 전공서로서, 또 무용 예술에 관심이 있는 일반인에게는 한국춤에 쉽게 접근할 수 있게 하는 교양서로서 기여할 수 있기를 바란다.

한 가지 특별히 짚고 넘어가고 싶은 것은 '무용(舞踊)'이라는 용어에 대한 문제이다. '무용'이라는 낱말은 일본 영문학자 쓰보우치 쇼요(坪内逍遙, 1859~1935)가 "팔을 올리고 저으며 돌린다는 뜻의 '무'와, 발로 딛고 차며 뛰어오른다는 뜻의 '용(踊)'을 묶어 영어의 'Dance', 프랑스어의 'Danse', 독일어의 'Tanz'와 완전히 동의 개념이 되도록 구성"(小原國芳, 1963: 197)한 것으로, 한국 학계에서는 이를 그대로 받아들여 현재도 춤의 고유명사로서 '무용'을 사용해오고 있다. 하지만 근래 한국춤계에서는 '무용'이라는 단어 대신 '춤'이라는 우리 고유의 어휘를 사용하고자 노력하고 있으며, 이러한 의미에서 이 책에서는 '무용'을 '춤'으로 명시했다.

이 책을 출간하기까지 많은 분들이 도움을 주셨다. 우선 저자에게 한국춤의 역사와 춘앵전의 한문 풀이 및 정재를 자세히 지도해주셨던 故김천흥 선생님, 이화여자대학교 재학 시절 한국춤의 역사를 가르쳐주신 김매자 선생님, 예인무인 태평무의 가르침을 주신 故한영숙 선생님, 살풀이춤을 가르쳐주신 故이매방 선생님, 그리고 한국춤의 멋을 일깨워주신 故최현 선생님께 감사의 마음을 전한다. 고인이 되신 스승님들의 춤과 역사를 직접 보고 배울 수 있었던 경험이 이 책을 집필할 수 있는 자산이 되었다고 생각하니 스승님들에 대한 그리움이 더욱 간절해진다. 더불어 귀중한 사진 자료를 사용할 수 있도록 도움을 준 국립국악원, 국립극장, 국립무형유산원, 국립중앙박물관, 한국콘텐츠진흥원, 한국학중앙연구원, 심소김천흥무악보존회, 정재연구회에 감사드리며, 개인 소장 사진을 제공해준 김문숙 선생님과 이애주 선생님과 해사스님에게도 감사드린다. 또한 자료 수집에 도움을 준 사랑하는 석·박사 과정의 제자들과 원고 정리 및 교정에 도움을 준 제자 남선희에게도 고마운 마음을 전하며, 끝으로 책의 출판을 맡아주신 이화여자대학교출판문화원 관계자분들께 감사의 마음을 전한다.

2019년 5월 이화동산에서

이화여자대학교 무용과 교수

늘휘무용단 예술 감독

김명숙

| 차례 |

제3장
통일신라시대(7세기~9세기)

제4장
고려시대(10세기~14세기)

제5장
조선시대 전기(14세기~16세기)

제6장
조선시대 후기(17세기~19세기)

제7장
근대(19세기 후반~20세기 전반)

제8장
현대(20세기 중반~)

제1장

선사시대

(~기원전 1세기)

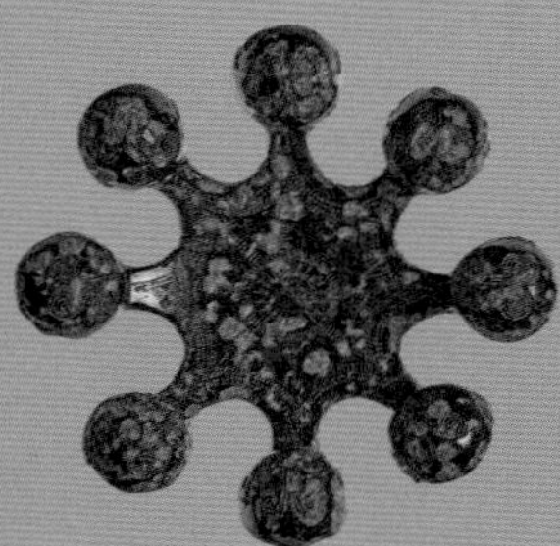

춤의 어원과 한국춤의 기원

한국춤의 본질은 무(巫), 무(舞), 악(樂)을 총칭하는 개념인 '춤'의 어원을 통해 이해할 수 있다. 춤은 순우리말로 "인간의 육체를 표현 매체로 삼아 사상, 감정, 감각, 정서 등을 몸으로 표출하는 행위"[1]를 의미한다. 이는 '추다'의 명사형으로서 '춤을 추다'라는 의미 외에 어떠한 대상을 위로 올리거나 칭찬한다는 의미를 지니며, '우러러보다', '추앙하다' 등의 의미와 결부되어 신앙의 대상을 기쁘게 하고 산 사람도 그 기쁨에 동참함으로써 하늘과 인간의 합일을 이루고자 하는 행동 양식으로 풀이될 수 있다. 한국춤 개념의 시초가 되는 '무(巫)'는 『설문해자說文解字』에 "여자가 무형(無形)의 신(神)을 섬길 때 양편 소매를 늘어트리고 춤을 춤으로써 신을 내리게 하는 형상을 따서 만든 글자"[2]라고 기록되어 있다. 다시 말해 무(巫)는 '춤으로써 신을 섬기는 자'를 의미하며, 여기서 공(工)자는 하늘과 땅을 연결한다는 의미이고, 인(人)자는 춤추는 사람을 의미한다. 즉 가무(歌舞)를 통해 하늘과 땅, 신과 인간이 하나로 연결되게 한다는 뜻이다.

춤과 무당을 나타내는 한자 '舞'와 '巫'는 같은 '무'로 발음될 뿐만 아니라 무(舞)란 무(巫)가 춤을 추는 것을 나타낸 것이고, 무(巫)란 신주(神主) 또는 지석묘 앞에서 춤추는 것을 상형한 것이다. '무(舞)'는 앞서 언급한 무인(巫人)이 춤추는 모습을 나타내는 것으로, 소의 꼬리와 새의 깃, 나뭇가지 등을 양 아래로 내리고 있는 형상을 보인다. 이는 소리가 나지 않는 움직임으로서 춤을 의미하는 단어로 여겨졌다. 반면 '악(樂)'은 방울과 흡사한 것을 위로 흔들면서 춤추는 형상을 보이며 이는 소리가 나는 움직임으로서 음악을 의미하는 단어로 여겨졌다. 이때 손을 위아래로 흔드는 행위는 춤의 형태를 상징적으로 나타내는 것으로, 즉 '무악(舞樂)'은 상호 불가분의 관계를 지닌다. 따라서 무당 무(巫)와 춤출 무(舞), 그리고 음악 악(樂)의 세 단어의 어원에는 깊은 관련성이 있다고 볼 수 있다.

한국춤은 하늘에 제사를 지내는 제천 의식(祭天儀式)에 기원을 두고 있다. 원시시대의 인간은 농경 · 어업 · 수렵 생활을 했으며 본격적으로 정착 생활을 함에 따라 자연의 변화에 큰 영향을 받게 되었다. 그로 인해 하늘과 같은 초자연적인 존재를 숭배하게 되었으며, 이를 대상으로 제천 의식이 행해졌다. 이 시기는 문자가 발명되기 이전이므로 제천 의식에서 생존과 풍요를 기원하는 집단가무가 이루어졌고, 이때 추어진 춤은 짐승이나 자연현상을 모방하는 형태로 구성되었다. 이러한 제천 의식은 부족 사회에서 전승되다가 국가의 성립과 더불어 국가의례로 자리 잡게 되었다. 또한 제의(祭衣) 형식의 변화에 따라 제천 의식의 춤도 함께 변화했으며, 후대에는 음악, 시, 춤이 분리되지 않은 악(樂) · 가(歌) · 무(舞) 일체의 형식으로 나타났다. 이렇듯 한민족의 제천 의식을 기반으로 선사시대부터 부족국가시대를 지나 조선시대 후기까지의 공동체적 삶의 방식과 민족 문화가 형성되었다.

선사의 시대적 · 문화적 배경

선사시대는 인류의 출현 이후부터 문자를 사용한 역사 기록이 존재하기 이전까지의 시대를 말한다. 이 기간은 수백만 년에 달하는 인류의 역사 중 대부분을 차지하는 긴 시간으로, 현존하는 유물과 유적 등을 통해 당대의 문화를 추정할 수 있다. 선사시대는 인류가 사용했던 도구에 따라 크게 석기시대, 청동기시대, 철기시대로 구분된다.

인류의 역사 중 가장 이른 시기인 구석기시대의 유물은 대부분 강가나 동굴에서 발견되었다. 이 시기에 인간은 동물의 뼈로 만든 도구나 돌과 돌의 마찰로 만든 뗀석기를 이용하여 사냥과 채집, 어로를 통해 생존했으며, 한 곳에서 안정적으로 식량을 얻지 못했기 때문에 무리 지어 이동 생활을 했다. 이후 신석기시대에는 기후가 따뜻해짐에 따라 생활 환경이 변화하고 풍요로운 삶을 누리게 되었다. 이 시기의 인간은 강이나 해안가에 땅을 파서 만든 움집에서 정착 생활을 했으며, 또한 농경 문화가 시작되면서 식량을 채집하는 단계에서 생산하는 단계로 변화했다. 이 시기에는 돌을 갈아서 만든 간석기와 토기를 만드는 기술이 발달했으며, 노동 생산물인 곡식을 토기에 저장하는 방식을 통해 안정적인 생활이 가능해졌다. 인간은 농경 생활을 하면서 점차 자연의 영향을 크게 받게 되었고, 자연에 대한 두려움과 함께 숭배의 감정을 갖게 되었다. 이는 토테미즘(totemism), 애니미즘(animism), 샤머니즘(shamanism)과 같은 원시 신앙의 형태로 나타났다. 인간은 천지 만물에 영혼이 존재한다는 믿음을 갖게 되었으며, 가무를 통해 천지 만물과 조상의 혼령을 대상으로 한 의례를 행했다. 오랜 세월 동안 자연 도구를 사용하던 신석기인들은 말기에 이르러 청동야금술을 발명했는데, 이를 통해 청동 무기와 도구를 만드는 발전의 계기를 맞이하게 되었다. 이는 사회 전반에 큰 변화를 일으켰으며 기존의 사회는 점차 분업화되고 계층화된 조직 사회로 변화하게 되었다.[3]

청동기시대는 문명이 시작된 시기이자 사회 계급이 형성된 시기이다. 벼농사의 시작으로 인해 생산력이 향상되었으며, 잉여생산물의 발생으로 빈부의 격차가 생겨났다. 신석기시대까지의 사회상은 평등한 공동체 사회였으나 이러한 빈부격차의 발생으로 인해 청동기시대부터는 계급 사회가 형성되었다. 또한 질서 유지를 위해 최고 지배자인 군장(족장)이 등장하게 되었다. 그는 정치적 지도자이자 제사장으로서, 제의를 통해 부족 통합을 이루었다. 따라서 이 시기를 제정일치(祭政一致) 사회라고 한다. 기원전 2333년경에는 청동기 문화를 배경으로 군장이 다스리는 부족들을 '단군(檀君)'이 통합하면서 한반도 최초의 국가인 고조선(古朝鮮)이 형성되었다. 무당 혹은 제사장을 뜻하는 단군과 정치적 지배자를 뜻하는 '왕검(王儉)'의 합성어인 단군왕검은 제사장의 역할을 겸한 정치적 지배자로 통용되었으며, 즉 이를 통해 고조선시대는 제정일치 사회였음을 알 수 있다.

고조선 주변으로 성장한 여러 부족국가 중 부여(夫餘, 기원전 2세기~494년)는 고구려와 백제의 모체가 되는 국가이다. 송화강 유역의 넓고 비옥한 평야를 차지하여 농업과 목축을 생업으로 삼았으며, 추수가 끝난 12월에 '영고(迎鼓)'라는 제천 의식을 행했다. 부여가 성장하고 있을 당시에 부여족의 또 한 갈래가 옥저(沃沮, 함경도 지역)와 동예(東濊, 강릉 지역)를 세웠다. 옥저에는 '민며느리제'라는 결혼 풍습이 존재했으며, 동예는 10월에 추수감사제와 풍어제의 뜻이 담긴 '무천(舞天)'이라는 제천 의식을 거행했다. 그러나 동예와 옥저는 기원후 1세기경에 등장한 고구려의 정치적 압박과 경제적 수탈로 인해 크게 성장하지 못했다. 그렇게 부여와 고구려 그리고 삼한이라는 주변국들의 압력으로 인해 선진 문화의 수용이 늦었던 동예와 옥저는 군장국가의 형태에서 완전한 국가 형태로 넘어가지 못했고 결국 고구려에 편입되었다.[4]

기원전 2세기 말 토착 문화와 위만조선(衛滿朝鮮: 위만이 집권한 이후 멸망할 때까지의 고조선)의 유이민 문화가 융합되어 발전하면서 삼한(三韓)이 등장했다. 삼한은 경상북도 지역을 중심으로 한 진한(辰韓), 경상남도 지역을 중심으로 한 변한(弁韓), 경기도·충청도·전라도 지역을 중심으로 한 마한(馬韓)을 의미한다. 삼한은 제사와 정치가 분리되어 있는 제정분리 사회로, 정치적 지배자와 함께 국읍(國邑)에 '천군(天君: 무당)'이라 불리는 제사장을 두었다. 이들은 별읍(別邑)인 '소도(蘇途: 솟대)', 즉 큰 나무를 세우고 방울과 북을 매달아 귀신을 섬기는 신성 지역을 관할했다.

선사시대는 한국 미술의 태동을 알린 시기로 인류학적으로도 매우 귀중한 가치를 지닌다. 현재 시대별로 유물과 유적에 대한 연구가 진행되고 있으나, 구석기시대의 미술은 논란의 여지가 많아 그 시대에 존재하는 미술의 특징을 명확하게 논하기는 어렵다.[5] 한편 신석기시대의 미술은 곡선적 조형미가 대표적 특징이며 주로 기하학적·추상적·상징적인 표현 형식으로 나타난다. 신석기시대를 대표하는 상징적 유물은 토기이다. 토기의 발달 양상은 서울, 함경도, 강원도 등 지역 간 차이를 보였으며, 그중 대표적인 작품으로는 덧무늬토기, 빗살무늬토기 등이 있다. 또한 이 시기에는 회화의 시초라고

• 도1-1 빗살무늬토기, 신석기
(국립중앙박물관 제공)

• 도1-2 울주 대곡리 반구대 암각화, 신석기(문화재청 제공)

• 도1-3 청동 방울(팔주령), 초기 철기
(국립중앙박물관 제공)

할 수 있는 평면미술, 즉 암각화(巖刻畫)가 등장했다. 암각화는 신석기시대부터 청동기시대에 걸쳐 제작된 것으로 추정되며, 그중 울주 대곡리 반구대 암각화는 고고학 및 미술사학 분야의 연구에서도 매우 귀중한 가치를 지닌다. 반구대 암각화에는 약 146점의 동물 도상이 그려져 있으며, 이를 통해 당시 수렵을 기본 생활 수단으로 여겼음을 알 수 있다. 종종 서로 다른 지역의 암각화에서 같은 형태의 도안이 발견되고 있다는 점을 통해 각각의 암각화에는 상호 연관성이 있음을 파악할 수 있다.

청동기시대의 미술에는 추상적·상징적인 경향과 구상적·사실적인 경향이 병존했다. 신석기시대 미술의 대표적인 특징이 '곡선적 조형미'였다면 청동기시대 미술의 대표적인 특징은 '대칭미'였다. 이는 청동기시대의 대표적인 유물인 '검'에서 찾아볼 수 있다. 지배층의 권위를 상징했던 청동검의 형태는 청동기시대 전기에 비파형 동검으로, 후기에 세형 동검으로 변화했다. 또한 청동기시대가 시작됨과 동시에 토기의 형태는 빗살무늬토기에서 민무늬토기로 변화하기 시작했다. 이처럼 미술의 탄생은 인류의 역사와 함께했다고 할 수 있다. 인간의 기능에 충실하도록 제작된 도구들은 인류의 창조성이 더해져 한 걸음 더 진보된 양상으로 나타났으며, 이에 그치지 않고 아름다운 형태로 창조되었다.

선사시대의 음악은 악(樂)·가(歌)·무(舞) 일체의 종합예술의 형태로 나타난다. 약 1만 년 전 간빙기에 접어들면서 인간은 수렵·어로 활동과 함께 농경 생활을 시작했다. 자연과 밀접한 생활로 인해 만물을 구성하는 모든 '것'에 생명이 있다고 믿었던 선사시대인들은 원시 신앙을 제천 의식의 형태로 만들었다. 이는 오늘날 굿의 형태로 이어졌으며 정월대보름 축제, 단오제, 농악 등에서 이러한 풍습을 엿볼 수 있다. 의식을 진행하는 동안 제사장은 북을 치거나 방울을 들었는데, 이는 악기가 주술적인 힘을 갖고 있다는 믿음에서 비롯된 것이었다. 특히 방울은 양(陽)의 기운을 지녔다고 여겨져 양신(陽神)을 상징했으며, 소리를 내는 악기로서 자연적이면서 원형적인 것을 의미한다고 보았다. 이처럼 의식에서 사용된 악기는 주술자와 같은 맥락에서 중요한 의미를 지녔으며, 주술적인 힘을 상징하는 도구로 자리했다.

선사시대에 연주된 음악은 진수(陳壽)의 『삼국지三國志』「위지동이전魏志東夷傳」에 "변진의 풍속은 노래 부르기와 춤추기를 좋아하고 술 마시기를 즐겨하는 것이다. 슬(瑟)이 있는데 그 모양은 축과 비슷하고, 그 악기로 타는 악곡이 있다"[6]라고 언급되어 있다. 또한 부여, 고구려, 동예는 일정한 시기 동안 이와 같은 가무를 통해 하늘을 섬기는 풍습이 있었다고 전해진다. 한편 고조선의 음악은 한국 '춤'에 대한 기록을 통해 사적 흔적을 살펴볼 수 있다. 고조선의 악무는 중국 하소강(夏少康) 때 중국에서 연희되었다는 기록과 함께 주공(周公)이 편찬한 『주례周禮』에 언급되어 있다.[7] 이러한 내용을 통해 고조선이 고도로 발달된 악무의 형태를 지녔음을 추정할 수 있다.

1. 원시시대의 춤

원시시대(原始時代)는 언어와 문자가 발생하기 전 시대로, 이 시기의 춤은 자신의 의사와 감정을 표현하는 생존 수단이었다. 이를 통해 춤은 기쁨, 사랑, 공포, 분노 등 신체의 본능적 욕구와 희로애락(喜怒哀樂)의 감정 변화를 표현하면서 시작되었다는 것을 알 수 있다. 예를 들어 이 당시에는 부족 간의 전투가 빈번하게 발생하면서 전투의 도구를 잡고 승리를 기원하거나 훈련하는 형태의 춤이 있었을 것으로 추정된다.

구석기시대의 인간은 사냥과 이동 생활을 했으며, 사냥에 대한 간절한 바람을 동굴 벽화나 암각화로 표현했다. 이 시기의 사람들은 벽에 새긴 동물 그림을 향해 창을 던지는 등의 의식을 통해 풍요를 기원했으며, 이러한 형태가 춤으로 발전되었을 것이라고 볼 수 있다.

한편 신석기시대로 접어들면서 경제적 · 지리적으로 비교적 안정된 삶이 시작되었다. 신석기시대에는 부족 간의 혼인 · 장례 의식에서 춤이 행해졌으며, 따라서 원시시대의 춤은 생활 양식과 분리될 수 없는 생존과 의례로부터 발생했다는 것을 추정할 수 있다. 춤의 형태는 동물의 동작과 사물을 모방하는 형태로 나타났으며, 종교적인 목적이나 수렵, 유희, 오락 등을 위한 수단으로 사용되었다. 이 시기에도 풍요에 대한 인간의 소망을 기원하고 질병이나 사망에 대한 두려움을 극복하기 위한 제례 의식이 행해졌는데, 이는 토테미즘, 애니미즘, 샤머니즘 등의 형태로 나타났다. 특히 샤머니즘은 주술 행위에서 가무 의식(歌舞 儀式)이 이루어지는 등 종합예술의 성격을 띠었다.

2. 고조선시대의 춤

고조선시대의 무악은 3~4천 년 전에 중국에 전파되어 '동이무악(東夷舞樂)'이라 했으며, 당시 중국에서는 동이무악을 관장하는 관청과 관직을 두어 공연하고 전승토록 했다. 고조선시대의 춤에 관한 기록으로는, 고려시대 승려 일연(一然, 1206~1289)의 『삼국유사三國遺事』와 중국 고문헌인 『주례』, 『후한서後漢書』, 『오경통의五經通義』, 『사기史記』 등이 있다. 중국의 여러 전적에 의하면 동이, 즉 우리나라의 악은 '매(昧)', '이(離)' 또는 '주리(株離)'라고 명명되고 있다.[8] 각 문헌에 기록된 고조선시대의 춤은 다음과 같다. 첫째, 『삼국유사』에 의하면, 고조선시대에는 청동기 문화의 발달로 인해 청동검이나 청동방울과 같은 유물이 무속 의식에서 사용되었다고 전해진다. 따라서 고조선의 제천 의식은 악·가·무 일체의 종합예술의 성격을 지니고 있음을 알 수 있다.

둘째, 중국 서주의 주공이 편찬한 『주례』에는 고조선의 음악을 관장하여 가르쳤으며 제사 때 고조선의 춤을 추게 했다는 기록과 함께 춤추는 자들의 서열과 인원 수까지 명시되어 있다. 또한 『주례춘관주소周禮春官註疏』에서는 "동이의 악은 주리라 하는 바 양기(陽氣)에 적응한 것을 말하며 만물이 땅으로 솟아나옴이라" 했다.[9] 이를 통해 고조선의 주리가 농경춤의 한 형태로 추어졌을 것이라고 추정할 수 있다. 셋째, 『후한서』「동이전東夷傳」에는 중국 하소강 때 동이인을 왕의 궁중에 모셔다가 그들의 춤과 음악을 보고 들었다는 기록이 있다. 이를 통해 우리 음악과 춤이 중국에까지 전해졌음을 알 수 있다.[10]

넷째, 『오경통의』에는 풍농을 기원하는 춤에 대해 지모무(持矛舞)가 기록되어 있다. 이는 우리나라 춤의 명칭에 관한 최초의 기록으로, '모(矛)'라고 불리는 삼지창을 들고 주술적이면서 전투적인 성향의 움직임을 보이는 춤에 대해 설명한다. 다섯째, 『사기』에는 기자조선(箕子朝鮮: 중국 은나라 말기에 현자 3인 중 한 명인 기자가 조선에 와서 단군조선에 이어 건국했다고 전하는 나라)의 천로왕(天老王, 재위 기원전 658~기원전 634)이 비류강에 놀러 나갔을 때 악공들은 영선악(迎仙樂)을 연주하고 궁녀들은 영선무(迎仙舞)를 추게 했다는 기록이 있다. 이를 통해 고조선시대에는 악공과 궁녀가 분리되어 있었으며, 영선무라는 춤이 추어졌다는 것을 알 수 있다. 영선무는 선인을 맞이하는 신선 사상과 천신 숭배 사상에서 비롯된 춤으로, 이 시기에 지배 계급을 위한 궁중 연향무(宴饗舞)가 있었음을 알 수 있다.

또한 중국에서는 우리나라를 '동이족(東夷族)'으로 칭하면서 우리나라의 가무에 대해 서술했다. 그중 춤에 대한 기록은 다음과 같다.

> 『주례춘관주周禮春官注』 '무지이동이지무舞之以東夷之舞'
>
> 『예기명당위禮記明堂位』 '매동이지악昧東夷之樂'
>
> 『주례주周禮注』 '사이지악동주왈四夷之樂東侏曰'
>
> 『오경통의五經通義』 '동이지악 지모무 조시생야同異之樂 持矛舞 助詩牲也'

3. 부족국가시대의 춤

고조선의 붕괴 이후에는 부여, 초기 고구려, 동예, 삼한 등 다양한 부족국가가 나타났다. 부족국가는 조상신과 천신 및 자연신을 숭배했으며, 이러한 제의에서 집단가무 형태가 발달했다. 기록에 의하면 이 당시의 제천 의식은 음주가무(陰嗾歌舞)가 있는 국가 전체의 성대한 행사였으며 추수감사제와 같은 성격을 지녔다. 고구려의 동맹, 동예의 무천, 부여의 영고, 삼한의 소도 등의 제천 의식은 집단으로 노래와 춤을 즐기던 군취가무(群聚歌舞)의 성격이 짙었다는 점이 그 예이다. 이러한 음주가무의 축제는 민족공동체의 생활 문화로서 오늘날까지 광범위하게 계승되고 있다.

『삼국지』「위지동이전」에 의하면, 부여는 '영고(迎鼓)'라는 제천 의식을 통해 은정월(殷正月: 12월)이면 추수를 마치고 하늘에 제사를 올렸다고 한다. 또한 군사(軍事)가 있을 때에도 제사를 지내 소의 발굽 뼈로 점을 쳐서 길흉을 가렸다고 한다. 이 시기에는 남녀노소가 함께 노래하고 춤추며 음주를 즐겼고, 죄수들을 석방하기도 했다고 전해져 영고가 당시의 최대 국중 행사였음을 알 수 있다.

> 殷正月祭天 國中大會 連日飮食歌舞 名日迎鼓。於是斷刑獄 解囚徒。[11]
>
> 은나라 달력 정월(지금의 12월)에 지내는 제천 행사는 나라에서 벌이는 대회로 날마다 마시고 먹고 노래하고 춤추는데, 그 이름을 영고(迎鼓)라 한다. 이때는 형옥(刑獄)을 중단하고 죄수를 풀어주었다.

초기 고구려의 제천 의식은 '동맹(同盟)'으로, 10월에 남녀가 무리를 지어 가무악을 즐겼다고 기록되어 있다. 동예 또한 10월에 '무천(舞天)'이라는 제천 의식을 열어 음주가무를 즐겼으며, 부족 간의 친목을 도모했다.

> 其民 喜歌舞 國中邑落 晝夜 男女群聚 相就歌戲。[12]
>
> 그 백성들은 노래와 춤을 좋아하여 나라 안의 촌락마다 밤낮으로 남녀가 떼를 지어 모여 서로 노래하며 유희를 즐긴다.

삼한에서는 '천군(天君)'이라는 전문 사제를 따로 두어 제천 의식을 열었

• 도1-4 부족국가시대의 지도

다. 특히 마한에서는 5월의 파종과 10월의 추수 후에 추수감사제를 열었으며, 이때 천군은 '소도(蘇塗)'라는 성스러운 구역에서 제사를 지내며 음주가무를 즐겼다. 삼한의 가무에 관한 기록 중 율동과 장단, 무구 등에 있어 '탁무(鐸舞)'와 비슷한 구성을 지닌 춤이 있었다고 전해진다. 이 춤은 땅을 밟으며 질서정연하게 추는 춤으로, 군중이 함께 윤무(輪舞)의 형식으로 앉았다 일어났다 하면서 손발을 치는 형태의 춤이다. 오늘날 풍년을 기원하는 두레굿, 풍물굿 등이 이러한 의식에서 비롯되었으며, 5월 강릉 별신(別神)굿과 10월 전국 각지 도당(都堂)굿의 원형이 되었을 것으로 보인다.

> 常以天月下種 祭鬼神 晝夜會聚歌舞。舞輒數十人 相隨踏地。爲節十月 農功畢 亦如之。[13]

> 늘 5월에는 씨뿌리기를 마치면 귀신에게 제사를 지내는데, 무리 지어 노래하고 춤추고 술 마시며 밤낮을 쉬지 않는다. 그 춤은 수십 명이 모두 일어나 뒤를 따르며 땅을 밟고 몸을 낮추다가 솟구치면서 서로 손발을 맞추는 것인데, 그 절주(節奏: 가락)가 탁무와 비슷하다. 10월에 농사일이 끝나면 역시 이렇게 한다.

선사시대의 춤은 본능적이고 유희적인 신체 움직임, 제천 의식에서 볼 수 있는 제의적인 움직임의 특징이 강하게 나타나며, 후대에는 공동체적인 가무예술의 형식으로 발전했다.

제
2
장

삼국시대

(기원전 1세기~7세기)

고구려의 시대적·문화적 배경

삼국시대(三國時代)는 고구려, 백제, 신라가 건국되어 삼국이 정립된 시기로, 부족국가시대에서 탈피하여 절대왕권이 확립되고 왕권이 강화되면서 지배계층의 귀족 문화와 피지배계층의 천민 문화가 확연히 구분되기 시작했다. 이 시기의 예술은 왕권 강화의 수단으로 더욱 발전했으며, 춤 또한 각종 국가의 연희와 여흥의 목적에 따라 발전했다. 그러므로 삼국시대의 춤은 삼한시대보다 형식적·내용적으로 더욱 발전되었음을 추정할 수 있다.

고구려(高句麗, 기원전 37~668)는 『삼국사기三國史記』「고구려본기高句麗本紀」에 의하면 기원전 37년에 주몽이 부여에서 달아나 졸본(卒本) 지역에 세운 국가이다. 초기 고구려는 소노부(비류부), 절노부(연나부), 순노부(환나부), 관노부(관나부), 계루부의 5부족 연맹체로 구성되었으며, 계루부 출신의 동명성왕(주몽)이 이들을 통합하여 졸본에서 즉위했다. 기원후 3년 고구려는 졸본에서 압록강 지류인 동가강(佟佳江) 유역의 국내성(國內城)으로 천도했다. 이는 이곳이 산으로 둘러싸여 방어에 적합하고 압록강 주변에 위치하여 영토를 확장하는 데 유리했기 때문이다.[1] 그러나 고구려는 압록강 유역의 광활한 지역을 지배했음에도 땅이 척박하고 농경지가 적어 농경 생활과 함께 목축·수렵 생활을 했으며, 상대적으로 국력이 약했던 옥저와 동예에서 식량을 약탈했다.

고구려는 중국과 서역(西域: 중앙아시아)에 인접해 있어 중국 화북(華北) 지방을 비롯하여 북쪽 소수 민족과 교류했으며, 이를 통해 여러 선진 문물을 받아들였다. 그리고 대동강 유역에서 발전한 옛 낙랑 문화를 주체적으로 수용하여 고구려만의 창조적이고 독특한 예술로 발전시켰다. 고구려의 문화는 백제, 신라, 가야, 일본 등에 전파되어 인류의 문화 발전에도 지대한 영향을 미쳤다. 또한 고구려는 중국 대륙과 인접해 있어 삼국 가운데 가장 먼저 불교를 받아들였다. 소수림왕 2년에 전진(前秦)의 왕 부견(苻堅)이 승려 순도(順道)를 고구려로 파견하여 불경과 불상을 전해온 것이 불교의 시초가 되었으며, 불교를 국교화하고 학문과 문예를 장려하면서 강한 국력을 유지했다.[2] 『삼국지』「위지동이전」에 의하면 고구려의 풍속은 지리적 위치상 주변이 강적으로 둘러싸여 잦은 전쟁을 겪으면서 자연히 무(武)를 숭상하게 되었다. 또한 건국 시조인 주몽과 그의 어머니 유화부인을 대상으로 제사를 지냈으며, 10월에는 '동명(東明)'이라고도 불리는 제천 의식인 '동맹(東盟)'을 행했다.

삼국시대는 회화, 조각, 공예가 본격적으로 발달한 시기로, 다양한 미술 작품이 등장했다. 그중 고구려의 회화에서는 채색 활동이 본격적으로 시작되었으며, 이를 나타내는 예가 바로 고분벽화(古墳壁畵)이다. 고구려 고분벽화는 유네스코에서 지정한 세계문화유산으로 등록되었으며 사적으로도 중요한 가치를 인정받고 있다. 4세기경 제작되기 시작한 고구려의 고분벽화는 압록강 북쪽과 대동강 이남에서 주로 발견되고 있으며 벽화의 내용을 통해 그 시대 생활상과 문화적 배경을 비교적 명확하게 살펴볼 수 있다.

고구려의 벽화는 그림의 내용과 화풍에 따라 크게 세 시기로 나누어볼 수 있다. 고구려 초기(4~5세기)에는 현세의 생활 장면이 그려졌으며, 중기(5~6세기)에는 인물풍속도와 사신도가 등장했다. 그리고 후기(7세기)에는 중기에 그려졌던 사신도의 형태가 더욱 전문적이고 집중적인 형태로 나타났다.[3] 벽면에는 한 인간의 현세에서의 삶이, 천장에는 망자의 혼백이 향하는 내세와 천상계가 그려져 있다. 이를 통해 고분 속 공간이 하나의 소우주로 여겨졌다는 것을 알 수 있으며, 고분벽화의 변화 양상을 통해 고구려인들의 벽화에 대한 인식 또한 점차 높은 차원으로 발전했음을 알 수 있다.

• 도2-1 무용총 무용도(모사도, 정기환), 고구려(국립중앙박물관 제공)

6세기경 제작된 것으로 추정되는 통구사신무덤(通溝四神塚)은 통구 지역에 있는 고구려 무덤으로, 벽화에 네 방위를 맡은 신(사신四神)이 그려져 있어서 붙은 이름이다. 이 사신도는 고구려 고분벽화 중에서 가장 동적이고 긴장감 있는 그림으로 평가되고 있으며, 그중 현무(玄武)의 역동적 형태는 벽화 전체의 이미지를 대표하는 명확한 기준이 된다. 이는 구름과 바람의 형상 등에서도 나타나 고구려 미술의 총체적인 특징을 담고 있다고 할 수 있다. 고구려의 미술에서 파악할 수 있는 고구려인들의 진취적 기상은 6~7세기경 제작된 것으로 알려진 무용총의 수렵도와 진파리 1호분 벽화 등에서도 찾아볼 수 있다.[4] 이 밖에 고구려의 무용총, 안악3호분, 장군총, 각저총 등에서 발견된 벽화에는 말을 타고 달리는 고구려인의 박력 있고 웅건한 모습들이 나타나는데, 선의 묘사와 색의 조화를 통해 생동감을 느낄 수 있다.

삼국시대에는 중국, 일본과의 활발한 교류를 통해 특색 있는 궁중 음악이 형성되었다. 그중 고구려는 위치적으로 대륙과 근접하여 한겨레의 음악 문화인 향악이 가장 먼저 발전되었다. 고구려 안악3호분의 회랑(廻廊) 벽화와 무용총 벽화를 보면, 고구려 초기에 현악기와 관악기가 춤의 반주 악기로 사용되었음을 알 수 있다. 이는 당시 고구려의 음악이 춤과 함께 종합예술의 형태를 이루었다는 것을 의미한다. 안악3호분의 벽화 중 〈주악도奏樂圖〉를 보면 고구려에서 일찍이 다양한 외래 악기가 연주되었으며, 외래 음악의 수용 또한 매우 활발하게 이루어졌음을 알 수 있다. 따라서 고구려의 음악은 타국과의 적극적인 교류를 통해 백제와 신라에 비해 상대적으로 이른 시기에 높은 단계로 발전할 수 있었다.

고구려 음악에 사용된 악기로는 거문고, 5현, 횡취, 고 등이 있으며, 사용된 악기의 특징에 따라 총 3기로 구분된다. 이는 서역악(西域樂)이 수용되기 전의 1기, 서역악이 수용된 후의 2기, 그리고 서량악(西凉樂)을 받아들여 구자악(龜茲樂)이 출현하고 중국 수나라와 당나라의 칠부기, 구부기, 십부기에까지 포함된 3기이다.[5] 1기의 특징은 향토 악기를 통해 음악이 연주되었다는 점이다. 또한 무용총과 황해도 안악 고분에서 나타나는 그림을 통해 악과 무가 분리된 형태로 발전되었음을 알 수 있다.[6] 2기의 특징은 공후(箜篌)와 같은 현악기가 등장했다는 점이다. 3기의 특징은 서량(西凉, 중국 5호 16국 중 한 왕조) 음악과의 교류를 통해 구자악을 받아들였다는 점이다.

고구려의 음악은 중국에서 악·가·무가 통합된 종합예술의 형태로 나타났다. 중국에서 연주된 고구려의 음악은 현악기와 관악기 그리고 타악기 등 15가지의 악기로 구성되었으며, 당나라 측천무후(則天武后, 재위 690~705)대까지 25곡의 노래가 전해졌다. 고구려의 음악은 중국뿐 아니라 일본에까지 전해졌다. 일본에서도 고구려의 음악은 종합예술의 형태로 나타났지만, 중국과는 달리 고구려 고유 악기인 횡적(橫笛), 공후(箜篌), 막목(莫目), 고(鼓)로만 연주되었다. 즉 일본에서 연주된 고구려의 음악은 주로 고구려 고유의 악기로 연주되는 토속 음악의 형태로 나타났다.

1. 고구려시대의 춤

고분벽화에 기록된 춤

고구려의 춤에 관해서는 고분벽화나 문헌 기록 등의 자료를 종합하여 살펴볼 수 있다. 특히 고분벽화에 나타난 춤은 우리 민족의 움직임이 최초로 형상화된 실증적 자료이며, 춤을 포함한 문화예술 전반을 상징적으로 담고 있다. 따라서 고분벽화는 우리 춤의 기원을 찾아볼 수 있다는 점에서 중요한 사적 가치를 지닌다.

고구려의 고분벽화에는 생활, 풍속, 문화, 예술, 종교, 사상, 외국 문화와의 교류 등이 총체적으로 표현되어 있어, 이를 통해 고구려의 문화적 양상과 변천 과정을 추정해볼 수 있다. 고구려는 고대 국가 중 문화와 예술이 가장 발달한 국가였으며, 악·가·무에 대한 관심과 열정이 높은 민족 성향을 지녔던 것으로 기록되어 있다. 고분벽화에는 이러한 풍습이 상징적으로 묘사되어 있을 뿐만 아니라 사후 공간인 내세의 모습까지 그려져 있다. 즉 고구려인들은 현세에서의 부귀영화 등 모든 것이 내세에서도 이어진다는 계세사상(繼世思想)[7]을 고분벽화에 적극적으로 표현한 것으로 보인다.

고구려의 춤 또한 고분벽화처럼 유형에 따라 세 시기로 구분된다. 초기에는 생활풍속을 중심으로 한 민속춤이, 중기에는 무예를 중심으로 한 춤이, 후기에는 신들의 모습이 벽화의 주 소재를 이룬다.[8] 고구려 초기의 안악 3호분(동수묘) 후실(後室)의 벽화에는 거문고, 완함, 퉁소의 반주에 맞춰 한 사람이 다리를 X자 모양으로 꼬고 손뼉을 치는 이색적인 춤사위의 그림이 그려져 있다. 이를 통해 이미 관현악 춤 반주가 행해지고 있었으며, 전문적인 악인과 춤꾼이 독립적으로 존재했음을 알 수 있다. 또한 춤사위나 외모를 통해 서역 춤꾼의 공연도 성행했음을 알 수 있다. 이는 고구려가 일찍부터

• 도2-2 무용총 무용도 우벽 벽화의 춤추는 사람, 고구려(국립문화재연구소 제공)

• 도2-3 장천1호분 악기도(모사도, 정기환), 고구려(국립중앙박물관 제공)

중국 및 서역과의 교류를 이어왔으며 이를 통해 서역계 무악이 고구려에 유입되었음을 보여준다. 무악과 함께 소수림왕 2년 이후에는 비파, 공후, 호악 그리고 호무가 고구려에 전해졌다. 이후 고구려만의 독창적이고 수준 높은 무악은 중국 수나라와 당나라에 영향을 주었으며 칠부기, 구부기, 십부기에까지 포함되었다.

고구려 중기에 조성된 것으로 추정되는 무용총의 벽화 중에서 가장 특징적이고 중요한 사료로 평가되는 장면은 고분의 명칭으로서 근거가 되는 '무용도'이다. 벽화 속 무용수의 모습은 『구당서舊唐書』 「음악지音樂志」에 언급된 다음의 내용과 일치한다.

> 高麗樂 工人紫羅帽, 飾以鳥羽, 黃大袖, 紫羅帶, 大口袴, 赤皮鞾, 五色縚繩。舞者四人, 椎髻於後, 以絳抹額, 飾以金璫。二人黃裙襦, 赤黃袴, 極長其袖, 烏皮鞾, 雙雙並立而舞。[9]

• 도2-4 무용총 무용도 우벽 벽화의 가무배송도(한국콘텐츠진흥원 제공)

> 고구려의 악공인은 자주색 비단 모자에 새 깃으로 장식하고, 노란색 큰 소매 두루마기에 자주색 비단 띠를 매며, 통이 넓은 바지에 붉은 가죽신을 신고 오색 끈을 묶는다. 춤추는 네 사람은 상투를 뒤로 틀고 이마에 진홍색 곤지를 찍고 금귀걸이로 장식하며, 두 사람은 노란 치마저고리에 붉고 노란 바지를 입는데 그 소매는 아주 길고, 검은 가죽신을 신은 채 쌍쌍이 나란히 서서 춤을 춘다.

기록에서와 같이 4인의 무인(舞人)을 이끄는 맨 앞의 사람은 머리에 쓴 절풍(折風)에 새 깃털을 꽂고 있다. 이러한 모자를 '조우관(鳥羽冠)'이라고 하고 신분이나 지위에 따라 깃털의 개수를 다르게 했다. 조우관을 쓰고 있는 사람은 막중한 역할을 담당했으며, 문헌 기록을 종합해보면 이는 무인들을 인도하여 노래를 부르는 악인이었던 것으로 해석된다.[10] 따라서 무용총과 당대의 기록을 통해 머리에 쓰는 모자의 유무에 따라 악인과 무용수가 구분되었음을 알 수 있다.

무용총에서 보이는 고구려시대 춤의 복식은 긴 소맷자락이 특징이다. 이는 오늘날 전통춤에서 사용하는 한삼이나 장삼의 시초가 되었다고 추정할 수 있다. 이러한 특징 외에 남녀 모두 반장삼에 허리띠를 둘러매었으며, 남자는 발목을 조이는 넓은 통바지를 입고 여자는 주름치마를 입은 특징을 보이고 있다. 무용총의 무용도와 함께 중기에 발견된 장천1호분의 벽화에서도 춤에 관한 기록을 찾아볼 수 있다. 장천1호분 앞방의 남벽과 북벽에는 가무 장면이 주를 이루고 있으며, 인물들의 복식과 몸짓 등의 형태가 무용총의 벽화 내용과 유사하다는 것을 알 수 있다.[11] 다만 악인의 배치와 무용수들의 공간이 뚜렷하게 구분된다는 점을 통해 음악과 춤이 각각 전문적으로 발전되었음을 추정할 수 있다. 또한 함께 연희되고 있는 모습을 통해 총체적 예술의 형태로 이루어졌음을 알 수 있다. 이 시기의 벽화에서는 독무,

• 도2-5 장천1호분 앞방 가무도(한국콘텐츠진흥원 제공)

• 도2-6 오회분4호묘 고분벽화의 해신(오른쪽)과 달신(왼쪽)

쌍무, 5인무, 그리고 대규모의 집단무 등과 같이 구성적으로 다양하며 전문화된 춤이 나타났다.

고구려 후기에 이르러 고분벽화는 초자연적인 것을 표현하며 사신 위주의 표현 형태로 변화하게 되었다. 즉 고구려 후기에는 이전에 비해 하늘을 지향하는 내세적 상징성이 짙어졌다. 예를 들어 벽면에 그려진 춤추는 사람은 사방을 수호하는 사신의 모습으로 변화했으며, 춤추는 장면은 비천(飛天), 신선(神仙) 등의 모습으로 승화되어 그려졌다. 이는 오회분 4호묘 벽화의 천장에 나타난 농사의 신(농신農神)과 불의 신(수신燧神)의 춤, 장구를 치며 날아다니는 비천무(飛天舞)와 그 옆에서 사현금으로 반주하는 신선의 모습에서 찾아볼 수 있다. 벽화에 그려진 신적 존재들이 생동감 있는 움직임과 살아 있는 표정으로 나타나 있다는 점을 통해 이 시기의 춤이 빠른 춤사위와 민첩한 움직임으로 변화했음을 추정할 수 있다.

문헌에 기록된 춤

고구려시대의 춤에 관한 대부분의 기록은 중국의 고문헌을 통해 전해지고 있다. 당시 고구려의 무악은 당나라의 궁정에서도 연희되었다고 전해지며, 춤에 대한 기록으로는 『당서唐書』, 『수서隋書』, 『해동역사海東譯史』, 『고려사高麗史』「악지樂誌」, 『통전通典』, 『일본통전日本通典』, 『삼국사기』 등을 들 수 있다. 각 문헌에 기록된 내용은 다음과 같다.

> 高句麗樂, 通典云, 樂工人紫羅帽, 飾以鳥羽, 黃大袖, 紫羅帶, 大口袴, 赤皮韡五色緇繩。舞者四人, 椎髻於後, 以絳抹額, 飾以金璫, 二人黃裙襦, 赤黃袴, 二人赤黃裙襦袴, 極長其袖, 烏皮韡, 雙雙併立而舞。[12]

> 고구려의 음악은 통전에 이르기를, 악공인은 자주색 비단 모자에 새 깃으로 장식하고, 노란색 큰 소매 두루마기에 자주색 비단 띠를 매며, 통이 넓은 바지에 붉은 가죽신을 신고 오색 끈을 묶는다. 춤추는 네 사람은 상투를 뒤로 틀고 이마에 진홍색 곤지를 찍고 금귀걸이로 장식하며, 두 사람은 노란 치마저고리에 붉고 노란 바지를 입고, 두 사람은 붉고 노란 치마저고리와 바지를 입는데 그 소매는 아주 길고, 검은 가죽신을 신은 채 쌍쌍이 나란히 서서 춤을 춘다.

이는 『삼국사기』에 기록된 고구려 무악의 복식에 대한 설명으로, 이를 통해 고구려 춤의 의상과 구성을 추정할 수 있다.

또한 『신당서新唐書』에는 호선무(胡旋舞)에 대한 기록이 나타나 있다. 호선무는 현재 고대 문헌을 통해서 찾아볼 수 있는 춤으로, 남북조시대 때 중국으로 전해졌다. 문헌에는 "춤추는 사람들이 공 위에 올라서서 돌면서 발을 굴리고 추는 곡예적인 춤"[13]이라고 기록되어 있다. 당나라 시인 백거이(白居易)는 호선무를 보고 다음과 같은 시를 썼다.

胡旋女胡旋女	(호선녀호선녀)	호선녀 호선녀여
心應絃手應鼓	(심응현수응고)	마음은 줄에 두고 손은 북을 두드리네
絃鼓一聲雙袖擧	(현고일성쌍수거)	줄과 북의 한소리에 두 소매를 펄럭이며
廻雪飄颻轉蓬舞	(회설표요전봉무)	눈보라에 흔들대는 쑥대춤을 추는구나
左旋右轉不知疲	(좌선우전부지피)	좌우로 돌면서도 지칠 줄을 모르고
千匝萬周無已時	(천잡만주무이시)	천 번 만 번 돌고 돌며 그칠 줄도 모르네
人間物類無可比	(인간물류무가비)	인간 물류 중에 가히 견줄 데가 없으니
奔車輪緩旋風遲	(분거륜완선풍지)	날랜 바퀴와 회오리도 오히려 더디구나
曲終再拜謝天子	(곡종재배사천자)	곡이 끝나고 천자께 절을 하니
天子爲之微啓齒	(천자위지미계치)[14]	천자는 이를 드러내며 빙긋이 웃으시네

『신당서』에서는 호선무를 "공 위에서 곡예하는 춤"이라고 기술한 반면, 중국 학자 왕극분(王克芬) 등은 돈황막고굴의 벽화를 통해 호선무는 "작은 융단 위에서 추는 춤"이라고 설명한다. 이를 통해 호선무가 곡예적인 춤이거나 동작의 리듬과 유연성이 고도의 수준에 올라 있는 순수춤의 형태에 가까웠을 것으로 추정할 수 있다. 또 『수서』의 「음악지音樂志」에는 "高麗歌曲有芝栖 舞曲有歌芝栖(고려가곡유지서 무곡유가지서)"라는 기록이 있는데, 이를 통해 당시 당나라에 지서가(芝栖歌)와 지서무(芝栖舞)가 있었을 것이라고 추정할 수 있다. 노래와 춤의 명칭은 문헌상의 기록으로 전해지지만 그 내용과 형식은 알 수 없으며, 거대한 악기 편성에 맞춰 추는 춤이라는 것 정도만 추정할 수 있다. 그러나 『당서』에 지서무와 지서가는 수나라 구부기의 고구려기로 채택되었다고 기록되어 있다.

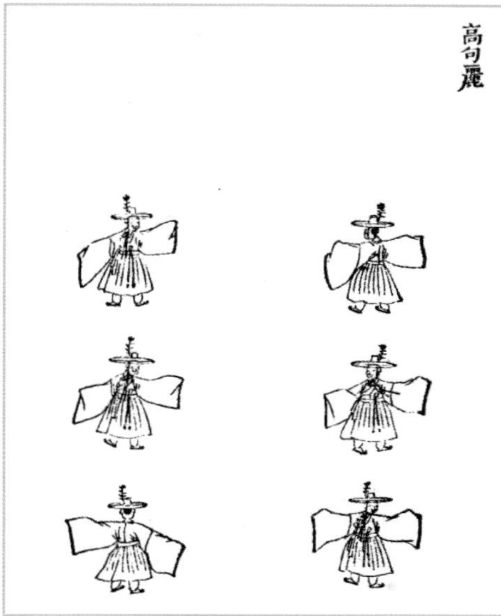

• 도2-7 고구려무, 순조 무자, 『진작의궤』

『해동역사』에는 고구려무(高句麗舞)에 관한 기록이 있다. 당나라 시인 이백(李白)의 시 '고구려'에는 고구려무에 대해 "느린 음악에 맞춰 넓고 긴 소매를 휘날리듯 춤추며, 그 모습이 마치 해동새가 하늘을 나는 것 같다"라고 표현되어 있다. 따라서 고구려무는 활달하고 남성적인 춤이었다는 것을 알 수 있으며, 이는 당나라에서도 연희되었다고 전해진다.

金花折風帽 (금화절풍모) 금화(金花)를 꽂은 절풍모 쓰고
白馬小遲回 (백마소지회) 백마 타고 천천히 돌아오는데
翩翩舞廣袖 (편편무광수) 사뿐사뿐 넓은 소매춤을 추면서
似鳥海東來 (사조해동래)[15] 해동에서 날아오는 새와 같구나

이 시의 구절 중 "翩翩舞廣袖(편편무광수)"라고 하는 표현을 통해 광수무

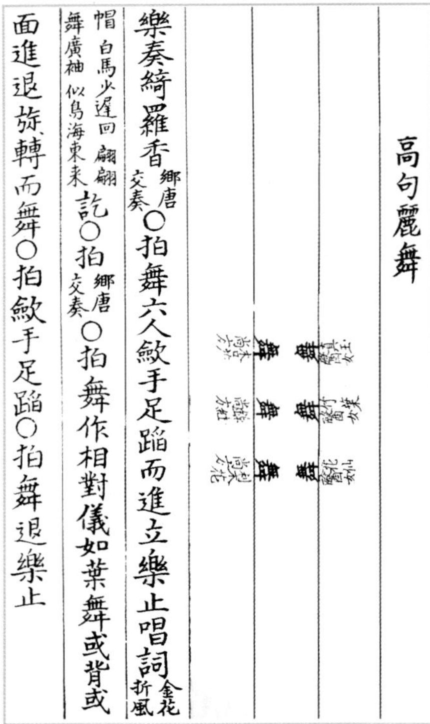

高句麗舞

樂奏綺羅香(鄉唐交奏)○拍舞六人斂手足蹈而進立樂止唱詞(金花折風)帽白馬少遲回翩翩舞廣袖似鳥海東来訖○拍(鄉唐交奏)○拍舞作相對儀如葉舞或背或面進退旋轉而舞○拍斂手足蹈○拍舞退樂止

• 도2-7 고구려무, 고종 계사, 『정재무도홀기』

(廣袖舞)의 형태를 추정해볼 수 있으나, 그 내용과 형식에 관해서는 구체적으로 언급되어 있지 않다. 고구려무는 조선 말 효명세자에 의해 다시 연희되었다. 이와 관련해서는 궁중정재를 기록한 『정재무도홀기呈才舞圖忽記』에 "무동 6인이 3대(隊)로 나뉘어 상대(相對)하고, 등지거나 크게 돌면서 춤춘다"라고 기록되어 있다.[16]

이러한 고구려 무악의 우수성은 중국에서 연희되었던 '고구려기(高句麗伎)'를 통해 알 수 있다. 수나라와 당나라는 주변국의 악공들을 초청하여 높은 수준의 다양한 공연예술을 제정했다. 이는 수나라에서 당나라로 이어지면서 자국의 예술을 발전시키는 방법으로 활용되었다. 『고려사』「악지」에는 고구려의 악무가 중국의 칠부기, 구부기, 십부기와 같은 음악 단체에 고구려기로 포함되었다고 기록되어 있다. 또한 고구려의 무악은 '고려악(高麗樂)'이라는 이름으로 일본에 전승되었다.[17] 『일본후기日本後記』에 나타난 고려악의 구성은 다음과 같다.

> 高麗樂師四人, 橫笛·箜篌·莫目·舞等師也。[18]

> 고구려 음악 스승은 4인, 횡적·공후·막목·춤 등의 스승이었다.[19]

이 기록을 통해 이 시기 고구려의 춤은 중국 및 서역과의 다양한 교류를 통해 더욱 풍성하게 발전되었음을 알 수 있다. 따라서 고구려시대 춤에 대한 자료는 고분벽화에 그려진 춤이 대부분이기 때문에 춤의 자세한 형태는 알 수 없으나, 춤추는 사람과 연주자의 분리가 확연하게 나타나 있음을 벽화를 통해 알 수 있다. 또한 샤머니즘의 형태에서 벗어나 예술적으로 세련되고 풍부한 표현성을 지니고 있었다고 추정할 수 있다.

백제의 시대적·문화적 배경

백제(百濟, 기원전 18~660)는 마한의 54개 소국 중 기원전 18년 온조 집단에 의해 형성된 백제국(伯濟國)을 중심으로 건국된 국가이다. 마한 지역에 건국된 백제는 삼한의 제천 의식을 그대로 전승했다. 백제는 5월 파종과 10월 추수에 농제를 지냈으며 이를 '소도제(蘇塗祭)'라 했다. 즉 농민에게는 노동과 여가가 따로 있는 것이 아니라 노동이 곧 유희였던 것이다. 이는 밤낮으로 지내는 음주가무로 행해졌으며, 이처럼 춤과 노래와 풍물은 신과 인간을 하나로 만들고 마을 사람들을 단합시키는 삶의 방편이었다.

백제는 3세기 중엽 고이왕(古爾王, 재위 234~286) 대에 국가의 모습을 갖추고 큰 발전을 이루었는데, 내부적으로는 관료 제도를 정비하고 율법을 강화하는 등 고대 국가의 체계를 갖추었으며 외부적으로는 한반도의 중부 지역을 차지하며 영토를 확장했다. 4세기 근초고왕(近肖古王, 재위 346~375) 대에는 일본과 문화를 교류하고, 박사 고흥(高興)에게 백제의 역사서인 『서기書記』를 편찬하도록 하는 등 전성기를 맞았다. 이후 침류왕(枕流王, 재위 384~385) 대에 인도의 승려 마라난타(摩羅難陀)에 의해 불교가 전파되었고, 이는 백제의 새로운 국가 통치 이념이 되었다.

백제는 지리적으로 중국 남조(南朝)와 가까워 수로를 통한 교류가 활발하게 이루어졌다. 이는 백제가 고구려보다 늦게 건국되었으나 더 이른 시기에 고대 국가의 모습을 형성할 수 있었던 계기가 되었다. 중국의 북조(北朝) 문화만을 수용한 고구려와는 달리, 남북조와의 교류를 통해 중국의 남조 문화 또한 수용한 백제는 섬세하고 온화한 문화를 형성했다.[20] 백제는 중국과 교류하면서 동시에 일본과의 교류도 이어가, 일본 문화예술의 발전을 촉진시켰고 그것은 일본 최초의 불교 문화인 '아스카(비조飛鳥)' 문화의 원류가 되었다. 백제의 마지막 왕인 의자왕(義慈王, 재위 641~660)은 '해동증자(海東曾子)'로 불릴 정도로 성군이었으나, 말년에 지배층의 탐락과 황음으로 인해 국가 질서가 혼란에 빠졌다. 이후 의자왕 20년(660)에 신라와 당나라 연합군이 백제를 공격했고, 사비성이 함락되면서 백제는 멸망하게 되었다. 하지만 백제는 개방적인 태도로 중국 남조의 선진 문화를 받아들이면서 삼국 중 가장 우수한 문화를 이룩했다.

백제의 미술은 온유함에서 비롯되는 도인적 기질이 특징이다.[21] 백제가 이룩한 미술 양식은 타국 문화에 대한 선진적이고 개방적인 수용에 따른 것으로, 이는 고분 양식, 벽화, 유물, 기록 등에서 확인된다. 백제가 도읍을 옮긴 시기에 따라 미술도 세 시대로 구분된다. 백제 초기인 한성시대(漢城時代, 기원전 18~475)에는 돌무지무덤, 널무덤, 독무덤 등의 무덤 양식이 나타나는데, 내부에서 발견된 중국에서 만든 청자들을 통해 당시 백제가 외래 문화를 수용하여 발전시켰다는 사실을 추정할 수 있다.

백제 중기인 웅진시대(雄鎭時代, 475~538)에는 돌무지무덤이 사라지고 돌방무덤이 보편화되었으며 중국식 벽돌무덤이 새롭게 등장했다. 이때 발견된 고분으로는 무령왕릉(武寧王陵)과 송산리 6호분 등이 있다. 이 중 무령왕릉은 일본의 금송(金松)이 관재로 사용되었으며, 그 구조는 남조의 영향을 받아 양(梁)식 벽돌무덤의 형태를 지녔다. 이를 통해 백제가 외래 양식을 받아들여 백제만의 새로운 문화 양식으로 창출해냈음을 알 수 있다. 무령왕릉에서는 매우 화려하고 정교한 다섯 쌍의 금귀걸이가 출토되었는데, 이를 통해 백제의 금속 공예 기술의 우수성을 짐작할 수 있다.

백제 후기인 사비시대(泗沘時代, 538~660)에는 무덤 양식이 높은 수준으로 발달되었으며 직사각형의 돌방무덤이 주류를 이루었다. 사비시대의 무덤

• 도2-9 능산리고분 비운연화도, 백제(국립부여박물관 제공)

중 능산리 1호무덤에는 고구려 고분벽화의 영향을 받은 것으로 보이는 사신도와 함께 연꽃무늬가 나타난다. 능산리 1호무덤의 내부 벽에는 사신이, 천장에는 비운과 연화가 그려져 있으며, 이는 도교적 요소의 사신과 불교적 요소의 연화가 조화롭게 나타나 있어 미술사학적으로 매우 귀중한 가치를 지닌다. 이후 백제는 위덕왕(威德王, 재위 554~597) 때의 불교 진흥을 통해 찬란한 문화를 꽃 피우게 된다. 이때 불교미술이 크게 발달했으며 대표적인 유물로는 백제 〈금동대향로金銅大香爐〉, 부여 〈정림사탑定林寺塔〉, 〈태안마애삼존불泰安磨崖三尊佛〉, 〈서산마애삼존불瑞山磨崖三尊佛〉 등이 있다.

백제의 음악은 4세기 이후부터 중국의 음악 문화를 수용하면서 발달했으며, 향악이 발전했다는 것이 큰 특징이다. 백제의 악기에 관한 최초의 기록은 『수서』의 「동이전東夷傳」과 『북사北史』의 「백제전百濟傳」에서 나타나는데, 고려시대의 문신 김부식(金富軾)은 『삼국사기』를 편찬할 당시, 『북사』의 기록을 「악지」에 옮겨 기록했다. 기록에 언급된 악기 중 공후, 쟁, 우, 지, 적은 구부기에서 중국 남조의 음악을 대표하는 '청악(淸樂)'에 사용했던 악기와 동일하다.[22]

이 기록 외에 백제의 악기와 관련된 것으로 백제시대 유물인 〈계유명아미타불삼존석상癸酉銘阿彌陀佛三尊石像〉, 〈금동용봉봉래산향로金銅龍鳳蓬萊山香爐〉, 〈양이두羊耳頭(대전 월평동 출토)〉가 있다. 이 중 〈금동용봉봉래산향로〉는 백제가 찬란한 문화를 꽃피웠던 사비시대에 제작된 것으로, '백제금동대향로'라고도 불린다. 6~7세기에 걸쳐 제작된 이 향로에는 백제 악기의 간략한 형태가 나타나며, 이를 통해 그 시대에 사용되었던 악기의 실물을 파악할 수 있다.

백제의 음악은 5~6세기에 중국 남송과 북위 등에 소개되었다.[23] 그중 일부는 『고려사』 「악지」에 전해지고 있으며, 정읍,[24] 선운산, 무등산, 지리산 등과 같은 지리적 명칭에서 이름을 따 노래의 제목을 붙였던 것으로 추정된다. 또한 백제는 현재까지 전해지는 기록들을 통해 고구려와 신라보다 일본과 음악적으로 더 활발한 교류를 했음을 알 수 있다. 6세기에는 고구려와 동일하게 횡적, 공후, 막목의 악기를 일본에 전했으며,[25] 왕립 음악 기관에 소속되어 있던 악사들도 일본으로 파견했다.[26]

• 도2-10 백제금동대향로, 백제, 국보 제287호(국립부여박물관 제공)

2. 백제시대의 춤

백제무악

백제무악(百濟舞樂)은 일본에 전해진 삼한악(三韓樂) 중에서도 가장 먼저 일본에 전해졌다. 6세기 무렵 백제는 정기적으로 일본에 음악인들과 무용인들을 파견해 전습하도록 했으며, 그 전습의 내용은 중국계의 악이 아닌 백제의 무악이었다. 그러나 남조 문화 계통의 영향을 받은 백제무악은 당시 유행하던 서역의 무악을 사용하지 않았기 때문에 수나라의 칠부기, 구부기와 당나라의 십부기에 나열되지 못했다.[27] 백제무악이 일본에 전해진 최초의 기록은 흠명천황(欽明天皇) 15년(554) 때이다. 『일본서기日本書紀』에는 백제무악에 대해 악사인 시덕의 삼근과 계덕의 기마차 등 악사 4인이 각각 횡적, 공후, 막목 그리고 춤을 전했다고 기록되어 있다.[28] 백제 악사들이 전했던 악(樂)은 무(舞)를 수반하고 있었으므로 고취(鼓吹)[29]와 같은 의식무악(儀式舞樂)이 아닌 궁중에서 연행된 향연무악(饗宴舞樂)이라고 할 수 있다.[30] 『백제기百濟伎』에는 백제무악의 무복에 관해 "백제의 무인(舞人) 2인은 자줏빛 큰 소매의 두루마기에 치마저고리를 입고, 장보관을 썼으며 가죽신을 신었다"[31]라고 기록되어 있다. 이를 통해 고구려의 무복은 긴 소매(장수長袖)가 특징이었다면, 백제의 무복은 넓은 소매(대수大袖)가 특징이었음을 알 수 있다.

탁무

중국의 『수서』에, 탁무(鐸舞)는 목탁과 같은 악기를 두드리며 추는 춤으로 5월과 10월에 추어졌다고 기록되어 있다. 마한과 진한 땅에 건국된 백제에서는 삼한의 유풍이 지속되어 오늘날 농악(農樂)의 시원(始原)이라고 할 수 있는 부락 단위의 군무(群舞)가 계승되었다. 백제 건립 이전의 마한에서는 천군(天君)이라 불리는 제천 의식이 있었다. 이는 5월의 모심기를 끝낸 후 많은 사람이 모여 신에게 제사를 지내며 밤낮으로 술을 마시고 가무를 즐기는 형태로 진행되었다. 진수(陳壽)의 『삼국지』에 의하면 춤의 형태는 수십 명이 함께 땅을 밟고 뛰는 것으로, 음악의 절주에 맞춰 추는 것이 탁무와 유사하다고 기술되어 있다. 10월 농사를 마친 뒤에도 사람들은 이러한 형식의 제사를 지내며 즐겼다고 전해진다.[32]

이와 같이 많은 사람이 타악기를 들고 발을 맞춰 함께 춤추는 풍속은 풍년을 기원하는 농경의례적인 행사라고 할 수 있다. 이는 농악의 초기 형태이며, 특히 목탁과 같은 악기를 두드리면서 춤을 추던 것이 점차 농악의 사물악기로 발전된 것으로 볼 수 있다. 농악은 단순히 한가로운 시기의 오락이나 제례로만 연희된 것이 아니라 농번기의 공동 작업에서도 진행되었다. 농신(農神)을 즐겁게 하여 농사가 잘 되도록 하고, 노동에 활기를 주어 노동 자체를 즐거운 유희로써 극복하고자 한 것이다. 이를 통해 종교와 노동과 유희를 하나로 만든 우리 민족의 지혜로운 삶의 모습을 찾아볼 수 있다.[33]

기악무

백제의 기악무(伎樂舞)는 음악과 무용, 놀이와 재담을 접목한 종합연희의 형태를 띠고 있는 가면무극이다. 이는 7세기 초(612) 백제인 미마지(味摩之)가 남중국(南中國)의 오(吳)나라에서 기악을 배워 우리나라와 일본에 전한 것으로, 이에 대해 『일본서기』 권23에는 다음과 같이 기록되어 있다.

> 百濟人 味摩之歸化曰 學于吳 得伎樂儛 則安置櫻井 而集少年 令習伎樂儛 於是眞野首弟子 新漢濟文 二人 習之 傳其儛。[34]

> 백제인 미마지가 귀화하여 말하기를 “오나라에서 배웠다”라고 하는데 기악무에 능하기에 앵정(櫻井)에다 두고서 소년들을 모아 기악무를 가르쳤다. 여기에서 진야의 수제자인 신한과 제문 두 사람이 배워 익혀서 그 춤을 전하게 되었다.

원래 기악이라는 용어는 『법화경法華經』 등의 불교 경전에서 주로 인용되었다. 즉 부처에 공양하기 위한 가무를 총칭한다고 할 수 있다. 스이코(推古) 천황 대에 일본을 섭정했던 쇼토쿠(聖德) 태자는 독실한 불교 신자였는데, 그가 미마지의 악무를 보고 불교 공양에 사용할 것을 장려하여 기악이라는 단어를 붙인 것으로 보인다. 따라서 미마지가 남중국에서 들여온 악무가 원래 ‘기악무’라는 이름을 지녔던 것은 아니라고 할 수 있다.[35]

기악무의 내용은 600년이 지난 1233년 일본의 아악서인 『교훈초教訓抄』에서 볼 수 있다. 기악무에 관한 기록은 우리나라의 문헌에서는 찾아볼 수 없기 때문에 주로 일본과 중국의 문헌에 의존할 수밖에 없으며, 특히 『교훈초』의 기록을 통해 설명되고 있다. 그 기록을 보면 기악무는 사자무(獅子舞)로 시작하여 오공(吳公), 금강(金剛), 가루라(迦樓羅), 바라문(婆羅門), 곤륜(崑崙), 역사(力士), 태고(太孤), 취호(醉胡) 등의 구성을 보이며, 적(笛), 삼고(三鼓), 동박자(銅拍子) 등의 악기 연주에 맞춰 추었다. 그러나 이는 미마지가 기악무를 일본에 전한 후로 긴 시간이 흘렀기 때문에, 미마지 기악무의 불교적 내용과 악기, 가면 등 내용적·형식적 측면에서 많은 변화가 있었을 것으로 볼 수 있다.[36]

• 도2-11 1980년 일본에서 재현한 기악 행도(行道) 장면
(출처: 박재희, 1999)

기악무의 과장 구성은 우리나라의 산대놀이 및 봉산

• 도2-12 도쿄국립박물관에 소장되어 있는 기악무의 가면들

탈춤의 구조와 거의 일치하는 것을 통해 본질상 동일 계통이라는 주장이 있다. 반면 『교훈초』에 기록된 기악무는 7세기 초 미마지의 기악무에서 상당히 변질되었기 때문에 동일 계통으로 볼 수 없다는 의견도 존재한다. 기악무는 본래 권선징악의 교훈극이었으나 한민족의 시대 변천에 따라 무속신앙과 사회풍자적인 내용이 더해져 오늘날의 산대놀이와 봉산탈춤의 모습으로 전승되었다는 의견이다. 또한 현재 일본에서 전해지는 기악무는 장면 구성과 가면 및 악기의 내용이 상당히 변했고, 그 내용 또한 골계적이거나 외설적인 것으로 우리나라의 산대극과 동일 계통이라고 보기 어렵다는 주장이다.[37]

신라의 시대적·문화적 배경

신라(新羅, 기원전 57~935)는 기원전 57년에 진한의 12개 소국 중 박혁거세에 의해 형성된 사로국을 중심으로 건국된 국가이다. 신라의 전신인 사로국은 박 · 석 · 김의 3성이 교대로 왕위를 선출했기 때문에 왕권이 미약하고, 삼국 중 중앙집권 국가로의 발전이 가장 늦었다. 그러던 중 4세기 후반 제17대 내물왕(奈勿王, 재위 356~402) 대에 김 씨가 독점적으로 왕위를 계승하고 높은 곳이라는 뜻의 '마립간(麻立干)' 왕호를 사용하면서 중앙집권 국가의 기틀을 마련했다.

신라가 고구려, 백제와 겨룰 수 있을 만큼 강한 국가로 성장한 것은 6세기 이후이다. 특히 6세기 초 제22대 지증왕(智證王, 재위 500~514) 4년(503)에 국호를 '신라'로 바꾸고 왕호도 마립간 대신 중국식 '왕'이라는 칭호를 쓰기 시작했다. 또한 신라는 지금의 울릉도 지역인 우산국을 정벌하여 영토를 확장했다. 6세기 전반 제23대 법흥왕(法興王, 재위 514~540) 대에 신라는 중앙집권 체제를 확립했다. 법흥왕은 중국식 관료 제도를 받아들여 율령을 반포하고 백관의 공복(公僕)을 제정했으며 골품제를 정비하여 신분을 서열화했다. 이와 함께 536년에 '건원(建元)'이라는 독자적인 연호를 사용했다. 또한 내부 정세를 정비함과 동시에 523년 김해 금관가야를 정복하여 대외적으로 영토를 확장했으며 낙동강으로 진출할 수 있는 길목을 열었다.

신라는 삼국 중 가장 늦게 불교를 수용했지만 호국불교로서 크게 진흥했다. 527년에 이차돈(異次頓)의 순교를 계기로 불교를 받아들여 수용했으며, '왕은 곧 부처'라는 사상을 통해 왕권을 강화하고자 했다.[38] 또한 왕이 지배하는 국토는 부처의 땅이라는 불국토(佛國土)의 개념을 엮어 신라와 동일시했다.[39] 이후 6세기 후반 제24대 진흥왕(眞興王, 재위 540~576) 대에 신라는 영토를 더욱 확장했다. 진흥왕은 백제의 성왕과 연합하여 고구려가 장악하고 있던 한강 유역을 차지했으며, 이는 중국과 교류할 수 있는 교통로를 확립하게 하는 계기가 되었다. 또한 진흥왕은 가무와 전술 훈련 등을 통해 인재를 양성하는 화랑제도를 만들어 국가적 조직으로 정비했으며, 기세를 몰아 고령 지역의 대가야를 정복하고 낙동강 서쪽을 장악했다. 결국 신라는 전쟁에 유리한 고지에서 화랑도 조직을 기반으로 삼국 전쟁에 승리하여 7세기 이후 삼국 통일을 이룩했다. 이를 통해 삼국 문화를 조화롭게 융합하고, 더불어 당나라와도 교류하게 되면서 통일신라의 문화를 꽃피우게 되었다.

신라의 미술은 정밀하면서도 섬세한 특징을 지녔다. 신라를 대표하는 미술 작품으로는 도기, 불교 조각, 금속 공예품 그리고 천마도 등이 있다. 신라시대에는 도기의 왕국으로 불릴 정도로 우수한 품질의 도기가 대거 출토되었으며, 약 350년의 기간 동안 다양하고 특이한 형태의 도기들이 제작되었다. 도기 형태는 보편적으로 생성기, 발전기, 난숙기, 쇠퇴기의 네 시기를 거치며 변화했다. 도기의 생성기인 300년 전후에는 굽다리 접시, 민무늬 항아리, 손잡이 잔, 작은 그릇받침 등이 제작되었고, 도기의 발전기인 400년 전후에는 긴목항아리에 파도 무늬가 그려지는 등 새로운 기형이 등장했다. 이 시기의 도기들은 우수한 품질과 섬세한 정교함을 보여주며 모든 종류가 정형화되었으며, 이는 대표적으로 경주 황남동 109호 무덤, 월성로 13호 무덤 등지에서 발견되었다. 도기의 난숙기인 500년 전후에는 대량 생산 체제에서 제작되어 도기에 다양한 무늬와 장식이 등장했다. 이 시기에 발견된 고분들 중 신라의 금관이 발견된 고분은 황남대총, 천마총, 금관총 등이다. 도기의 쇠퇴기인 600년 전후에는 비슷한 무늬로 인해 도기의

다양성이 사라졌으며, 이 시기의 대표적인 유적으로는 부부총, 호우총 등이 있다.[40]

신라는 도기 외에 화려하고 정교한 금속 공예가 발달했다. '금광이 많은 나라'로 알려졌던 신라는 섬세하면서도 화려한 금속 공예품들을 만들어냈다. 신라의 고난도 기술로 제작된 금관, 귀걸이, 목걸이, 팔찌 등의 장신구들은 빛과 형태가 매우 화려하며, 그것들에는 정교한 아름다움이 담겨 있다. 이를 통해 신라의 금속 공예가 고도의 세련미를 드러내고 있다는 것을 알 수 있다.[41] 금판을 오리고 붙여 만들어진 금관은 신라 고분에서 출토된 다섯 점과 도굴되었던 한 점을 합하여 총 6점이 현존한다. 신라의 금관은 공통적으로 둥근 관테 위에 나뭇가지 모양과 사슴뿔 모양이 덧붙여 있다. 이러한 금관의 형태는 점차 장엄한 형태미를 보이며 정형화되었다. 따라서 신라의 금관은 기본형이 지닌 엄격하고 단정한 아름다움과, 사슴뿔형이 지닌 동적인 기운을 담고 있다고 할 수 있다.

• 도2-13 금관, 신라, 국보 제87호 (국립중앙박물관 제공)

천마총(天馬塚)은 신라의 대표적 회화 작품인 〈천마도天馬圖〉가 그려져 있는 무덤이다. 1973년 천마총이 발굴되었을 당시에 출토된 천마도는 금관을 비롯한 1만 1,526점의 유물과 함께 발견되었다. 흰색 안료로 그려진 말의 형상은 백마가 하늘을 날아오르는 것과 같은 형태를 띠고 있으며, 세차게 달리는 듯하지만 정적인 느낌이 강하다. 이는 말을 승천하는 전설의 동물로 비유한 것으로 해석할 수 있다. 천마도에 나타난 넝쿨무늬 띠는 고구려 벽화의 실내 기둥 부분에 그려진 넝쿨무늬와 유사하다. 또한 무용총의 주마(走馬)에서 볼 수 있는 수평형의 갈퀴, 몸체와

• 도2-14 천마도, 신라(제주민속자연사박물관 제공)

꼬리털의 표현 방식은 고구려의 덕흥리 고분벽화와 유사하다. 이러한 점에서 신라의 미술이 고구려의 영향을 받았다고 추정할 수 있다. 즉 천마도에는 신라 미술의 특성과 고구려 미술의 특성이 함께 담겨 있다.

신라의 음악은 향토색이 짙은 지방 음악의 전래가 특징이다. 신라의 음악을 대표하는 '가야고'와 함께 연주에 사용된 악기로는 관악기인 가(笳)와 타악기, 북 등이 있다.[42] 신라는 지리적 위치상 대륙과 활발하게 교류하지 못해 고구려나 백제보다 외래 음악의 수용이 늦었으나, 상고시대로부터 전승된 여러 지방의 향토적인 음악을 사용했다고 한다. 이는 『삼국사기』「악지」의 기록을 통해 파악할 수 있다.

> … 碓樂, 慈悲王時人百結先生作也。竿引, 智大路王時人川上郁皆子作也。美知樂, 法興王時作也。徒領歌, 眞興王時作也。捺絃引, 眞平王時人淡水作也。思內奇物樂, 原郎徒作也。內知, 日上郡樂也。白實, 押梁郡樂也。德思內, 河西郡樂也。石南思內, 道同伐郡樂也。祀中, 北隈郡樂也。此皆鄕人喜樂之所由作也。而聲器之數 · 歌舞之容, 不傳於後世。[43]

… 대악은 자비왕 때 사람인 백결 선생이 만든 것이고, 간인은 지대로왕 때 사람인 천상 욱개자가 만든 것이며, 미지악은 법흥왕 때 만든 것이고, 도령가는 진흥왕 때 만든 것이며, 날현인은 진평왕 때 사람인 담수가 만들었고, 사내기물악은 원랑도가 만든 것이다. 내지는 일상군의 음악이고, 백실은 압량군의 음악이며, 덕사내는 하서군의 음악이고, 석남사내는 도동벌군의 음악이고, 사중은 북외군의 음악이다. 이것들은 모두 우리나라 사람들이 즐겨 하던 음악인데, 곡조나 악기의 수와 가무하던 모양은 후세에 전해지지 않았다.

신라 음악은 가야국(伽倻國)의 궁중 악사였던 우륵(于勒)에 의해서 발전했다. 조국이 멸망하면서 우륵은 진흥왕 12년(551)에 신라에 투항했으며, 진흥왕의 예우로 그는 신라의 국원에 정착할 수 있었다. 악·가·무의 총체적 예술에 능통했던 우륵은 신라의 관료 계고(階古), 법지(法知), 만덕(萬德)에게 자신의 업을 전수했다. 『삼국사기』「신라본기新羅本紀」에 의하면 우륵은 각자의 재능에 맞게 세 관료를 교육했는데, 계고는 가야금을, 법지는 노래를, 만덕은 춤을 가르쳤다고 한다.[44] 우륵은 그들에게 총 12곡을 지도했으며, 이는 '하가라도(下加羅都)', '상가라도(上加羅都)', '보기(寶伎)', '달기(達己)', '사물(思勿)', '물혜(勿慧)', '하기물(下奇物)', '사자기(獅子伎)', '거열(居烈)', '사팔혜(沙八兮)', '이사(爾赦)', '상기물(上奇物)'이다.[45] 이 중 보기, 사자기, 이사를 제외한 나머지 9곡은 당시의 지명들과 이름이 같다.

우륵의 음악에 대해 신라인들은 '아정하다(기품이 높고 바르다)'고 여겼으

• 도2-15 신라금 중 풍류가야금(국립국악원 제공)

• 도2-16 향비파(국립국악원 제공)

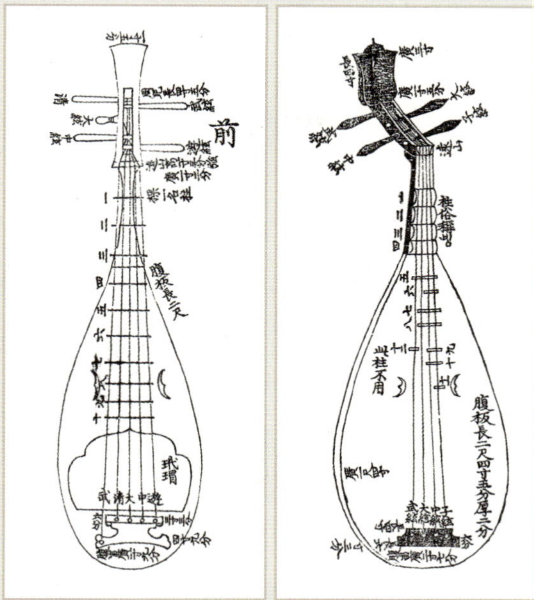

• 도2-17 향비파·당비파, 성종 계축, 『악학궤범』

며, 이러한 이유로 계고, 법지, 만덕은 자국의 정서와 상통할 만한 우륵의 다섯 음악을 편곡했다. 이는 우륵을 감동시킬 정도로 세련된 악곡이었다고 전해지며, 후에 신라의 대악으로 채택되었다.[46] 이 시기 신라의 음악은 악·가·무 종합예술의 형태를 갖추고 있었다. 그중에는 대중이 즐기던 회악, 돌아악, 대악, 그리고 산신제와 관계되는 군악 등이 존재했다.[47] 또한 신라시대에는 궁중 음악을 총괄적으로 관리하는 관청인 '음성서(音聲署)'가 존재했다. 음성서는 신라의 중앙관청에 소속된 독립기관으로, 음악과 관련된 행정 및 교육 등에 관한 총체적 일을 관장했던 곳이다. 음성서에 소속된 악공들은 국가의 중요한 행사나 궁중 의식 때 악·가·무를 공연했다. 기록에 의하면 진덕여왕(眞德女王, 재위 647~654) 5년(651) 음성서에 대사 2인을 두었다고 전해지며, 이를 통해 음성서가 7세기 무렵에 설립되었음을 알 수 있다.

3. 신라시대의 춤

오기

오기(五伎)는 서역의 영향을 받아 추어진 다섯 가지 잡희(雜戲)로, 금환(金丸), 월전(月顚), 대면(大面), 속독(束毒), 산예(狻猊)가 있다. 이는 곡예적인 놀이의 춤이라고도 할 수 있으며, 오랜 기간 서민들 사이에서 연희되며 향토색이 가미되었다.[48] 『삼국사기』「잡지雜志」에는 오기에 관하여 최치원(崔致遠)의 한시 '향악잡영(鄕樂雜詠)' 5수가 실려 있다. 그 내용은 다음과 같다.

① 金丸(금환)

廻身掉臂弄金丸 (회신도비농금환) 몸 돌리며 팔을 저어 금환을 희롱하니
月轉星浮滿眼看 (월전성부만안간) 달과 별이 뜨고 지듯 눈에 가득 보이는구나
縱有宜僚那勝此 (종유의료나승차) 의료(宜僚)가 있다 한들 이보다 나으리오
定知鯨海息波瀾 (정지경해식파란) 넓은 세상 태평성대 이룬 줄을 알겠네

금환은 금색 칠을 한 공을 공중에 던졌다가 받는 놀이 형식의 춤이다. 이는 4~5세기 무렵의 고구려 고분인 팔청리, 수산리 등의 벽화에서 나타나며, 이를 통해 신라시대 이전부터 이와 같은 잡희가 추어졌음을 알 수 있다.

② 월전(月顚)

肩高項縮髮崔嵬 (견고항축발최외) 높은 어깨 움츠린 목, 머리털을 높이 세워
攘臂羣儒鬪酒盃 (양비군유투주배) 팔을 걷은 뭇 선비들 술잔 서로 다투고
聽得歌聲人盡笑 (청득가성인진소) 노랫소리 들으면서 모든 사람 웃는데
夜頭旗幟曉頭催 (야두기치효두최) 밤에 세운 깃발은 새벽을 재촉하네

월전은 중앙아시아에서 들어온 가면무로 추정되며, 이는 서역 우진국(지금의 인도)에서 추어진 탈춤의 일종이라는 설이 있다.

③ 大面(대면)

黃金面色是其人 (황금면색시기인) 황금빛 얼굴은 이 어떤 사람인가
手抱珠鞭投鬼神 (수포주편투귀신) 구슬 채찍 휘두르며 귀신을 때리면서
疾步徐趨呈雅舞 (질보서추정아무) 달리다가 멈칫멈칫 우아하게 춤을 추니
宛如丹鳳舞堯春 (완여단봉무요춘) 요순시대 봉황새의 봄춤과 같구나

대면은 큰 탈을 쓰고 움직이며 느리고 신비롭게 추는 춤이다. 이는 호무(胡舞)로, 구나(驅儺)[49]와 연관되어 있다는 설이 있다.

④ 束毒(속독)

蓬頭藍面異人間 (봉두람면이인간) 쑥대머리 쪽빛 얼굴 사람 같지 않은데
押隊來庭學舞鸞 (압대래정학무란) 떼를 지어 뜰에 나와 난새처럼 춤을 추고
打鼓冬冬風瑟瑟 (타고동동풍슬슬) 둥둥둥 북을 치며 바람 소리 슬슬한데
南奔北躍也無端 (남분북약야무단) 이리저리 뛰고 놀며 정신없이 노는구나

속독은 4~5인이 함께 추는 군무이며 남색 가면을 쓰고 추는 춤이다. 이 춤은 고구려의 호선무에서 비롯되었다는 설이 있다.

⑤ 狻猊(산예)

遠涉流沙萬里來 (원섭류사만리래) 머나먼 사막의 만 리 길을 지나오며
毛衣破盡着塵埃 (모의파진착진애) 털옷은 헤어지고 먼지만 쌓였는데
搖頭掉尾馴仁德 (요두도미순인덕) 머리와 꼬리 흔들며 어짐과 덕망 펼치니

雄氣寧同百獸才 (웅기녕동백수재)[50] 웅장한 그 기상은 뭇 짐승과 같겠는가

산예는 서역계의 사자춤으로 추정할 수 있다.

신라에서는 이 오기와 같은 다양한 놀이춤이 성행했으며, 이를 통해 음악과 춤을 비롯한 예능에 있어서 서역과의 활발한 교류 활동을 이어왔음을 알 수 있다.

검무

검무(劍舞)는 검기무(劍器舞) 또는 황창랑무(黃倡郎舞)라고도 일컫는다. 검무의 유래는 『동경잡기東京雜記』 「풍속조風俗條」와 『증보문헌비고增補文獻備考』에 다음과 같이 기록되어 있다.

• 도2-18 검기무, 순조 기축, 『진찬의궤』

• 도2-19 검무, 토요명품공연, 2015, 국립국악원 우면당(국립국악원 제공)

舞劍之戲: 黃倡郞新羅人也。諺傳 年七歲入百濟 市中舞劍 觀者如堵。濟王聞之 召觀 命升堂舞劍。倡郞因刺王。國人殺之, 羅人哀之 像其容 爲假面 作舞劍之狀, 至今傳之。[51]

무검지희: 황창랑은 신라 사람이다. 세속에 전하길 "일곱 살에 백제의 저자에서 칼춤을 추니 구경꾼이 빙 둘러섰다. 백제 왕이 소문을 듣고 불러들여 보고는 당에 올라와 춤을 추어보라고 명했다. 창랑은 춤을 추다가 왕을 찔러 죽였다. 백제 사람들이 그를 죽이니, 신라 사람들이 이를 애도하며 그의 형상을 본떠서 가면을 만들어 쓰고 칼춤을 추었다"고 하며, 그 칼춤이 지금까지 전해온다.

諺傳 八歲童子爲新羅王 謀釋憾於百濟 往百濟市 以劍舞, 市人觀者如堵墻。百濟王聞之 召入宮令舞, 昌郞於座 揕王殺之。後世作假面以像之 與處容舞並陳。[52]

세속에 전하길 “8세 동자가 신라 왕을 위해 백제에 대한 원한을 풀어주려고 백제의 저자에 들어가서 칼춤을 추니, 저자의 사람들이 담장처럼 에워쌌다. 백제 왕이 듣고는 궁중에 불러들여 춤을 추게 하니, 창랑은 그 자리에서 왕을 죽였다”고 한다. 후세 사람들이 그 모습대로 가면을 만들어 쓰고 처용무와 함께 추었다.

기록에 의하면 신라 사람 황창랑(黃倡郞)은 백제에 들어가 백제 왕 앞에서 검무를 추다가 그 칼로 백제 왕을 죽이고 결국 본인도 죽임을 당했다는 것을 알 수 있다. 후세 사람들이 이를 추모하기 위해 그의 용모와 닮은 동자 가면을 만들어 쓰고 그의 춤을 모방하여 춘 것에서 검무가 비롯되었다고 전해진다. 또한 황창랑이 백제 왕을 죽이려 했다는 고사에 의해 그가 실존 인물인 신라 좌장군 품일의 아들 관창이라는 해석이 존재한다. 신라의 화랑 관창에 관하여 『삼국사기』 권47 「관창조官昌條」에는 다음과 같이 기록되어 있다.

官昌一云官狀 新羅將軍品日之子 儀表都雅 少而爲花郎 善與人交 年十六能騎馬彎弓 大監某薦之太宗大王 至唐懸慶五年庚申 王出師 與唐將軍侵百濟 以官昌爲副將 至黃山之野 兩兵相對 父品日謂曰 爾雖幼年 有志氣 今日是立功名取富貴之時其可無勇乎。官昌曰 唯卽上馬橫槍 直擣敵陣 馳殺數人 而彼衆我寡 爲賊所虜 生致百濟元帥階伯前 階伯俾脫冑 愛其少且勇 不忍加害 乃嘆曰 新羅多奇士 少年尙如此 況壯士乎。乃許生還 官昌曰 向吾入賊中 不能斬將搴旗 深所恨也。再入必能成功。以手掬井水飮訖 再突賊陣疾鬪 階佰擒斬首 繫馬鞍送之 品日執其首 袖拭血曰 吾兒面目如生 能死於王事 無所悔矣。三軍見之 慷慨有立志 鼓噪進擊 百濟大敗 大王贈位級湌 以禮葬之 賻其家唐絹三十匹 二十升布三十匹穀一百石。[53]

관창은 또는 관장이라고도 하는데 신라 장군 품일(品日)의 아들로 그 모습이 우아했으며, 어린 나이에 화랑이 되어 다른 사람들과 잘 사귀었는데 나이 16살 때 말을 타고 활을 쏘는 것에 능했다. 대감(大監)인 어느 사람이 태종대왕에게 그를 천거하여, 당나라 현경 5년 경신(660)에 왕이 군대를 내어 당나라 장군과 함께 백제를 칠 때 관창을 부장으로 삼았다. 황산(黃山)벌에 이르러 양쪽 군대가 서로 대치하자 아버지 품일이 말하기를 "너는 비록 나이가 어리지만 뜻과 기개가 있어 오늘이 바로 공명을 세워 부귀를 취할 수 있는 때이니 어찌 용기가 없을쏘냐?" 했다. 관창이 이르기를 "예" 하고는 바로 말에 올라 창을 들고 적진에 진격하여 말을 달려 나아가 여러 사람을 죽였다. 그러나 상대편의 수가 많고 우리 편의 수가 적어서 적의 포로가 되어 산 채로 백제의 원수(元帥)인 계백의 앞에 끌려갔다. 계백이 투구를 벗기고 보니 그가 어리지만 용기 있음을 아껴 차마 죽이지 못하고, 이에 탄식하여 말하기를 "신라에는 기특한 병사가 많다. 소년이 오히려 이러하거든 하물며 장년 병사들은 오죽하겠는가?" 하고는 살려 보내주라고 했다. 관창이 돌아와서 말하기를 "아까 내가 적진 속에 들어가서 장수의 목을 베지 못하고 그 깃발을 꺾지 못한 것이 깊이 한스러운 바이다. 다시 들어가면 반드시 성공할 수 있을 것이다" 하고 손으로 우물의 물을 움켜 마시고 다시 적진에 돌진하여 민첩하게 싸웠는데, 계백이 잡아서 머리를 베고 말 안장에 매어 보냈다. 품일이 그 머리를 손으로 붙들고 소매로 피를 닦으며 말하기를 "우리 아이 얼굴과 눈이 살아 있는 것 같다. 능히 왕실의 일에 죽었으니 후회가 없다" 했다. 삼군(三軍)이 이를 보고 용기를 내어 뜻을 세우고 북을 요란하게 두들기면서 진격하니 백제가 크게 패했다. 대왕이 급찬의 위계를 주고 예로서 장례를 지내주었으며 그 집에 당나라 비단 30필, 20승포 30필, 곡식 100섬을 내려주었다.

또한 『동경잡기』에서 고려 말~조선 초의 문신 이담(李擔)은 "황창은 필시 관창일 것이다. 옮기는 이의 잘못일 것이다"라고 했으며, 조선 후기의 문신인 이유원(李裕元)은 그의 시에서 "官昌訛誤黃昌郞(관창와오황창랑)"이라는 구절을 언급하며 관창의 사적이 후세에 황창랑으로 와전되었을 것이라고 주장했다. 그리고 황창랑의 나이(7세)와 관창의 나이(16세) 차이는 『동경잡기』「관창조」에 "신라 때 황창은 그 나이 십오륙 세에 가무를 잘했다"라는 기록을 통해 황창랑의 나이가 잘못 기록되었을 것이라고 추정할 수 있다. 따라서 황창랑이 어린 나이에 고국을 위해 몸을 바친 것이 관창과 유사했기 때문에 이러한 설화가 생긴 것으로 사료된다.

신라시대 검무는 기원설화와 함께 무기(武器)를 들고 가면을 쓴 무태(舞態)를 통해 매우 강인하고 웅건한 무무(武舞)의 모습을 지녔을 것이라고 추정된다. 검무는 민간에서 가면무로 연희되기 시작하여 고려를 거쳐 조선 중기까지 계속 민간에서 연희되었다. 조선 중기의 검무는 숙종 때 김만중(金萬重)이 지은 『서포문집西浦文集』의 '觀黃昌舞(황창무를 보고)'라는 칠언고시 중 "翠眉女兒黃昌舞(파란 눈썹의 여자아이가 황창무를 추는구나)"라는 구절을 통해 이때부터 여기(女妓)에 의해 검무가 추어졌다는 것을 알 수 있다.[54] 또한 숙종 38년(1712)에 연경사행(燕京使行)의 수행원이었던 김창업의 왕래견문록인 『가재연행록稼齊燕行錄』의 기록에 의하면 가면을 쓰지 않은 여령(女伶)[55] 2인이 대무 형태로 추는 검무의 모습이 등장한다.[56] 따라서 조선 중기 이후의 검무는 이전 시기와 달리 가면을 쓰지 않고 추었으며, 춤사위도 다소 우아하고 고운 형태로 변화되었을 것이라고 추정할 수 있다.

조선시대에는 검무가 궁중으로 유입되었으며 조선시대 말까지 여령에 의해 궁중정재로 연희되었다. 검무에 대한 최초의 궁중 기록은 정조 19년(1795)에 정조가 어머니인 혜경궁 홍씨의 회갑연을 기록한 『원행을묘정리의궤園幸乙卯整理儀軌』이다. 조선시대 검무의 형태에 대해 알 수 있는 또 다

• 도2-20 검무, 정조 을묘, 『원행을묘정리의궤』

른 기록은 『진작의궤進爵儀軌』 및 『진찬의궤進饌儀軌』이다. 이 기록에 의하면 검무는 창사 없이 춤만 추는 것이라고 되어 있으며, 잔치의 규모에 따라 무원의 수가 달라진 것을 알 수 있다.[57] 조선시대 문헌상의 검무는 경쾌하면서도 부드러운 선을 지닌 움직임이 특징이며 동작과 장단이 다양하게 변화했다는 것 역시 특징적이다.[58]

궁중정재로서 연희된 여기 검무는 궁중 연향에 참여했던 각 지방의 교방기녀들에 의해 각 교방청으로 파급되면서 지방의 특색을 지닌 교방검무를 파생시켰다. 따라서 오늘날 추어지고 있는 대무(對舞) 형태의 궁중검무나 진주검무, 통영검무 등의 지방검무는 조선시대 때 재구성된 것으로, 규모가 더 커지고 춤사위도 다양해진 것이라고 할 수 있다.

도솔가무 · 회소가무

신라의 제3대 왕 유리이사금(儒理尼師今, 재위 24~57) 5년(28)에는 "민속이 즐겁고 편안하여 도솔가(兜率歌)와 회소곡(會蘇曲)을 처음 제정했다"라는 기록이 있다.[59] 이는 신라 건국 초기에 만들어져 가악의 시초라고 알려져 있지만 가사와 춤의 내용은 전해지지 않는다.

도솔가무(兜率歌舞)는 '도솔가'라는 향가에 맞춰 추는 춤으로 춤의 성격에 대한 여러 가지 설이 있다. 먼저 유리왕 대에는 제사의례의 특성을 지녔을 것이라 추정된다. 본래 원시 집회소라는 의미였던 도당(兜堂)을 줄여 '도'로 표기한 것으로, 여기에서 도솔가무가 비롯되었다는 견해가 있다.[60] 또한 경덕왕(景德王, 재위 742~765) 19년(760) 4월에 두 개의 해가 나타나자 왕이 월명사(月明師)를 시켜 지은 향가 '제망매가(祭亡妹歌)'에서 비롯되었다는 설이 있다. 이는 국가적 위기를 극복하기 위한 주술적 성격을 지니며 왕권을 찬미하는 성격을 지녔을 것이라 여겨진다.

회소가무(會蘇歌舞)는 팔관회에서 연희되었던 가무백희(歌舞百戲)의 일종으로, 유리왕 9년(32)에 연행된 가배(嘉俳: 신라의 대표적인 세시풍속에서 행해진 놀이)에서 행해진 춤이다. 『삼국사기』 권1에 기록된 회소가무의 내용은 다음과 같다.

> 王旣定六部 中分爲二 使王女二人 各率部內女子 分朋造黨。自秋七月旣望 每日早集大部之庭 績麻 乙夜而罷。至八月十五日。考其功之多小 負者置酒食 以謝勝者。於是歌舞百戲皆作 謂之嘉俳。是時 負家一女子 起舞歎曰 會蘇, 會蘇, 其音哀雅, 後人因其聲而作歌 名會蘇曲。[61]

왕은 6부의 부녀들을 가운데 반으로 나누어 왕녀 두 사람으로 부 내의 여자들을 거느리게 하면서 서로 편을 만들었다. 7월 16일부터 날마다 일찍 큰 부의 뜰에 모아 삼베길쌈을 하게 하여 밤이 되면 그쳤다. 그렇게 하여 8월 15일이 되면 그 공의 많고 적음에 따라 진 쪽에서 술과 밥을 마련하여 이긴 자들에게 제공했다. 이때 노래와 춤으로 온갖 놀이를 했는데 이를 '가배'라 했다. 이때 진 쪽에서 한 여자가 일어나 춤을 추며 탄식하면서 "회소(會蘇)! 회소(會蘇)!"라고 했는데, 그 소리가 애절하면서도 우아하여, 뒤에 사람들이 그 소리로 노래를 지었는데 '회소곡(會蘇曲)'이라고 했다.

이를 통해 회소가무는 추석에 길쌈을 마치고 연행하는 가배에서 왕과 신하, 왕녀와 부녀자가 어울려서 즐긴 다양한 놀이와 춤들 중 하나였음을 알 수 있다.

제
3
장

통일신라시대

(7세기~9세기)

통일신라의 시대적·문화적 배경

신라는 당나라와 연합하여 660년에 백제를, 668년에 고구려를 멸망시키면서 676년 문무왕(文武王, 재위 661~681) 때 삼국을 통일했다. 통일신라(676~935)는 고구려, 백제와의 문화 융합과 함께 당나라와의 교류를 통해 문화를 적극 수용하면서 예술의 황금기를 맞이했다. 또한 통일신라는 일본과 밀접한 관계를 맺으며 문화를 교류했다. 삼국 통일을 위해 나·당 군사동맹도 맺었으나 백제와 고구려를 멸망시킨 후 한반도를 두고 나·당 전쟁(670~676)이 일어났다. 이때 신라는 당나라에 맞서기 위해 일본과 사신을 주고받았고, 나·일 관계는 이후에도 지속되면서 일본과의 문화 교류가 이어졌다.

통일신라는 각 국가와의 교류를 통해 종합적이고 조화로운 예술미를 이룩했고, 특히 국왕부터 백성까지 모두 불교를 신봉하여 찬란한 불교 문화를 이루었다. 또한 삼국 통일 전쟁을 겪으면서 현실적인 어려움으로 인해 내세에 관심을 갖게 되었으며, 원효대사에 의해 불교가 대중화되면서 민중불교가 발전했다.[1] 통일신라의 승려들은 중국과 인도에 건너가 새로운 불교를 전수받았다. 또한 신문왕(神文王, 재위 681~692) 2년(682)에는 국학을 설립하여 『논어』와 『효경』 등의 유교 경전을 가르쳤으며, 유교를 정치 이념으로 삼았다. 따라서 통일신라는 종합적인 예술의 황금기를 이루며 유교와 불교를 통해 정치적·문화적으로 통일된 민족 문화 발전의 기틀을 마련했다.

통일신라의 미술은 균형과 비례에서 비롯된 이상적 아름다움이 특징이다.[2] 삼국시대 신라 미술의 정밀함과 섬세함은 고구려 및 백제 미술의 전통을 계승하고 중국 수·당 미술을 수용하면서 더욱 발전했다. 또한 통일신라는 불교의 영향으로 종교적 성격이 강한 미술 양식을 갖추게 되었다. 따라서 토속적인 성향은 약화되는 반면 국제성은 강화되었다. 특히 7~8세기 통일신라의 미술은 절정기를 이루었는데, 신라를 대표하는 미술 작품인 석굴암의 조각, 불국사의 석가탑과 다보탑, 그리고 봉덕사의 성덕대왕신종 등이 이 시기에 만들어진 작품이다. 이러한 작품들에는 통일신라 미술의 불교적 색채가 매우 잘 드러나 있다고 할 수 있다.

• 도3-1 석굴암 본존불, 국보 제24호 석굴암 석굴

통일신라 불상의 신비로운 아름다움은 특히 석굴암 본존 석가여래좌상에서 잘 드러난다. 가늘게 내리뜬 눈과 긴 눈썹, 선명한 인중과 입술, 잔잔한 미소와 둥그런 얼굴 등은 득도에서 비롯되는 법열의 경지를 느끼게 한다. 또한 곡선적인 어깨선과 가는 허리, 안정된 결가부좌 자세 등은 조화미를 이루고 있다. 본존 여래의 형태는 통일신라 미술에서 추구하는 균형과 조화의 미, 사실적이면서도 이상적인 미가 갖춰져 있다. 또한 본존 여래에서 볼 수 있는 대칭과 조화는 9세기 이전 석조 예술의 지배적인 특징으로, 석굴암의 다른 조각들에서도 이러한 특징을 쉽게 찾아볼 수 있다.[3]

불국사의 〈다보탑多寶塔〉은 기존의 규범에서 벗어나 특수한 형태로 만들

어진 탑으로, 그 우수한 조형성은 통일신라시대의 미술을 대표하는 상징이다. 목조 건축 양식을 재현한 다보탑은 평면방형의 하부에 각각 계단을 설치하여 완벽한 비례를 이루고 있다. 탑은 다른 형태의 층으로 구성되어 있는데, 탑의 몸체인 중부는 8각의 옥개석 난간으로 이루어져 있으며 탑의 상부는 원형을 이룬다. 즉 사각과 팔각 그리고 원형의 형태가 섬세한 각도로 합쳐져 완벽한 균형을 이루고 있다.

한국의 국보이자 한국 종(鍾)의 전형이라고 할 수 있는 〈성덕대왕신종聖德大王神鍾〉은 상대인 견대(肩帶)와 하대인 구연대(口緣帶), 만개된 아홉 개의 연꽃과 꽃봉오리를 감싸고 있는 네 개의 유곽, 당좌와 비천상, 용뉴[4]와 음통 등을 고루 갖추고 있다. 종의 완만한 곡선 형태와 8릉의 구연대 등에서는 균형적인 비례감을 느낄 수 있으며, 또한 종의 몸체에 그려진 두 쌍의 비천 무늬는 신비로운 분위기를 풍긴다. 성덕대왕신종은 이러한 형태적 측면 외에 종의 크기, 주조 기술의 과학성, 그리고 신비로운 소리 등에서 통일신라 미술의 정교함과 섬세한 아름다움을 나타내고 있다. 성덕대왕신종은 경덕왕(景德王, 재위 742~765) 때 12만 근의 동(銅)을 사용해 주조를 시도했으나 실패한 후 혜공왕(惠恭王, 재위 765~780) 7년(771)에 완성되었다.[5] 이러한 통일신라의 대표작들을 통해 통일신라인들이 전성기에 추구했던 아름다움은 균형미, 비례미, 세련미, 이상미 등에서 비롯되었음을 알 수 있다.

통일신라시대의 음악은 향악(鄕樂)의 발전과 불교 음악의 본격적인 전래가 특징이다.

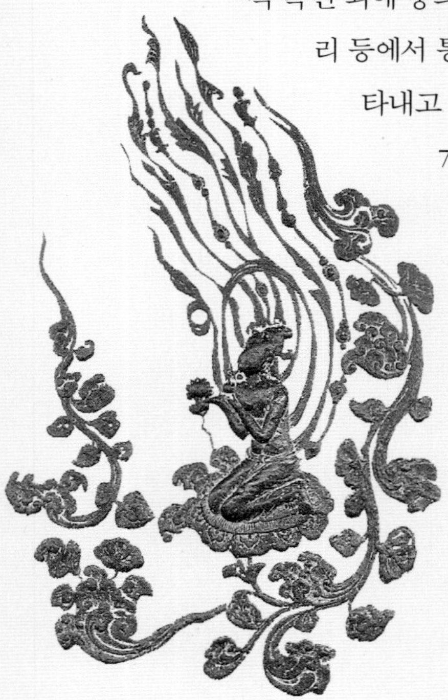

• 도3-2 성덕대왕신종 비천, 통일신라, 국보 제29호 성덕대왕신종

또한 이 시기의 음악은 삼국시대부터 전래된 각 지방의 향토적 음악과 함께 악·가·무가 어우러진 종합예술로서 존재했다. 즉 신라의 음악은 고구려와 백제의 악기를 수용하여 만든 자국의 향악기를 중심으로 발전했다. 특히 경상북도 압량 지방의 '백실(白實)', 영천 지방의 '석남사내(石南思內)' 그리고 단밀 지방의 '미지악(美知樂)' 등 각 지방의 향토적 음악이 통일신라시대에까지 전승되었다.

신라가 고구려, 백제, 당나라의 악기를 수용함으로써 한반도에는 새로운 음악 문화가 형성되었다. 흥덕왕(興德王, 재위 826~836) 5년(830)에는 당에서 돌아온 진감대사(眞鑑大師)에 의해 범음(梵音)을 들여오게 되었다. 특히 신라에 유입된 당나라의 범패(梵唄)[6]는 통일신라의 음악 문화가 더욱 다양하게 발전할 수 있는 하나의 계기가 되었다. 범패를 비롯한 통일신라의 불교 음악은 왕족뿐만이 아닌 일반 백성들에게까지도 수용되었다.

통일신라시대 이후에 사용된 악기에는 삼현삼죽(三絃三竹), 박판(拍板: 박), 대고(大鼓: 북), 가무 등이 있다. 이 중 삼현은 거문고, 가야고(가야금), 비파이며 삼죽은 대금, 중금, 소금을 의미한다. 거문고, 대금, 중금, 소금은 고구려의 악기이고, 향비파 또한 고구려를 거쳐 들어온 악기인 반면 박판은 당나라의 악기이다. 즉 가야고를 제외한 모든 악기가 새로 등장한 악기임을 알 수 있다. 이는 통일신라가 우리의 음악을 발전시키면서 외국의 음악을 받아들여 조화로운 합치를 이루고자 했음을 의미한다. 『삼국사기』에 의하면 통일신라시대에는 평조와 우조가 187곡, 옥보고의 작곡이 30곡, 극종의 작곡이 7곡, 대금 곡조가 324곡, 중금 곡조가 245곡, 소금 곡조가 298곡, 비파 곡조는 212곡 등 많은 거문고 곡조가 있었으며, 곡 이름과 악조명 등에서 세련되고 다양한 발전이 이루어졌음을 알 수 있다.[7]

1. 처용무

처용무(處容舞)는 신라 제49대 헌강왕(憲康王, 재위 875~886) 대의 처용설화에서 유래된 춤이다. 일연(一然, 1206~1289)의 『삼국유사』「처용랑망해사조處容郎望海寺條」의 처용설화는 다음과 같다.

> 第四十九憲康大王之代, 自京師至扵海内比屋連墻, 無一草屋。笙歌不絶道路, 風雨調扵四時。扵是大王遊開雲浦 在鶴城西南, 今蔚州。王将還駕。晝校勘 歇扵汀过, 忽雲霧冥曀迷失道路 恠問左右, 日官奏云 "此東海龍所變也, 冝行勝事以解之" 扵是勑有司為龍剏佛寺近境。施令已出雲開霧散 因名開雲浦。東海龍喜乃率七子現扵駕前 讃德獻舞奏樂。其一子隨駕入京輔佐王政 名曰處容。王以美女妻之欲留其意 又賜級干職。其妻甚美 疫神欽慕之 變爲人夜至其家 竊與之宿。處容自外至其家 見寢有二人, 引唱歌作舞而退。歌曰…[8]

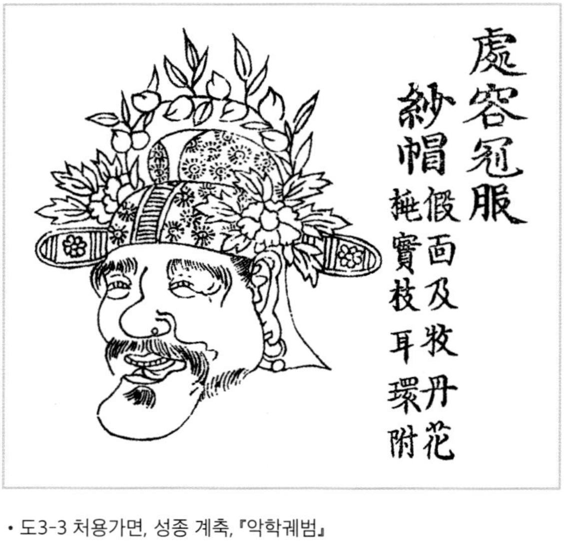

• 도3-3 처용가면, 성종 계축, 『악학궤범』

신라 제49대 헌강왕 시대에는 서울부터 해내까지 집들이 늘어서고 담장이 이어졌는데, 초가집은 하나도 없었고 생황과 노래 소리는 길에 끊이지 않았으며, 비바람은 사시사철 순조로웠다. 이에 대왕이 학성(鶴城)의 서남(西南)에 있는 개운포(開雲浦)에 노닐었는데 지금의 울주(울산)이다. 왕이 장차 돌아올 때 낮에 강변에서 쉬는데 홀연히 구름과 안개가 자욱하게 끼어 길을 잃고 말았다. 이를 괴이하게 여겨 좌우에 물어보니 일관(日官)이 아뢰기를 "이것은 동해 용왕이 변하게 한 것이므로 마땅히 좋은 일을 실행해야만 풀릴 것입니다" 했다. 이에 유사(有司)에게 명하여 용을 위해 가까운 곳에 절을 세우도록 했다. 명령을 내리니 구름이 개고 안개가 흩어졌으므로 이름을 개운포라 했다. 동해 용왕이 기뻐하면서 일곱 아들을 거느리고 임금 앞에 나타나 덕을 찬양하며 춤추고 음악을 연주했다. 그 용왕의 한 아들이 임금을 따라 입경(入京)하여 왕의 정사를 보좌했는데, 이름을 처용이라 했다. 왕이 그를 머물게 하려고 미녀로 아내를 삼게 하고 급간(級干)이란 벼슬을 주었다. 그의 처는 아주 아름다웠는데, 역신(疫神)이 흠모하여 사람으로 변해서 밤에 그의 집에 가 몰래 잠을 잤다. 처용이 밖에서 집으로 들어와 두 사람이 누워 있는 것을 봤으나, 그는 노래를 부르고 춤을 추며 물러갔다. 노래하기를…

東京明期月良	(동경명기월량)	동경 밝은 달에
夜入伊遊行如可	(야입이유행여가)	밤들이 노닐다가
入良沙寢矣見昆	(입량사침의견곤)	들어와서 자리를 보곤
脚烏伊四是良羅	(각오이사시량라)	다리 어이 넷일러라
二肹隱吾下於叱古	(이힐은오하어질고)	둘은 내 것인데
二肹隱誰支下焉古	(이힐은수복하언고)	둘은 뉘 것인고
本矣吾下是如馬於隱	(본의오하시여마어은)	본디 내 것이지만
奪叱良乙何如爲理古	(탈질량을하여위리고)	빼긴 것을 어여 하리고

時神現形 跪於前曰, 吾羨公之妻 今犯之矣, 公不見怒 感而美之。誓今已後 見畫公之形容 不入其門矣。因此 國人門巾占處容之形 以僻邪進慶。王旣還 乃卜靈鷲山東麓勝地 置寺 曰望海寺 亦名新房寺, 乃爲龍而置也。[9]

이때 역신이 모습을 나타내어 앞에 꿇어 앉아 말하기를, "내가 공의 아내를 사모하여 지금 범했으나, 공이 노하지 아니하니 감동하여 아름답게 여기는 바입니다. 맹세코 이제부터 공의 얼굴을 그린 것만 보아도 그 문에 들어가지 않겠습니다" 했다. 이로 인해 사람들은 처용의 형상을 문에 붙여 사귀를 몰아내고 경사를 끌어들였다. 그 후 왕이 돌아와 영취산 동쪽 기슭의 승지에 절을 세우고 망해사 또는 신방사라고 이름 했으니, 이는 용을 위해 세운 것이다.

• 도3-4 처용탈을 든 김천흥
(국립무형유산원 제공)

이와 같은 내용의 처용설화에 의해 처용은 악신을 물리치는 신으로 추앙되었으며, 민가와 궁중에서 악귀를 몰아내는 구나 의식의 일환으로 그의 형상을 본 딴 그림을 대문에 붙였다. 『악학궤범樂學軌範』에 기록된 처용의 얼굴은 "홍도화(紅桃花) 같이 붉은 얼굴"로 묘사되어 있으며, 붉은색은 예로부터 우리나라에서 악귀를 좇아내는 것을 상징하는 색이다. 가면의 양쪽 귀는 납 구슬과 주석 고리로 장식되어 있으며, 사모(紗帽)에는 모란꽃과 복숭아 나뭇가지가 달려 있다. 복숭아는 무병장수를 상징하며, 악귀를 쫓아내고 일가의 안녕을 기원하는 주술적인 벽사진경

• 도3-5 처용무 준비 자세, 국가무형문화재 제39호 처용무(국립무형유산원 제공)

• 도3-6 처용무, 김명숙 늘휘무용단, 1999, 국립국악원 예악당

(僻邪進慶)의 기능과 연관된다.[10]

처용무는 섣달그믐날의 나례 혹은 궁중 연례(宴禮)에서 추어지는 벽사진경의 춤으로, 궁중정재 중 유일하게 사람 형상의 가면을 쓰고 추는 춤이다. 이와 관련하여 『동경잡기』의 기록은 다음과 같다.

> 從王入京 自號處容 每月夜歌舞於市境 不知所在, 時以爲神。其歌舞處 後人名爲月明巷 因作處容歌處容舞 假面以戱。[11]

> 왕을 따라 서울에 와서 스스로 이름을 처용이라 부르며 매달 달 밝은 밤이면 저잣거리에서 노래하고 춤을 추었는데 그가 있는 곳을 알 수 없었으며, 그때 사람들은 처용을 신으로 여겼다. 그가 노래하고 춤추던 곳을 후대 사람들은 월명항(月明巷)이라 부르면서 처용가와 처용무를 만들고 가면 놀이를 했다.

이를 통해 처용무는 처용의 가면을 쓰고 추는 가면희임을 알 수 있다. 처용무의 모든 춤사위는 악귀를 쫓아내는 것을 형상하며, 대표적인 춤사위로는 양손을 좌우 어깨에 차례로 매었다가 뿌리는 동작인 '낙화유수(落花流水)'가 있다. 이는 처용무의 특징적인 춤사위로서 귀신을 쫓는 듯한 움직임으로 나타난다.[12] 또한 춤의 동작에 있어서는 몸의 자세가 정대(正大)하고 위세가 당당하며, 활기 있는 움직임 속에서는 쾌활하고 호탕한 기풍이 돈다.[13] 처용무의 변천 과정에 관하여 조선 중기 문신 성현(成俔)의 수필집인 『용재총화慵齋叢話』 권1에는 다음과 같이 기록되어 있다.

> 初使一人 黑袍紗帽而舞。其後有五方處容, 世宗以其曲折 改撰歌詞 名曰鳳凰吟 遂爲廟廷正樂, 世祖遂增其制。[14]

• 도3-7 처용무, 정조 을묘, 『원행을묘정리의궤』, 국가무형문화재 제39호(국립무형유산원 제공)

처음에는 한 사람이 검은 두루마기를 입고 사모를 쓰고 춤을 추었다. 그 뒤에 오방처용(五方處容)이 생겨나니, 세종이 그 복잡하게 변한 것을 보고 가사를 고쳐 만들어 '봉황음(鳳凰吟)'이라 이름하고 드디어 묘정(廟廷)의 정악(正樂)이 되었으며, 세조가 드디어 그 제도를 증보(增補)했다.

조선 후기 선조(宣祖) 대에 문신 권문해(權文海)가 편찬한 사전인『대동운부군옥大東韻府群玉』권8에는 다음과 같이 기록되어 있다.

鳳凰吟 新羅時有處容。初使一人 黑袍紗帽而舞, 其後有五方處容。我英廟以其曲節 … (中略) … 歌詞名曰 鳳凰吟, 遊爲廟庭之樂。[15]

봉황음은 신라시대에 있던 처용이다. 처음에는 한 사람이 검은 두루마기를 입고 사모를 쓰고 추었는데, 그 후에 오방처용이 되었다. 우리 조선의 영조 대에 복잡하게 변한 것을 …(중략)… 가사의 이름을 봉황음이라 하고, 묘정지악이 되었다.

이상 두 기록에서의 "初使一人 黑袍紗帽而舞 其後有五方處容(처음에는 한 사람이 검은 두루마기를 입고 사모를 쓰고 추었고, 그 후에 오방처용이 생겨났다)"은 같으나『용재총화』에는 "世宗以其曲折(세종이 가사를 고쳐 만들었다)"로,『대동운부군옥』에는 "我英廟以其曲節(영조 대에 복잡하게 변했다)"로 언급되었다는 점에서 조선 초기 세종 대 혹은 조선 후기 영조 대에 '오방처용(五方處容)'으로 개찬되었다는 것을 알 수 있다.[16]

오방처용무에서 '오방'은 5인의 무원이 동서남북과 중앙에서 춤을 추는 것을 의미하며, 사상적으로는 음양오행(陰陽五行) 사상에 기반하고 있다. 음양오행 사상은 우주의 근원이 음과 양이라는 두 기(氣)로 이루어져 있으며,

음과 양의 조화를 통해 오행, 즉 수(水), 화(火), 목(木), 금(金), 토(土)의 원소가 파생된다는 것을 의미한다. 오행의 개념은 자연현상과 인간생활의 관계에서 변화를 해석하는 도식의 기준으로 인식되었으며, 이는 음양의 개념과 결합되어 상이한 인식(사물)들 간의 관계를 유기적인 체계로 파악할 수 있게 했다.[17] 오행을 색을 통해 살펴보면, 수(水)는 흑(黑), 화(火)는 홍(紅), 목(木)은 청(靑), 금(金)은 백(白), 토(土)는 황(黃)에 대응된다. 오방처용무의 무복은 음양오행의 원리에 따라 양을 상징하는 백색, 황색, 홍색, 그리고 음을 상징하는 청색, 흑색으로 입는다. 구도는 동(東)에 청색, 서(西)에 백색, 남(南)에 홍색, 북(北)에 흑색 그리고 중앙에 황색이 위치한다. 춤의 진행은 중앙을 중심으로 각 방위 무원들의 대무(對舞)가 상극(相剋)과 상생(相生)의 음양오행의 원리를 바탕으로 진행된다.

처용무는 이후 『악학궤범』 권5에 언급된 학연화대처용무합설(鶴蓮花代處容舞合設)과 같이, 학무 및 연화대무와 합설된 대규모의 궁중정재로 변화되었다. 현재 전해지는 처용무는 『악학궤범』에 기록된 처용무 홀기와 조선 후기 숙종 31년 을유년에 당시 장악원(掌樂院)에서 사용되던 정재 홀기를 참작하여 1929년에 재안무된 것이다. 즉 처용무의 원전은 조선 초기에 연출되던 무악인 『악학궤범』 권5 「시용향악정재도의時用鄕樂呈才圖儀」의 학연화대처용무합설이다.[18] 처용무는 조선 초기 성종 대의 『악학궤범』에 수록된 이후, 『숙종실록肅宗實

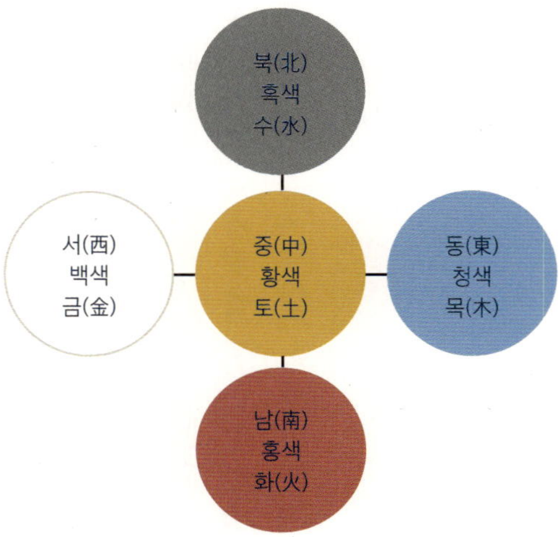

• 도3-8 오방처용무 도식

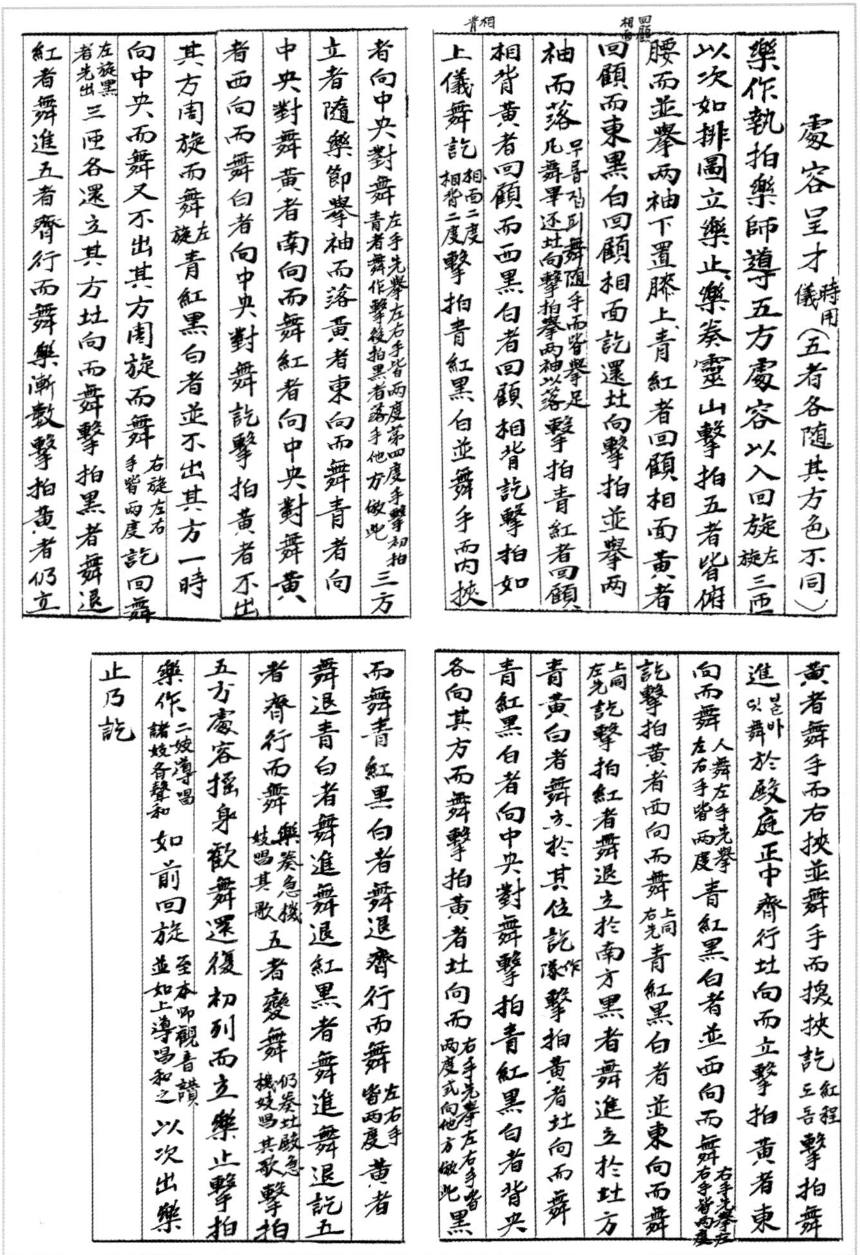
處容呈才儀 時用（五者各隨其方色不同）
樂作執拍樂師導五方處容以入回旋 左旋 三匝以次如排圖立樂止樂奏靈山擊拍五者皆俯腰而並擧兩袖下置膝上青紅者回顧相面黃者回顧而東黑白回顧相面訖還北向擊拍並擧兩袖而落 凡舞畢还北向擊拍擧兩袖以落 擊拍青紅者回顧相背黃者回顧而西黑白者回顧相背訖擊拍如上儀舞訖 相面二度 相背二度 擊拍青紅黑白並舞手而內挾者向中央對舞 左手先擧左右手皆兩度第四度手擊初拍 青者舞作擊後拍黑者落手他方倣此 三方立者隨樂節擧袖而落黃者東向而舞青者向中央對舞黃者南向而舞紅者向中央對舞黃者西向而舞白者向中央對舞訖擊拍黃者不出其方周旋而舞 左旋 青紅黑白者並不出其方一時向中央而舞又不出其方周旋而舞 右旋左右手皆兩度 訖回舞 左旋黑者先出 三匝各還立其方北向而舞擊拍黑者舞退紅者舞進五者齊行而舞樂漸數擊拍黃者仍立
黃者舞手而右挾並舞手而換挾訖擊拍舞進於殿庭正中齊行北向而立擊拍黃者東向而舞 左手先擧左右手皆兩度 青紅黑白者並西向而舞 右手先擧左右手皆兩度 訖擊拍黃者西向而舞 上同右先 青紅黑白者並東向而舞 上同左先 訖擊拍紅者舞退立於南方黑者舞進立於北方青黃白者舞於其位訖擊拍黃者北向而舞青紅黑白者向中央對舞擊拍青紅黑白者背央各向其方而舞擊拍黃者北向而 右手先擧左右手皆兩度式向他方倣此 黑而舞青紅黑白者舞退齊行而舞 左右手皆兩度 黃者舞退青白者舞進舞退紅黑者舞進舞退訖五者齊行而舞 樂奏急拍妓唱其歌 五者變舞 仍奏北殿急拍妓唱其歌 擊拍五方處容搖身歡舞還復初列而立樂止擊拍樂作 二妓導唱諸妓齊聲和 如前回旋 至本所觀音讚並如上導唱和之 以次出樂止乃訖

• 도3-9 처용무, 고종 계사, 『정재무도홀기』

錄』의 홀기(1674)와 고종 대의 『정재무도홀기』(1893)에 이르기까지 약 400년 동안 춤사위의 원형이 잘 보존된 궁중정재이다. 이러한 점에서 처용무는 그 역사적 가치를 인정받아 1971년에 국가무형문화재 제39호로 지정되었다.

2. 선유락

선유락(船遊樂)은 곱게 단장한 채선(彩船) 둘레에 여러 기생이 나누어 서서 뱃줄을 잡고 배를 끄는 모양을 흉내 내며 추는 춤으로, 동기(童妓) 2인은 채선에 올라 닻과 돛을 각각 잡고, 채선 둘레에는 여기들이 두 겹의 원형으로 서는데, 안에는 배를 끄는 내무(內舞)가, 바깥에는 큰 원형의 외무(外舞)가 서서 어부사 노래를 부르며 춤을 춘다. 조선 후기 국문학자이자 시조시인 이병기(李秉岐)의 『가악사초歌樂史草』는 신라시대부터 고려시대에 이르기까지 성행했던 사선악부(四仙樂部)의 용(龍), 봉(鳳), 상(象), 마(馬), 선(船) 중에 '선'이 후대의 선유락이라고 설명하고 있다. 『가악사초』의 내용을 보면 다음과 같다.

> 선유락은 세전(世傳)하되 신라 때부터 있었다 하며, 채선을 만들고 여러 기생이 나누어 서서 배가 가는 모양을 하여 뱃줄을 끌고 배

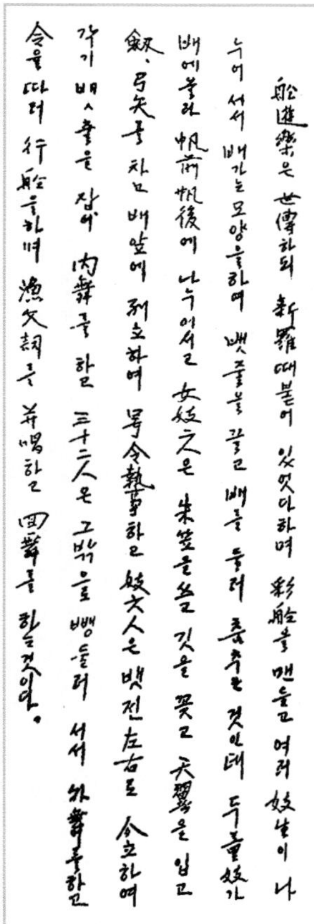
船遊樂은 世傳하되 新羅때붙어 있었다하며 彩船을 맨들고 여러 妓生이 나
누어 서서 배가는 모양을하며 뱃줄을 끌고 배를 둘러 춤추는 것인데 두 童妓가
배에 올라 帆前帆後에 나누어서고 女妓之은 朱笠을 쓸 깃을 꽂고 天翼을 입고
劍、弓矢를 차고 배앞에 列立하여 另令執事하고 妓大人은 뱃전左右로 分立하여
각기 뱃줄을 잡어 內舞를 할 三十二人은 그밖을 뺑둘러 서서 外舞를 할
令을 따러 行船을 하며 漁父詞를 부를할 四舞를 할 것이다.

• 도3-10 선유락, 『가악사초』
(국립국악원 제공)

• 도3-11 선유락, 조선 후기, 『화성능행도 병풍』(국립고궁박물관 제공)

• 도3-12 선유락, 2004, 정재연구회(정재연구회 제공)

> 를 둘러 춤추는 것인데, 두 동기가 배에 올라 범전(帆前), 범후(帆後)에 나누어 서고, 여기 2인은 주립을 쓰고 깃을 꽂고 천익을 입고 검·궁시를 차고 배 앞에 열입하여 호령집사하고, 기(妓) 6인은 뱃전 좌우로 분립하여 각기 뱃줄을 잡아 내무를 하고 32인은 그 밖을 빽 둘러서서 외무를 하고 영(令)을 따라 행선을 하며, 어부사를 병창하고 회무를 하는 것이다.[19]

선유락은 선상제도에 의해 궁중으로 유입되어 궁중정재의 한 종목으로 채택되었다. 이에 대해 관서 지방의 '배따라기'가 궁중으로 유입되면서 '선유락'으로 바뀐 것이라는 학계의 의견이 존재한다. 궁중정재의 선유락을 담당한 여기들이 각 지방 관아에서 올라온 선상기(選上妓)[20]였음을 고려할 때, 이들에 의해 관서 지방의 교방정재인 배따라기가 궁중으로 유입되어 궁중정재 선유락으로 정착했음을 추정할 수 있다.[21]

선유락에 대한 최초의 궁중연향 기록은 조선 후기 정조 19년 『원행을묘정리의궤』(1795)이다. 당시 정조가 어머니 혜경궁 홍씨의 회갑을 경축하기 위해 화성 봉수당에서 연향을 베푼 내용을 담은 〈봉수당진찬도奉壽堂進饌圖〉에서도 선유락이 연행되었음을 찾아볼 수 있다. 또한 『진찬의궤』, 『진연의궤進宴儀軌』의 기록을 통해 선유락이 궁중에서 지속적으로 연희되었음을 알 수 있다. 연향에 따라 선유락의 내무와 외무의 인원이 변동되어 나타나긴 했으나, 동원된 무원의 수와 채선의 규모를 통해 신라의 국풍(國風)을 이은 선유락은 호화스럽고 화려했을 것이라고 추측할 수 있다.

3. 무애무·상염무

'무애(無㝵)'는 '거칠 것이 없다'는 뜻이며 춤의 도구인 호리병을 의미한다. 무애무(無㝵舞)는 불교 포교를 위해 신라의 고승 원효대사(元曉大師)가 창작한 춤으로, 고려시대에 궁중정재의 형태로 양식화되었다. 무애무는 무용수가 호리병(무애)을 들고 이를 희롱하는 형태의 춤이며 무애가(無㝵歌)에 맞춰 춘다. 문무왕(文武王, 재위 661~681) 대 『삼국유사』에 기록되어 있는 무애무의 내용은 다음과 같다.

• 도3-13 무애무, 순조 기축, 『진찬의궤』

曉旣失戒 生聽己後 易俗服, 自號小姓居士。偶得優人舞弄大瓠 其狀瑰奇 因其形製爲道具。以華嚴經一切無㝵人 一道出生死 命名曰無㝵。[22]

원효대사가 파계하여 아들 설총을 낳고 속복으로 갈아입은 뒤에, 스스로 호를 소성거사(小姓居士)라 했다. 우연히 광대가 가지고 노는 큰 박을 얻었는데 그 모양이 이상하고 진기했다. 그래서 그 모양대로 만들어 도구를 삼아, 화엄경에 나오는 "일체무애인 일도출생사(일체 걸림이 없는 사람은 한결같이 생사를 벗어난다)"라는 말을 빌어 '무애무'라 이름 지었다.

또한 고려 후기 문신 이인로(李仁老)의 『파한집破閑集』에는 원효대사가 서민들 속에서 어울려 가무했다고 기록되어 있다.

昔元曉大聖, 混迹屠沽中, 嘗撫玩曲項葫蘆, 歌舞於市, 名之曰無㝵。[23]

옛날 원효 대성인은 백정이나 술장수들과 어울려 지내며, 일찍이 목이 구부러진 호리병박을 두드리고 놀면서 저잣거리에서 노래하고 춤을 추었는데, 그것을 '무애춤'이라 했다.

이를 통해 무애무가 민간 불교 포교의 목적으로 만들어졌으며 불교적

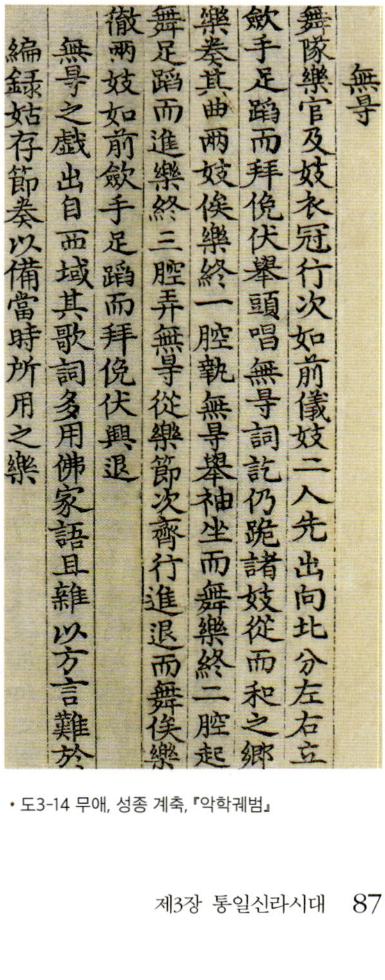
無㝵
舞隊樂官及妓衣冠行次如前儀妓二人先出向北分左右立
斂手足蹈而拜俛伏擧頭唱無㝵詞訖仍跪諸妓從而和之鄕
樂奏其曲两妓俟樂終一腔執無㝵擧袖坐而舞樂終二腔起
舞足蹈而進樂終三腔弄無㝵從樂節次齊行進退而舞俟樂
徹两妓如前斂手足蹈而拜俛伏興退
無㝵之戱出自西域其歌詞多用佛家語且雜以方言難於
編錄姑存節奏以備當時所用之樂

• 도3-14 무애, 성종 계축, 『악학궤범』

색채가 나타나는 서민적이고 유흥적인 춤이었음을 알 수 있다. 또한 『고려사』「악지」와 『악학궤범』에는 "無㝵之戲 出自西域 其歌詞 多用佛歌語"라고 기록되어, 무애지희는 서역에서 나왔으며 그 노래의 사설은 불가의 언어를 많이 사용했다는 것을 보여준다. 이를 통해 무애무는 불교와 함께 서역의 인도에서 전래되었음을 추정할 수 있다. 불교적 색채가 강했던 무애무는 『고려사』「악지」에 의하면 점점 오락성이 짙어지면서 여기들의 향악정재로 변화했다고 기록되어 있다. 조선시대에는 12인이 춤을 추었는데, 2인이 가운데에서 표주박을 들고 원무(元舞)하고, 10인이 그 주변을 돌며 회무(回舞)한다고 나타나 있다. 또한 『고려사』「악지」'속악조(俗惡條)'에 의하면 무애무의 가사는 불가어(佛歌語)에서 순조 대에 왕실의 번영을 송축하는 노래로 바뀌었다고 기록되어 있다.[24]

상염무(霜髥舞)는 '서리 같은 흰 수염을 지닌 신의 춤'이라는 뜻으로 풀이된다. 『삼국유사』「처용랑망해사조」에는 헌강왕 7년(881) 3월 왕이 군신들과 향연을 열었는데, 왕은 거문고를 타고 신하들은 노래를 불렀다는 내용과 함께 상염무에 대하여 다음과 같은 기록이 나온다.[25]

> 又幸鮑石亭 南山神現舞於御前, 左右不見 王獨見之 有人現舞於前。王自作舞 以像示之, 神之名或曰祥審。故至今國人傳此舞 曰御舞詳審, 或曰御舞山神。或云其神出舞 審象其貌 命工模刻 以示後代。故云詳審 或云霜髥舞 此乃以其形稱之。[26]

또 임금(헌강왕)이 포석정에 거동하시니 남산의 신령이 나타나 임금 앞에서 춤을 추었는데, 주위에서는 아무도 보지 못했고 임금만 홀로 어떤 사람이 앞에 나타나서 춤을 추는 것을 보았다. 임금은 스스로 그대로 춤을 추면서 그 춤추는 형상을 나타내 보였는데, 그 신령의 이름을 상심(詳審)이라 했다. 그래서 지금도 나라의 사람들이 그 춤을 전해오면서 임금이 추신 상심의 춤이란 뜻으로 '어무상심(御舞詳審)', 혹은 임금이 추신 산신령의 춤이란 뜻으로 '어무산신(御舞山神)'이라 한다. 혹은 말하기를 그 신령이 나와서 춤을 출 때에 그 춤추는 모습을 잘 살피어 장공(匠工)에게 명해 보았던 대로 본을 조각해 후대에 보이게 했다고 한다. 그래서 '상심' 또는 하얀 서리 같은 수염을 휘날리며 춘 춤이란 뜻으로 '상염무(霜髥舞)'라 했으니, 이것은 그 형상을 말한 것이다.

상염무는 처용설화에 나오는 '남산신', '북악신', '지신' 등 신무설화에서 비롯된 처용무의 별칭이라고 전해진다.[27]

제 4 장

고려시대

(10세기~14세기)

고려의 시대적·문화적 배경

고려(高麗, 918~1392)는 왕건(王建, 877~943)이 왕으로 추대되어 918년에 건국한 국가이다. 왕건의 후삼국 통일과 고려 건국은 한국사의 발전, 특히 민족의 재통일을 이룩했다는 점에서 중요한 의의를 갖는다. 고려는 고구려를 계승하면서 신라 왕족과 귀족을 평화적으로 고려에 통합하고 이들을 지배층으로 수용했으며, 신라의 전통과 문화를 계승했다. 『고려사』에 의하면 고려는 다섯 가지 예법인 '오례(五禮)', 즉 길례(吉禮), 가례(嘉禮), 빈례(賓禮), 군례(軍禮), 흉례(凶禮)를 국법으로 하여 예악을 실시했다. 오례는 중국 고대의 유교 경전 『주례』에서 비롯된 것으로서 고려시대부터 이 오례의 체제를 수용했으나 『고려사』「예지禮志」에 기록되어 있는 오례의 체제는 본래의 오례와 달리 불교와 민간신앙적인 요소의 영향을 받은 것으로 보인다.[1] 길례는 천신(天神), 지신(地神), 인신(人神) 등을 향한 제사 의식에 대한 예, 가례는 혼례 등 왕실의 경축 의식에 대한 예, 빈례는 외부 손님의 접대 의식에 대한 예, 군례는 군대 의식에 대한 예, 흉례는 국가의 상사(喪事)에 대한 예이다. 고려의 예악 제도는 이 오례를 기초로 궁중의 각 예식 절차에 적합한 악무가 연행되었다.

고려는 전국적으로 사원이 건립되고 팔관회나 연등회가 실시되는 등 사회문화적으로 불교적 색채가 강한 국가였다. 이와 같이 고려시대에 불교가 발달한 것은 왕실 귀족들의 보호를 받았기 때문이다.[2] 태조 대부터 고려는 숭불 정책을 추진했고 불교의 힘으로 대업을 이루고자 했다. 이는 『훈요십조訓要十條』에서 비보사찰(裨補寺刹)과 팔관회 및 연등회의 중요성을 강조하는 것에서도 드러난다. 고려 제6대 왕인 성종(成宗, 재위 981~997) 대는 유교적 정치 이념을 기반으로 국가 체계의 기틀을 확립한 시기이다. 성종은 원년(982)에 최승로(崔承老)가 올린 '시무28조(時務二十八條)'를 받아들이면서 숭유억불(崇儒抑佛) 정책을 추진했다. 특히 국가 재정을 낭비한다는 이유로 팔관회와 연등회를 일시적으로 폐지하는 등의 억불 정책을 실시했다. 이는 조선시대에 국가가 주도적으로 불교를 배척한 것과 같은 숭유억불 정책이라기보다는 불교의 폐단 시정과 유교에 입각한 정치를 지향한 것이므로, 이 시기는 유교와 불교가 조화를 이룬 시기로 평가된다.

제11대 왕 문종(文宗, 재위 1046~1083) 대는 고려의 황금기였으며 국가적으로 안정된 시기였다. 유교와 불교를 비롯하여 음악, 미술, 춤 등의 문화의 전성기였다. 이는 신라의 문화를 그대로 계승하고, 제4대 왕 광종(光宗, 재위 949~975) 대부터 중국의 송나라와 국교를 맺으며 송나라의 문화를 수용했기에 가능한 일이었다. 문종은 과거 성종 때 폐지했던 팔관회와 연등회를 부활시키는 등 불교를 부흥시켰다. 이는 유학이 지나치게 부흥하면 관료들의 세력이 강해지기 때문에 이를 견제하고 왕권을 강화하기 위함이었다.

그러나 고려 말기에 내우외환의 시련을 겪으면서 고려의 문화는 쇠퇴한다. 내부적으로는 승려들의 비리로 인한 불교의 폐해와 함께 북송의 성리학이 수입되면서 불교를 배척하는 신흥 사대부 세력이 성장했으며, 외부적으로는 30여 년에 걸친 몽골족의 침략으로 인해 국력이 쇠약해졌다. 그리고 국가적 혼란기 속에서 위화도 회군(威化島回軍, 1388)을 기점으로 이성계(李成桂)가 정치적 실권을 장악하게 되었으며, 결국 1392년 이성계가 제34대 왕 공양왕(恭讓王, 재위 1389~1392)에게 선위(禪位)를 요구하며 고려는 멸망하게 되었다.

고려의 미술은 정교하고 섬려한 특징을 지닌다.[3] 고구려의 전통을 계승한 고려는 중국 송나라와 원나라의 문화를 수용했으며, 불교를 토대로 꽃피웠던 고대 미술의 전통을 더욱 세련되고 화려하게 발전시켰다. 고려시대에는 불교 회화와 함께 실용 목적의 회화, 그리고 감상을 위한 회화 등 다양한 장르의 회화 작품들이 제작되었으며, 전문적인 화가들을 양성하는 '도화원(圖畫院)'이 궁중기관으로 설립되었다. 또한 고종(高宗, 재위 1213~1259) 21년(1234)에는 금속활자가 발명되었다.

고려시대를 대표하는 회화 중 불화는 대부분이 13세기 이후의 작품들로서 화려하면서도 귀족적인 특징을 지닌다. 특히 아미타(阿彌陀)를 주제로 한 아미타상과 기복신앙적 측면이 반영된 관음상 등이 대표적이다. 고려의 불화들은 대체로 적색, 황색, 청색, 녹색으로 채색되었으며, 그 특징으로는 화려한 색채와 섬세한 문양 그리고 정교한 필법 등이 있다.

고려 후기 화가 서구방(徐九方)의 〈수월관음도水月觀音圖〉는 고려 불화의 주요 특성들이 담겨 있는 작품이다. 정교한 문양이 새겨진 붉은색의 옷, 금색의 신체 등을 통해 관음보살의 화려함과 정교함을 알 수 있다. 또한 꽃과 암초, 정병을 담은 그릇 등은 화려함과 함께 조화미와 숭고미를 고조시킨다. 한편 고려불화가 고려시대의 회화를 상징한다면, 고려청자는 그 시대의 공예 또는 생활미술을 대표한다고 볼 수 있다. 고려시대에는 청자뿐 아니라 백자도 제작되었으나, 특히 청자가 고려인들의 미의식에 가장 부합했으므로 청자가 고려를 대표하는 미술작품으로 자리 잡게 되었다. 청자의 특성으로는 신비롭고 아름다운 색, 빼어난 형태미와 조형성, 상감(象嵌) 기법의 활용 등이 있다. 고려청자의 불교미학적인 청색은 조선 백자의 유교미학적

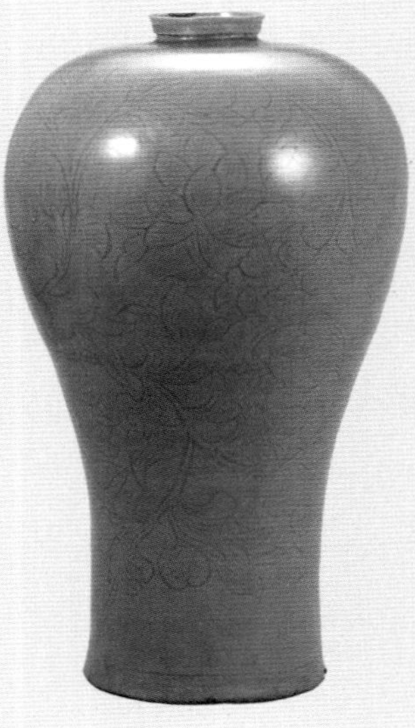

• 도4-1 청자 음각 연꽃 넝쿨무늬 매병, 고려, 국보 제97호 (국립중앙박물관 제공)

인 흰색과 대조를 이룬다. 특히 고려의 청색 계열인 비색은 그윽하고 차분한 느낌을 준다.[4] 상형미와 조형미, 그리고 곡선적 형태미 등은 유약의 색이 더해져 청자를 돋보이게 한다. 고려청자의 특별한 제작법으로 알려진 상감기법은 표면에 무늬를 파고 그 속에 금이나 은을 넣어 채우는 기술로, 고려의 도공이 처음으로 도자기 제작에 활용했다.

고려시대의 음악으로는 신라에서 전래된 향악과 송나라의 교방악(敎坊樂)을 수용한 당악(唐樂)이 존재했다. 그리고 12세기 고려 조정에 등장한 '대성악(大晟樂)'[5]이 포함되면서 고려에서는 세 갈래의 음악이 주류를 이루었다. 고려 초기에는 악기, 춤, 시가(詩歌) 등에 이르기까지 다양한 형태로 음악이 존재했다. 또한 신라시대부터 전래된 부처 숭상 의식이 강화되어 연등회가 발달했으며, 천령, 오악명산, 대천용신을 섬기는 팔관회가 등장했다. 팔관회와 연등회 의식에는 1,350여 명의 인원이 동원되었으며,[6] 이는 연악(宴樂)과 가무백희 등이 함께 이루어지는 전통적이면서 광대한 의식이었다.

고려에 당악이 처음 유입된 것은 제4대 왕 광종 대로, 고려는 이때부터 제27대 왕 충숙왕(忠肅王, 재위 1313~1330) 대까지 당나라에 악사와 악기를 요청했다고 전해진다.[7] 그리고 당악과 우리 고유의 악을 구분하기 위해 '향악(鄕樂)'이라는 용어가 등장했다. 『고려사』「악지」의 기록에 의하면 고려의 향악기는 거문고, 향비파, 가야금, 대금, 장고, 해금, 향피리, 중금, 소금, 박으로 구성되어 있다. 이는 통일신라의 악기와 비교해보면 장고와 대금이 추가된 것으로, 즉 고려의 악기는 신라의 전통을 이어받았다는 것을 의미한다. 고려의 음악은 향악과 당악이 양립된 형태로 존재하다가 이후 제16대 왕 예종(睿宗, 재위 1468~1469) 대에 새로운 갈래의 음악이 더해졌다. 예종 9년(1114)에는 송나라의 휘종(徽宗, 재위 1100~1125)으로부터 대성악과 음악을 연주하는 데 필요한 등가악기(登歌樂器)[8]와 헌가악기(軒架樂器)[9]를 받아들여 음악사적으로 큰 발전을 이룩했다.

1. 불교 의식의 춤

고려시대의 불교는 왕실과 귀족, 일반 서민까지 전 국민이 신봉한 국교였다. 이는 국가나 개인의 행복과 번영을 기원하는 현세적이고 실용적인 성격을 띠었으며, 이를 기원하는 다양한 불교 의식 행사가 실시되었다. 특히 국가가 주재하여 실시된 팔관회와 연등회에서 이러한 전통을 확인할 수 있다.

신라의 유풍을 계승한 팔관회와 연등회는 태조의 건국 이후부터 국가적 행사로 연행되었으며, 『훈요십조』에 의하면 팔관회와 연등회가 그 당시 중요한 의식으로 행해졌음을 알 수 있다. 그중 팔관회는 국중대제전으로 토속신앙에 불교를 가미시킨 것이며, 연등회는 순수한 불교 행사로 구별되었다.[10] 따라서 팔관회와 연등회에서는 불교의 성격뿐 아니라 무속과 민간신앙의 성격을 띤 가무악이 함께 행해졌다. 『고려사』에 기록된 팔관회와 연등회의 내용은 다음과 같다.

> 其六曰 朕所至願 在於燃燈八關, 燃燈所以事佛 八關所以事天靈及五嶽名山大川龍神也。後世姦臣建白加減者 切宜禁止。吾亦當初誓心, 會日不犯國忌 君臣同樂 宜當敬依行之。[11]

> 그 여섯 번째는 "내가 지극하게 바라는 것은 팔관회와 연등회에 있으니, 연등회는 부처를 섬기는 까닭이고 팔관회는 하늘과 신령과 오악, 명산, 대천, 용신을 섬기는 까닭이다. 후세에 간신들이 이 행사를 더하거나 줄일 것을 건의하는 것을 일절 마땅히 금지하라. 나도 처음에 마음으로 맹세하기를, '팔관회 · 연등회를 하는 날짜가 국가의 기일(國忌)과 겹치지 않게 하여 임금과 신하가 함께 즐기는 것'이니 마땅히 조심스럽게 이대로 시행하라" 했다.[12]

팔관회와 연등회는 불교 의식 행사인 동시에 재래의 민속에 흡수되어 이루어진 고려시대 최고의 종합적인 문화 행사라고 볼 수 있다. 팔관회와 연등회는 고려 제3대 왕 정종(定宗, 재위 945~949) 대부터 제18대 왕 의종(毅宗, 재위 1146~1170) 대에 이르는 130여 년간 가장 성행했으나 몽고의 침입 이후 점차 사라졌으며, 불교 의식에서 변화되어 가무백희[13]의 공연에 치중했다.

팔관회

팔관회(八關會)는 하늘의 신령과 오악(五嶽), 명산(名山), 대천(大川), 용신(龍神) 등 토속신께 제사를 지내는 고려 최고의 국가 행사이다. 고려 국왕은 문무백관과 지방관, 외국의 사신단이 위계에 따라 행사를 주관하며 국왕 중심의 질서를 만들고, 천자국 고려의 위상을 과시했다. 팔관회는 신라 진흥왕 12년 신라에 귀화한 고구려의 승려 혜량법사(惠亮法師)에 의해 처음 설치되었다고 전해진다.[14] 이러한 의식은 고려 건국 이후 왕건이 즉위한 해의 11월에 개최되었다.

팔관회는 개경에서는 음력 11월 보름에 행해졌으며 서경에서는 10월에 개최되었다. 『고려사』「예지」의 '중동팔관회의'에는 그 절차에 대해 소회일(小會日)과 대회일(大會日)로 나뉘어 이틀간 진행되었다고 기록되어 있다. 소회일(11월 14일)에는 왕이 의봉루(儀鳳樓)에 행차하여 선조의 진영에 참배했으며, 이때 백희(百戲)가 연행되었는데 이는 의식적 성격이 강하여 대회일보다 소회일에 더욱 격식을 갖추었던 것으로 보인다. 대회일(11월 15일)에는 손님을 영접하여 군신동락(君臣同樂)[15]하는 연희적 색채가 강했다. 팔관회에서는 각 지방의 수령과 상인 그리고 외국 사절 등을 대상으로 축하의 글과 선물을 진상했으며, 이를 통해 팔관회가 연등회보다 더욱 큰 행사였음을 알 수 있다. 특히 백희는 팔관회에서 가장 중요한 절차라고 볼 수 있으며, 이는 단순히 유희성의 볼거리가 아닌 절차상 중요한 기능을 담당했다.[16] 그 근거로 『고려사』「예지」에는 다음과 같이 기록되어 있다.

> 協律郎擧麾 太樂令板奏 百戲協場 百戲俱進, 少頃 協律郎偃麾 百戲俱退…[17]

> 협률랑(協律郎)이 휘(麾)를 들고 태악령(太樂令)이 판주(板奏)하면 백희(百戲)가 마당에 펼쳐지면서 백희가 모두 행해지고, 조금 있다가 협률랑이 휘를 눕히면 백희는 모두 물러난다…

'협률랑'은 고려의 가례나 제향에서 음악의 진행을 맡았던 관리이며, '휘'는 길례나 가례 때의 아악에 사용되던 신호기이다. 즉 팔관회의 백희는 연등회에 나타나는 백희잡기(百戲雜技)와 달리 의식적인 특성을 지녔음을 알 수 있다. 또한 백희의 연출자는 신라의 제천 의식과 선도를 수행(선풍仙風)하는 사람으로서 '국선(國仙)', '선가(仙家)', '선랑(仙郎)', '화랑(花郎)' 등으로 불렸다고 전해진다.

팔관회에서는 백희의 한 종목으로 사선악부(四仙樂部)가 채택되었다. '사선'이란 신라의 화랑 중에서 남랑, 술랑, 영랑, 안양의 네 국선을 지칭한다. 팔관회에서는 이들을 상징하는 네 명의 국선이 이끄는 가무악을 연희했다. 즉 '신라의 화랑인 국선이 가무백희로 용신을 기쁘게 한다'는 신라의 선풍이 고려의 팔관회에서도 중요하게 다루어졌음을 알 수 있다. 하지만 이러한 백희는 고려 제6대 왕인 성종 대에 잡기(雜技)로 간주되면서 팔관회가 잠시 중단되었다가 제8대 왕인 현종(顯宗, 재위 1010~1031) 대부터 다시 거행되었다.

연등회

연등회(燃燈會)는 고려 이전부터 전승된 종교 의식 행사로 부처에게 등을 공양(등공양)하는 불교 의식 중 하나이다. 이는 부처 앞에 등을 밝힘으로써 자신의 마음을 맑고 바르게 하여 부처의 덕을 찬양하고 부처에게 귀의한다는 의미를 갖고 있다. 연등회는 불교적 성격과 함께 민족 토속 신앙의 양식을 계승하는 연례 행사이다. 『삼국사기』에는 신라 제48대 왕인 경문왕(景文王, 재위 861~875) 6년(866) 정월 15일과 제51대 진성여왕(眞聖女王, 재위 887~897) 4년(890) 정월 15일에 황룡사에서 간등(看燈)[18]했다고 기록되어 있어 통일신라시대부터 사찰에서 연등행사가 있었음을 알 수 있다.

개경과 서경에서만 열린 팔관회와는 달리 연등회는 전국적으로 개최되었으며, 국가의 태평과 안녕을 기원하는 의미에서 행해졌다. 고려 초기의 연등회는 정월 15일에 연행했으므로 '상원연등회의(上元燃燈會儀)'라고 불렸다. 후대에는 2월 보름과 4월 8일 석가탄신일에도 개최되었다. 연등회는 소회일과 대회일 이틀에 걸쳐 이루어졌다. 『고려사』에 기록된 연등회의 내용은 다음과 같다.

> 小會日坐殿 / 謁祖眞儀 / 大會日坐殿[19]
>
> 소회일에 국왕이 좌전하는 의례 / 태조의 진영을 참배하는 의례 /
> 대회일에 국왕이 좌전하는 의례

소회일에는 '소회일좌전(小會日坐殿)', '알조진의(謁祖眞儀)'와 같은 의식이 치러진다. 소회일좌전은 강안전(康安殿)의 편전에 등을 매는 의식이며, 그 구성을 보면 강안전 위에서는 교방주악(教坊奏樂)이, 편전 아래의 구정에서는 백희잡기가 연행되었다. 이후 알조진의에서는 임금이 봉은사에 행차하여 조상의 진영을 찾아가 뵈었으며, 이때 고취악(鼓吹樂)이 연주되었다. 다음날 대회일에는 대회일좌전(大會日坐殿)을 통해 연회가 베풀어졌으며 군신이 함께 즐겼다. 대회일의 연회는 임금의 만복을 기원하며 차와 술을 올리면 임금은 사람들에게 술, 꽃, 봉약과 과실을 하사하는 형식으로 구성되었다. 특히 연등회의 가무백희를 담당한 산대악인(山臺樂人)[20]과 양부악관(兩部樂官)[21]에게 꽃과 술을 내렸다는 점이 특징이다. 『고려사』「악지」에는 고려 제10대 왕 정종(靖宗, 재위 1034~1046) 4년(1038)에 열린 연등회에 대해 다음과 같이 기록되어 있다.

> 二月 癸未 燃燈 王如奉恩寺 謁太祖眞。燈夕 必親行香眞殿以爲常。[22]

> 정종(靖宗) 4년(1038) 2월 계미(癸未)의 연등회 때 임금이 봉은사(奉恩寺)에 가서 예불하고 그곳에 모셔 있는 태조의 진영에 참배했는데, 이후로 왕이 연등회의 저녁에는 반드시 친히 봉은사에 가서 태조의 진전(眞殿)에 참배하는 것이 상례가 되었다.

연등회는 본래 부처에게 공양한다는 의미와 함께 태조에 대한 숭상이라는 거국적이면서도 정치적인 의의를 지녔다. 또한 군신 간의 엄격한 상하관계에 따라 친목을 도모하면서 왕권을 과시하려는 성격을 내포하고 있었다. 연등회의 가무악은 교방주악과 백희잡기 그리고 왕의 출행 시 연주되었던 고취악이 있다. 특히 교방주악에서 교방의 여제자 초영에 의해 왕모대가무(王母隊歌舞)를 연행했다는 기록이 있다.[23] 백희잡기는 소회일에만 있었으며 이는 산대악인이 담당했다. 대회일에는 연회에서 음악 연주가 있었던 것으로 보이며, 이때의 교방주악 역시 산대악인과 양부악인이 담당했다.

연등회와 불교 의식의 연관성에 관해서는 다양한 의견이 존재한다. 우선 연등회가 불교 의식이 아니라고 보는 의견으로, 연등회는 원래 선조께 제를 지내는 의식과 향연에 불과하다는 것이다. 이는 연등회가 봉은사에서 행해졌다는 것 외에는 불교적 성격이 드러나지 않는다는 점에서 비롯된 주장이다. 반면 연등회가 불교 의식이라고 보는 의견도 있다. 이는 연등이 인도에서 부처를 공양하는 방편으로 만들어졌으며, 고려 태조가 '훈요10조(訓要十條)'에서 "연등회는 부처를 섬기는 의식"이라고 했다는 점에서 비롯된 주장이다.

연등회의 광경에 대해 고려시대 문신 이규보(李奎報)의 『동국이상국집東國李相國集』에는 "마침 상원 등석을 맞아 성대한 풍악의 의식을 베푸시니, 팔정육합(八政六合)의 생황은 그 소리가 천상의 풍악보다 우렁차고, 구광사조(九光四照)의 등불은 그 그림자가 별빛처럼 찬란하도다. 모든 오락을 교대로 연구하여 백성들과 함께 즐기시도다. 귀신과 사람이 서로 경하하고, 미개인이나 문화인이나 모두 손님처럼 오게 되도다"[24]라고 기록되어 있다.

작법

작법(作法)은 불교 의식에서 추어지는 춤을 의미하며, 불교 의식에 사용되는 음악은 범패(梵唄)라고 한다. 작법은 춤으로 진리를 표현하는 공양으로서 몸과 입, 생각을 통해 삼업(三業)의 이치를 되새기며 깨달음을 얻기 위한 움직임이라고 할 수 있다. 작법은 대표적인 불교 의례 중 영산재(靈山齋)의 식당작법(食堂作法)에서 추어진다.[25] 영산재란 부처가 인도의 영취산에서 설법하던 모습을 재현한 의식이자 영혼을 천도하기 위한 재(齋) 의식 중 하나이다.[26] 이는 유네스코 인류무형문화유산으로 등재되어 있으며 국가무형문화재 제50호이다. 현재 영산재는 서울 서대문구에 소재한 봉원사에서 매년

• 도4-2 봉은사 감로왕도 일부(성보문화재연구원 취암스님 제공)

6월 6일에 열리며, 바라춤 7종, 나비춤 17종, 법고춤 1종 등이 상연된다. 영산재뿐만 아니라 수륙재(水陸齋), 생전예수재(生前預修齋), 각배재(各拜齋), 상주권공재(常住勸供齋)에서도 작법이 진행된다.

작법의 형태와 복식은 시대별로 전해지는 불교 회화인 〈감로왕도甘露王圖〉[27]에서 확인할 수 있다. 작법의 움직임은 제자리에서 동서남북으로 방향을 바꾸면서 발을 정(丁)자로 내딛거나 무릎 굴신(屈伸)으로 반복된 움직임을 보이며, 이러한 움직임에서 절제된 자유로움이 드러난다. 불교 의식의 춤인 작법에는 대표적으로 나비춤, 바라춤, 법고춤이 있다.

나비춤

나비춤은 나비 모양의 의상을 입기 때문에 붙여진 이름으로 '착복무(着服舞)'라고도 한다. 나비춤의 무복은 두 팔을 양옆으로 들면 소매가 바닥에 닿

• 도4-3 나비춤과 범패(국립무형유산원 제공)

• 도4-4 나비춤(해사스님 제공)

을 정도로 소매의 폭이 넓은 흰색의 장삼이다. 하얀 장삼과 땅에 끌릴 듯 늘어뜨린 붉은 가사, 청색, 황색, 녹색의 대령, 홍띠 그리고 탑 모양의 치자색 고깔을 쓴다. 손에 종이로 접은 작약과 모란꽃 봉오리를 들고 추는 비구니 스님들의 이 춤은 동작이 우아하고 엄숙하여 불교 의식의 춤 중 가장 아름답다고 평가할 수 있다.[28]

춤은 2인, 4인, 6인이 서로 마주보고 추며, 어깨나 고개를 거의 움직이지 않고 조용하고 느리게 추는 것이 특징이다. 대표적인 춤사위는 양팔을 어깨 높이로 펴서 하늘거리면서 내려앉았다가 일어서는 요신(搖身) 동작이나 정(丁) 디딤으로 제자리에서 도는 발동작이 있다. 이 춤은 일정한 장단이 없는 범패 홑소리 혹은 요령, 태징, 목탁, 북 등의 사물 악기와 더불어 삼현육각, 바라, 제금, 호적 등의 취타악기의 음악에 맞춰 춘다. 나비춤을 추는 목적은 천상천하의 모든 신과 일체의 만물 가운데 소생하지 못한 신을 소리로 불러들여 부처에게 귀의하도록 하는 것이다. 그러므로 속된 감정과 모든 생각을 버리고 깨끗한 마음으로 추어야 한다는 사상적 특징을 지닌다.

바라춤

바라춤은 바라를 양손에 들고 빠른 동작으로 전진, 후퇴, 회전하며 추는 활발한 춤이다. 이는 악귀를 물리쳐서 마음을 깨끗이 한다는 의미를 담아 추는 춤이며, 불보살(佛菩薩)[29]의 강림을 기원하거나 의식을 도량(度量)하고자 할 때 추어진다. 이 춤에서는 화의재진언(化衣財眞言), 신묘장구대다라니(神妙章句大陀羅尼),[30] 사다라니(四陀羅尼)[31] 등 불교의 여러 진언(眞言)이 염송(念誦)된다.

바라춤은 천수(千手)바라, 사다라니(四陀羅尼)바라, 요잡(繞匝)바라, 화의재진언(化衣財眞言)바라, 내림게(來臨偈)바라, 관욕게(灌浴偈)바라, 명(鳴)바라, 회향게(廻向偈)바라 등 여덟 가지로 분류된다. 그중 천수바라는 신묘장구대

• 도4-5 바라춤(해사스님 제공)

다라니에 맞춰 추며, 해탈무 또는 열반무의 형식을 갖춘 춤이다. 천수바라의 기원은 명확하지 않으나, 조선 중기 연산군 2년(1496) 학조(學祖)스님의 『진언권공眞言勸供』에 등장하는 바라춤의 '명발(명 바라)'과 '요잡'이라는 단어를 통해 천수바라가 그 이전부터 존재했음을 알 수 있다.

바라춤의 무복은 도포(장삼, 가사, 홍끈)와 육수가사(六垂袈裟)[32]로 이루어져 있다. 육수가사의 여섯 가닥 중 앞으로 내린 세 가닥은 부처를 의미하고, 뒤로 내린 세 가닥은 인로왕보살(引路王菩薩)을 의미한다. 이는 또한 육바라밀(六波羅密)을 의미하며 사바세계(娑婆世界)에서 극락세계로 간다는 의미를 담은 법복 차림이다. 양손에는 동발(銅鈸)이라고 하는 악기를 들며, 재의 규모에 따라 1인, 2인, 4인 외 군무의 형태로 진행된다. 바라춤의 기본 춤사위로는 배꼽을 중심으로 바라를 머리 위로 들어 올리거나 좌우로 돌리는 동작 등이 있다.

법고춤

법고는 대종(大鐘), 목어(木魚), 운판(雲版) 등과 함께 불교 의식에서 사용되는 불구(佛具)이다. 대종은 지옥 중생을, 목어는 수중 중생을, 운판은 허공 중생을 위해 치는 것이며, 법고는 세상의 축생(일반 동물)을 구제하기 위해 친다. 이와 함께 추어지는 법고춤은 불법을 널리 알린다는 뜻을 지닌 것으로, 사찰에서 예불 의식을 할 때 춘다. 이는 중생이 법고의 소리를 듣고 고통으로부터 벗어나기를 염원한다는 의미를 지닌다.

법고춤은 영산재의 식당작법에서 나비춤이 끝난 후에 추어진다. 이는 다시 법고를 치며 춤을 추는 법고춤과 복잡한 리듬에 맞춰 추는 홍고(弘鼓)춤으로 나뉜다. 이 춤은 대부분 법당 안에서 추어지며, 부처에게 몸으로 드리는 공양이므로 관중을 의식하지 않고 고요하게 추는 것이 특징이다. 춤은 다른 작법과 달리 1인무의 형식으로 구성되어 있으며, 양손에 북채를 잡고

• 도4-6 법고춤(해사스님 제공)

느린 동작에서 빠른 동작으로 진행된다. 음악은 불교의 대표적인 악기인 태징(太鉦), 북, 호적(胡笛)으로 연주되며, 무복은 가사와 장삼을 걸쳐 입는다. 현재까지 전해지는 법고춤으로는 박송암스님류, 응월스님류, 무렴스님류가 있다.

앞에서 살펴본 바와 같이 작법은 불교 의식이 수반되어 유장하고 심오한 것이 특징이다. 이 춤은 부처에 대한 마음을 정화하는 춤이기 때문에 춤사위의 종류가 다양하지 않고, 움직이는 형태가 간결하고 단조로운 편이다. 그러나 장중하고 엄숙하게 움직이는 동작의 형태는 겸허한 신비로움을 지니고 있다. 이러한 불교 의식의 춤은 발생지인 인도나 중국에서는 전승되고 있지 않으나, 우리나라에서는 보존되고 있는 중요한 문화유산이다.

2. 궁중정재

정재(呈才)는 임금 앞에서 춤을 포함한 모든 재예(才藝)를 드린다는 뜻의 헌기(獻技)에서 유래되었다. '정재'라는 용어는 조선 제3대 왕 태종(太宗, 재위 1400~1418) 2년(1402)의 『태종공정대왕실록太宗恭定大王實錄』에서 처음 사용되었으며, 이는 궁중에서 무동 및 여령 등에 의해 국가의 각종 연희 때 추어졌다.

향악정재

향악(鄕樂)은 삼국시대부터 현재까지 전승되고 있는 한국 고유의 음악이며, 향악정재는 향악 반주곡에 맞춰 추는 우리나라 고유의 춤이다. 향악정재의 특징은 죽간자[33]를 들지 않고, 구호나 치어가 없이 한글로 구성된 노래를 부른다는 점이다. 각 문헌에 기록되어 있는 고려시대의 향악정재로 『고려사』「악지」에는 무고(舞鼓), 동동(動動), 무애(無㝵), 『악학궤범』에는 보태평(保太平), 정대업(定大業), 봉래의(鳳來儀), 아박(牙拍: 동동의 재편), 향발(響鈸), 무고(舞鼓), 학무(鶴舞), 학연화대처용무합설(鶴蓮花代處容舞合設), 교방가요(敎坊歌謠), 문덕곡(文德曲), 『정재무도홀기』「계사」에는 아박무(牙拍舞), 무고(舞鼓), 무애무(無㝵舞) 등이 있다. 고려시대의 향악정재는 『고려사』「악지」, 『악학궤범』, 『정재무도홀기』「계사」에 공통적으로 기록되어 있으며, 『고려사』「악지」에 기록되어 있는 정재 중 무애는 통일신라에서 다루었으므로 고려에서는 무고와 동동(아박무)에 대해 살펴보고자 한다.

무고

무고(舞鼓)는 고려 제25대 왕 충렬왕(忠烈王, 재위 1274~1308) 대의 시중 이혼(李混)에 의해 창제되었으며, 이혼의 북은 이후 궁중 악부로 전해져 정재에서 사용되었다. 무고의 유래에 대해 『고려사』「악지」에는 다음과 같이 기록되어 있다.

> 舞鼓 侍中李混 謫宦寧海 乃得海上浮査 制爲舞鼓 其聲宏壯。其舞變轉 翩翩然雙蝶繞花 矯矯然二龍爭珠 最樂部之奇者也。[34]

> 무고는 시중 이혼이 영해에 유배되어 갔을 때 바닷가에서 부사(물에 뜬 뗏목)를 얻어 그것으로 무고를 만들었는데 그 소리가 굉장했다. 그 춤은 변하면서 빙글빙글 도는데, 한 쌍의 나비가 꽃 주위를 도는 것 같기도 하고 힘이 센 두 마리의 용이 구슬을 다투는 것 같기도 하다. 악부에서 가장 기묘한 것이다.

이 기록에서 "두 마리의 용이 구슬을 다투는 것 같다"라는 구절을 통해 북을 두드릴 때 울려 퍼지는 웅장한 소리와 용맹하고 남성적인 움직임을 추정해볼 수 있다. 또한 무고의 형식에 대해 『고려사』「악지」에는 다음과 같이 기록되어 있다.

> 舞隊[皂衫] 率樂官及妓樂官朱衣, 妓丹粧]立于南。樂官重行而坐, 樂官二人, 奉鼓樂志 俗樂條 舞鼓 舞隊率樂官及妓 立于南 樂官重行而坐。樂官二人 奉鼓及臺置於殿中。諸妓歌井邑詞, 鄕樂奏其曲。妓二人先出分左右, 立於鼓之南, 向北拜。訖, 跪, 歛手起舞。俟樂一成, 兩妓執鼓槌起舞, 分左右俠鼓, 一進一退。訖, 繞鼓或面或背, 周旋而舞, 以槌擊鼓, 從樂節次, 與杖鼓相應, 樂終而止。樂徹, 兩妓如前, 俛伏興退。[35]

> 무대가 악관(樂官)과 기(妓)를 이끌고 남쪽에 서고, 악관들은 두 줄로 앉는다. 악관 두 사람이 북과 대를 들어다가 전(殿)의 중앙에 놓는다. 여러 기(妓)들은 정읍사(井邑詞)를 노래하는데 향악이 그 곡을 연주한다. 기 두 사람이 먼저 나가 좌우로 나뉘어 북의 남쪽에 서서 북쪽을 향해 절한다. 끝나면 꿇어앉았다가 손을 모으고 일어나 춤을 춘다. 음악이 한 번 끝나는 것을 기다려 두 기가 북채를 쥐고 일어나 춤을 추는데 좌우로 갈라져 북을 가운데 두고 일진일퇴한다. 그것이 끝나면 북의 주위를 돌면서 마주보기도 하다가 등을 돌리기도 하며 빙빙 돌면서 춤을 춘다. 채로 북을 쳐 악의 절차를 따라 장구와 맞추다가 음악이 끝나면 그친다. 악이 다 끝나면 두 기가 앞에서 한 것처럼 고개를 숙이고 엎드렸다가 일어나 물러간다.

이 기록을 통해 무고는 2인이 추며 큰 북을 놓고 다양한 형태로 변화하며 추어진다는 것을 알 수 있다. 춤의 진행은 점차 빨라지면서 마무리되며,

이러한 전개 구조는 당시 대부분의 정재가 느려지면서 마무리되던 것과는 차이가 있다. 『고려사』「악지」에 나타나는 무고의 형태는 조선조 음악서인 『악학궤범』 권3의 기록과 유사하지만 권5「시용향악정재도설」과는 차이가 있다. 이를 통해 고려시대에 추어진 무고의 형태가 조선시대에 이르러 변형되었음을 알 수 있다. 『악학궤범』에 의하면 무고의 내용은 다음과 같다.

樂師帥樂工十六人 奉鼓臺具 由東楹入 置於殿中(先置北次置西次置東次置南)而出。樂師抱鼓槌十六箇 由東楹入 置鼓南而出(每鼓槌二)。諸妓唱井邑詞。[36]

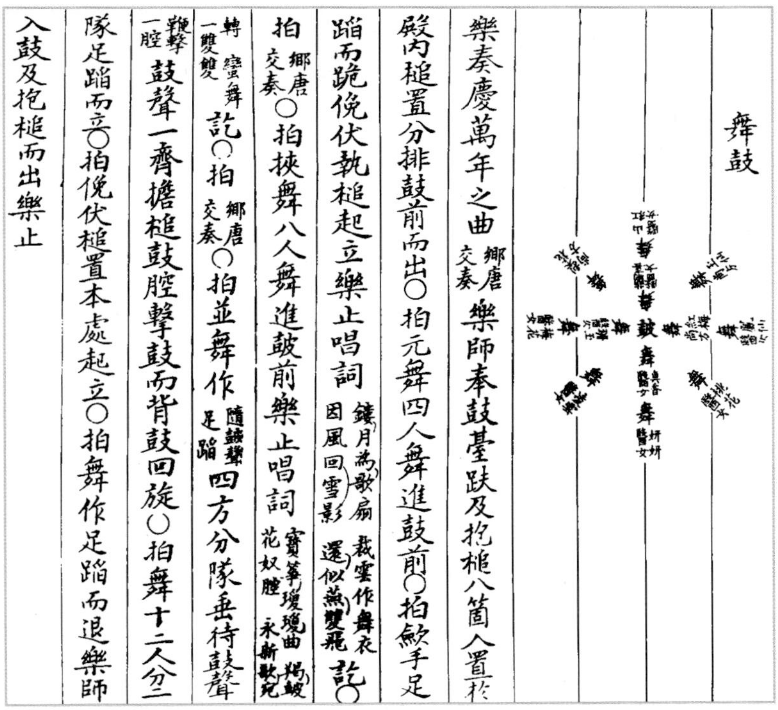
舞鼓

樂奏慶萬年之曲 鄕唐交奏 樂師奉鼓臺趺及抱槌八箇 入置於殿內槌置分排鼓前而出○拍元舞四人舞進鼓前○拍歛手足蹈而跪俛伏執槌起立樂止唱詞 鏤月爲歌扇 裁雲作舞衣 因風回雪影 還似燕雙飛 訖○拍 鄕唐交奏○拍挾舞八人舞進鼓前樂止唱詞 寶箏瓊瑰曲 羯鼓花奴腔 永新歌究 轉 蠻舞一雙雙 訖○拍 鄕唐交奏○拍並舞作 隨鼓聲足蹈 四方分隊垂待鼓聲 鞭擊一腔 鼓聲一齊擔槌鼓腔擊鼓而背鼓回旋○拍舞十二人分隊足蹈而立○拍俛伏槌置本處起立○拍舞作足蹈而退樂師入鼓及抱槌而出樂止

• 도4-7 무고, 고종 계사, 『정재무도홀기』

• 도4-8 무고, 숙종조 기로연 '여민동락': 공경과 나눔, 2003, 국립국악원 예악당(국립국악원 제공)

악사는 악공 16인을 거느리고 북과 대(臺)를 받들고서 동영(東楹: 동쪽의 기둥)을 거쳐 들어와 전중(殿中)에 놓고 나간다(먼저 북쪽에 놓고, 다음 서쪽에 놓고, 다음은 동쪽에 놓고, 다음은 남쪽에 놓는다). 악사는 북채 16개를 안고 동쪽 기둥으로 들어와 그것들을 북의 남쪽에 놓고 나간다(북채는 두 개씩이다). 모든 기(妓)가 정읍사를 부른다.

조선조 『정재무도홀기』에 나타난 무고의 형태는 무원의 수가 일정하지 않아 무용수의 배열이 각각 다르다. 시기별 무고의 차이를 살펴보면, 철종(哲宗, 재위 1849~1863) 8년(정사년: 丁巳年)의 『정재무도홀기』에는 4인이 무고를 추었으며, '누월위가선(鏤月爲歌扇)'의 창사만이 기록되어 있다. 그러나 고종 30년(계사년: 癸巳年)의 『정재무도홀기』에는 12인이 춤을 추었으며, '누월위가선'과 '보쟁경경곡(寶箏瓊瓊曲)'의 두 창사가 기록되어 있다. 그중 고종 대의 『정재무도홀기』에 기록된 무고의 내용은 다음과 같다.

> 조선의 무고는 원무 4인, 협무 8인으로 구성된 12인의 무용수로 이루어져 있다. 조선조 초기에는 북이 무원의 수와 동일한 수로 사용되었으나 중기 이후부터 말까지는 북의 수가 한 개로 고정되었으며, 이는 1920년대까지 유지되었다. 이 시기의 무고는 원무 4인, 협무 4인으로 구성된 8인으로 구성되었으며, 이 중 협무는 양손에 꽃(삼지화三枝花)을 들고 춘다. 현재까지 전해지는 무고는 8고무 형식을 띠고 있다.[37]

궁중정재가 활발하게 연희되었던 조선 중기 이후 순조 대에는 무동과 여령의 무복이 매우 화려하고 다양해졌다. 『진찬의궤』에 의하면 특히 순조 29년(1829) 여령은 청색, 적색, 흑색, 녹색의 적삼 상의와 남색의 속치마, 홍초색의 겉치마를 입었다. 그리고 홍단금루수대(띠)를 두르고 화관을 쓰는 등 다양하고 화려한 형태의 무복을 입고 춤을 추었다. 이는 후대 왕인 헌종과 고종 대까지 전승되었다.

동동

동동(動動)은 '동동다리' 혹은 '장생포곡(長生浦曲)'이라고도 한다.[38] 동동의 유래는 고려시대 가요인 '동동사(動動詞)'의 후렴구와 관련되어 있으며, 이는 고려시대에 구전으로 전해지다가 조선시대에 이르러 『악학궤범』에 문자로 기록되었다. 동동사는 총 13개의 장으로 구성되어 있으며, 두 번째 장부터는 세시풍속과 관련된 내용이 드러나 있다. 동동의 유래와 개념에 관한 『고려사』「악지」의 기록은 다음과 같다.

侍中柳濯出鎭全羅有威惠軍士愛畏之。及倭寇順天府長生浦濯赴援賊望見而懼卽引去。軍士大說作是歌。[39]

시중 유탁이 출진하니 전라도에 있던 위혜(威惠: 감히 범하기 힘든 위엄과 은혜)의 군사들이 좋아하면서 두려워했다. 순천부 장생포에 유탁이 나타나서 도우니 왜적들이 바라보고는 두려워하면서 무리를 끌고 가버렸다. 이때 군사들이 매우 기뻐하며 이 노래를 지었다고 한다.

動動之戲 其歌詞多有頌禱之詞。蓋效仙語而爲之 然詞俚不載。[40]

'동동'이라는 놀이는 그 가사에 송축하고 기도하는 말이 많은데, 그것은 신선의 말을 본받아 지은 것이다. 그래서 가사가 속된 말(이어俚語)로 기재되지 않았다.

이를 통해 동동사는 연회 대상의 경사를 기리는 내용을 담고 있음을 알 수 있다. 동동을 포함한 향악정재의 가사는 대부분 『고려사』「악지」에 기록되어 있지 않으나, 동동사의 가사는 무고에서 부르는 정읍사의 가사와 함께 『악학궤범』에 전해지고 있다.[41] 가사의 형태는 점차 변화되어 『정재무도홀기』에서는 한 구절이 일곱 글자로 된 칠언절구를 불렀다고 전한다. 동동사의 가사는 순조 29년에 효명세자에 의해 바뀌었으며, 이는 조선왕조의 궁중행사가 기록된 『진연의궤』를 통해 알 수 있다.

『진연의궤』의 기록에 의하면, 중국 송나라 때의 악무에 '아박(牙拍)'이라는 명칭이 있었으며 우리나라에서는 이를 향악정재에 사용했다고 한다. 아박무는 육판의 박을 사용하며 박의 소리를 춤 장단으로 삼았다. 이때 무동 2인이 각자 아박을 잡고 박 소리에 맞춰 춤을 춘다. 이 춤은 『고려사』「악지」

에 속악무로 기록되어 있지만 조선 성종 대에 편찬된 『악학궤범』에는 향악정재로 기록되어 있으며, 이때 '동동'이 '아박'으로 명칭이 바뀌었다. 원래의 명칭인 '동동'은 동동사에서 비롯된 것이지만, '아박'의 이름은 춤의 무구에서 붙여진 것이다.[42] 『악학궤범』을 보면 '아박'의 형태에 관하여 다음과 같이 기록되어 있다.

• 도4-9 아박무, 순조 기축, 『진찬의궤』

牙拍象牙爲之, 或用鯨骨 · 牛骨 · 鹿角之類假造。凡六片以鹿皮貫之 垂五色結子。[43]

아박은 상아로 만드는데, 혹고래뼈(경골) · 소뼈(우골) · 사슴뿔(녹각) 따위로 대신 만들기도 한다. 모두 6편(片)인데 사슴가죽으로 꿰어서 오색의 매듭을 드리운다.

이를 통해 당시 사용되었던 아박의 형태를 구체적으로 파악할 수 있다. 조선조 『정재무도홀기』에는 무원 수의 변화에 대한 기록이 있으며, 계사년(고종 30년)의 기록에는 4인이, 정미년(丁未年, 고종 44년)의 기록에는 2인이 춤을 추었다고 되어 있다. 여섯 조각의 아박을 펼쳤다가 접을 때 나는 소리를 춤의 한 마디로 여기는 아박무는, 고려시대에 이어 조선시대까지 연희되었으며 궁중의 각종 연회 때마다 빠짐없이 공연되어온 정재이다. 이는 후에

• 도4-10 아박무, 숙종조 기로연 '여민동락': 공경과 나눔, 2003, 국립국악원 예악당(국립국악원 제공)

지방 관아의 공연에서도 사용되었다. 아박무는 현재까지 전해지고 있으며, 1982년 4월 7일과 1986년 12월 10일의 전통무용 발표회를 통해 김천흥(金千興)에 의해 재구성되었다.[44]

당악정재

당악은 통일신라 이후 중국에서 들여온 것으로, 우리의 음악인 향악과 구별하기 위해 붙여진 명칭이다. 당악정재(唐樂呈才)는 중국에서 유입된 궁중정재로, 고려 문종 대의 교방 여제자 초영(楚英)에 의해 전래되었다. 당악정재가 상연된 최초의 기록은 『고려사』 「악지」에 있다. 기록에 의하면 문종 27년(1073) 2월의 연등회 때 교방 여제자 진경 등 13인에 의해 답사행가무(踏沙行歌舞)가, 그리고 11월의 팔관회 때 교방 여제자 초영이 전해온 포구락(抛毬樂)과 구장기별기(九張機別伎)가 공연되었다고 한다. 이때 포구락은 13인으로, 구장기별기는 10인으로 구성되었다고 한다. 또한 문종 31년(1077) 2월의 연등회에서는 초영이 55인으로 구성된 무희들과 함께 '군왕만세(君王萬歲)', '천하태평(天下太平)'의 글자를 만들며 왕모대가무를 추었다고 전해진다.

『고려사』 「악지」에 수록된 당악정재 5종, 즉 수연장(壽延長), 연화대(蓮花臺), 오양선(五羊仙), 포구락(抛毬樂), 헌선도(獻仙桃)가 고려로 유입된 시기는 고려 현종과 문종 대 사이였을 것으로 추정된다.[45] 송나라 교방악의 전성기는 북송 제4대 황제인 인종(宋仁宗, 재위 1022~1063) 대이며 이는 고려의 문종 대에 해당된다. 따라서 이 시기에는 고려의 당악정재가 중국에 전파되었을 가능성이 높다. 당악정재의 특징은 죽간자를 든 2인의 무원이 인도하여 구호나 치어로 춤의 시작과 끝을 알리며, 한문으로 된 창사를 부른다는 점이다. 조선시대 이후에는 엄격했던 당악정재와 향악정재의 경계가 모호해지면서 당악정재의 향악화, 향악정재의 당악화가 이루어지는 경향을 보인다.

각 문헌에 전하는 고려시대의 당악정재는 『고려사』 「악지」에 수연장(壽延長), 연화대(蓮花臺), 오양선(五羊仙), 포구락(抛毬樂), 헌선도(獻仙桃) 5종, 『악학궤범』에 곡파(曲破), 근청정(覲天庭), 금척(金尺), 성택(聖澤), 수명명(受明命), 수보록(受寶籙), 수연장(壽延長), 연화대(蓮花臺), 오양선(五羊仙), 육화대(六花隊), 포구락(抛毬樂), 하성명(賀聖明), 하황은(荷皇恩), 헌선도(獻仙桃) 14종, 조선 말기의 『정재무도홀기』 「계사」에 수연장(壽延長), 연화대무(蓮花臺舞), 오양선(五羊仙), 포구락(抛毬樂), 헌선도(獻仙桃) 5종이 기록되어 있다. 이 장에서는 『고려사』 「악지」, 『악학궤범』, 『정재무도홀기』 「계사」에 공통적으로 기록되어 있고 현재까지 전승되고 있는 포구락, 헌선도, 연화대에 대해 살펴보고자 한다.

포구락

문종 27년(1073)에 교방의 여제자 초영에 의해 구장기별기와 함께 송나라의 여자대무(女子隊舞) 중 포구락(抛毬樂)대가 유입되었다. 포구락에 대한 『송사宋史』와 『고려사』「악지」의 기록은 다음과 같다.

> 女弟子隊凡一百五十三人, 一三日抛毬樂隊, 衣四色繡羅寬衫, 繫銀帶, 奉繡毬。[46]

• 도4-11 포구락, 정조 을묘, 『원행을묘정리의궤』

여제자의 부대는 153인으로 이루어졌는데, 그중 세 번째가 포구락대이며, 이들은 네 가지 색으로 수를 놓은 비단의 넓은 소매로 된 옷을 입고, 은대를 두르고, 수놓은 공을 받들고 포구락을 추었다.

> 十一月辛亥 設八關會 御神鳳樓觀樂, 教坊女弟子楚英 奏新傳抛毬樂九張機別伎。抛毬樂 弟子十三人, 九張機 弟子十人。[47]

고려 문종 27년 11월에 열린 팔관회 때 신봉루(神鳳樓)에서 음악을 참

• 도4-12 포구락, 토요명품공연, 2015, 국립국악원 우면당(국립국악원 제공)

관했는데, 교방의 여제자 초영이 새로 전한 포구락과 구장기를 연주했다. 포구락은 제자 13명이, 구장기는 제자 10인이 추었다.

포구락은 송나라 때 고려로 유입되었으나 송나라 대 이전에 당나라 대부터 추어졌던 것으로 추정된다. 포구락에 관한 기록 중 가장 오래된 작품은 당나라 시인 유우석(劉禹錫)이 지은 곡조 '포구락'이다.

春早見花枝 (춘조견화지) 이른 봄에 꽃가지를 바라보면서
朝朝恨發遲 (조조한발지) 아침마다 늦게 피어 한스럽더니
及看花落後 (급간화낙후) 꽃잎이 떨어진 그다음에는
却憶未開時 (각억미개시) 피지 않던 그 시절이 생각나는구나
幸有拋毬樂 (행유포구락) 다행히도 포구락을 즐기게 되니
一杯君莫辭 (일배군막사)[48] 그대여 한 잔을 사양치 말라

유우석의 시를 통해 당나라 때부터 포구락이 공연되었음을 알 수 있다. 포구락의 기원에 관한 또 다른 기록은 송나라 학자 심괄(沈括)의 『몽계필담夢溪筆談』의 중국 고사에서 찾아볼 수 있다.

> 海州士人李愼言嘗夢至一處水殿中, 觀宮女戲毬 山陽蔡純爲之傳, 敘其事甚詳。有抛毬曲-十餘闋, 皆淸麗, 今獨記兩闋。[49]

> 중국 해주에 사는 선비 이신언(李愼言)이 꿈에 한 곳에 가보니 그곳은 수전(水殿)이었는데, 거기서 궁녀들이 공놀이하는 광경을 보았다는 것이다. 그 뒤에 산양(山陽) 사람 채승이 이를 전기(傳奇)로 만들어 상세히 서술했는데, 거기에 포구곡 10여 곡 중 2곡이 있다.

이는 이신언(李愼言)이라는 선비가 꿈속에서 수전에 가서 포구락을 보았는데, 그때 그가 들은 포구곡 10여 결 중 2결을 기억하여 『몽계필담』에 수록한 것이다. 그러나 포구락에 관하여 송나라의 심괄이 쓴 고사 이전에 당나라의 유우석이 쓴 시가 전해지므로, 포구락은 당나라 때부터 연희되어 송나라 때 초영에 의해 고려로 유입된 것으로 사료된다.

포구락은 무원이 포구문(구문)을 중심으로 좌우로 편을 나누어 서서 포구문 위에 뚫린 풍류안이라는 구멍에 채구(나무공)를 넣는 것을 겨루는 춤이다. 채구를 풍류안으로 넘기면 봉화가 상으로 꽃을 주고, 넣지 못하면 봉필이 벌로 얼굴에 묵점(墨點)을 찍는 유희적 성격의 춤으로 현재까지 전해지는 유일한 놀이 형식의 궁중정재이다. 조선시대에 이르러 포구락은 죽간자 2인과 봉화, 봉필을 제외하고 16인을 기본 무원으로 했으며, 오늘날까지 전승되어 추어지고 있다.

헌선도

헌선도(獻仙桃)는 당의 대곡(大曲) 중 하나로, 고려 의종 21년(1167)에 처음 상연되었다. 『고려사』「세가世家」에 의하면 의종 21년 4월에 헌선도가 다음과 같이 연희되었다.

> 以河淸節 幸萬春亭 宴宰樞侍臣於延興殿, 大樂署・管絃坊 爭備綵棚・樽花・獻仙桃・抛毬樂等 聲伎之戱。[50]

> 하청절에는 만춘정에 거동하시어 연흥전에서 재상과 추신들과 시신들에게 연회를 베풀었는데, 대악서와 관현방에서 채붕(綵棚)・준화(樽花)・헌선도(獻仙桃)・포구락(抛毬樂) 등을 다투어 준비하여 노래와 광대놀이를 했다.

• 도4-13 헌선도, 정조 을묘, 『원행을묘정리의궤』

• 도4-14 헌선도, 순조 기축, 『진찬의궤』

• 도4-15 헌선도, 국립국악원 정재제전: 정재, 들여다보기, 2001, 국립국악원 예악당(국립국악원 제공)

헌선도가 고려로 유입된 명확한 시기는 알 수 없으나 헌선도의 유래에 관한 다양한 설이 존재한다. 우선 곤륜산에 사는 서왕모(西王母)가 주나라 제5대 왕인 목왕(穆王)에게 선도를 드렸다는 중국 고사에서 헌선도가 만들어졌다는 설이 있다. 이외에 『송사』 142권 「교방」의 곡파 29종 중 '선려궁(仙呂宮)'에는 헌선도와 유사한 제목으로 '왕모도(王母桃)'가 기록되어 있다는 점에서, 헌선도를 비롯하여 유사한 내용의 가무희가 중국에 많이 유전되었을 것이라고 추정할 수 있다.[51] 또한 가장 보편적인 설로, 조선 후기 실학자 이익(李瀷)의 『성호사설星湖僿說』과 문신 이유원(李裕元)의 『임하필기林下筆記』에 의하면 최충헌(崔忠獻)이 봉래산에서 내려온 기녀들이 임금에게 하례하는 모습을 악장으로 만든 것이 헌선도가 되었다고도 전해진다.[52]

이 춤은 정월대보름날 밤 가회(嘉會) 때 군왕의 송수(頌壽)를 기원하기 위해 상연되었다. 『고려사』 「악지」에 의하면 춤의 내용은 군왕의 만수무강을 기리기 위해 왕모(선모)가 선계에서 내려와 천 년에 한 번 열리는 불로장생

(不老長生)의 열매인 선도(仙桃: 반도), 즉 복숭아를 군왕께 드린다는 내용이다. 춤의 기본 구성 인원은 왕모(王母) 1인, 죽간자(竹竿子) 2인, 협무(挾舞) 2인이며, 군왕의 송수를 기리는 내용의 노래를 부르며 춤을 춘다.

연화대

연화대(蓮花臺)는 중국의 자지무(柘枝舞)에서 유래된 것으로 본다. 이는 고려 제17대 왕인 인종(仁宗, 재위 1122~1146) 1년(1123)에 송나라 서긍(徐兢)이 고려에 사신으로 온 경험을 기록한 『선화봉사고려도경宣和奉使高麗圖經』의 "고려에 자지 등의 기예가 있다"[53]라는 기록에서 착안되었다. 자지무는 중국 고유의 춤이 아니라 서역으로부터 들어온 악무이다. 자지무의 기원에 대해서는 북쪽에서 유래되었다는 탁발위(跖跋魏)설, 서쪽에서 유래되었다는 석국(石國)설, 남쪽에서 유래되었다는 남만(南蠻)설 등이 있으며 일반적으로는 탁발위설과 석국설로 본다.

자지무의 탁발위설은 중국 북위(北魏)의 '탁발춤'을 금나라 사람들이 '자지춤'으로 이름을 바꾸었다는 것에서 유래되었다.[54] 『고려사』「악지」 후주(後註)에도 연화대의 탁발위 기원에 관하여 기록되어 있다.

> 蓮花臺 本出於拓跋魏。用二女童 鮮衣帽。帽施金鈴 抃轉有聲。其來也 於二蓮花中藏之 花坼而後。見舞中之雅妙者, 其傳久矣。[55]

> 연화대는 본래 탁발위(拓跋魏)에서 나왔다. 두 여동을 사용하며 의복과 모자를 조출하게 차린다. 모자에는 쇠방울을 달았는데 장단에 맞춰 움직이면 소리가 난다. 그들은 두 연꽃 속에 숨어 있다가 꽃봉오리가 열리면 나타난다. 춤 가운데 빼어나게 아름답고 오묘한 것으로, 그것이 전해 내려온 지가 오래다.

자지무의 석국설은 『신당서』에 서역의 '석국'이라는 국가가 '자지'라고도 불렸다는 기록에서 유래된 것이다.[56] 이는 당대의 시인 유우석의 '석지사(柘枝詞)'의 내용을 통해서도 알 수 있다.

用二女童 帽施金鈴 抃轉有聲。其來也 於二連花中藏 花坼而後見 對舞相占, 實舞中雅妙者也。[57]

두 여동의 모자에 금색 방울을 달아 이들이 손뼉을 치고 몸을 회전하며 소리를 낸다. 여동들은 두 송이의 연꽃에 숨어 있다가 연꽃이 벌어진 다음에 둘이서 마주보고 춤을 추는데, 실로 춤은 우아하다.

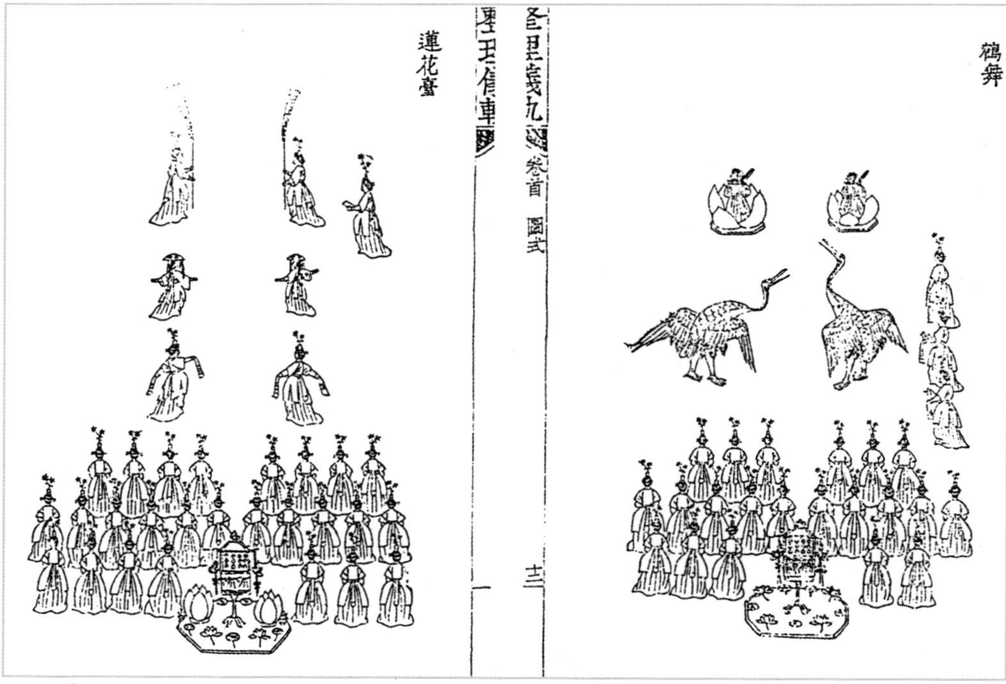

• 도4-16 연화대(왼쪽)와 학무(오른쪽), 정조 을묘, 『원행을묘정리의궤』

• 도4-17 학연화대합설무 전경, 국가무형문화재 제40호 학연화대합설무(국립무형유산원 제공)

이에 대해 연화대가 석국의 '석지무(柘枝舞)'에서 비롯된 것으로, 당나라와 송나라를 거쳐 고려로 유입되었다고 보는 견해도 있다.

> 제가(諸家: 문중의 여러 집안)의 고증(考證)을 종합하면 연화대는 대곡(大曲) 석지무의 일부로 본래 당대 석국에서 중국으로 수입된 것이 당송을 거쳐 고려에 들어온 것으로 생각된다.[58]

연화대는 두 동기가 연꽃에 숨어 있다가 나와서 금방울이 달린 합립을 쓰고 추는 춤이며, 연화대의 '미신사(微臣詞)'를 통해 그 기원을 알 수 있다.

> 住在蓬萊 下生蓮蘂, 有感君王之德化, 來呈歌舞之懽娛。[59]

봉래(蓬萊)에 살고 있다가 연꽃 속에 내려와 태어났더니, 임금님의 덕화(德化)에 감동하여, 찾아와서 가무(歌舞)의 즐거움을 바치고자 하옵니다.

연화대는 이후 '연화대무(蓮花臺舞)'라는 이름으로 전승되었으며, 조선시대 후기에는 학무, 처용무와 함께 구성되어 '학연화대합설무' 및 '학연화대처용무합설'이라는 가무극 형식으로 추어졌다.

왕모대가무

왕모대가무(王母隊歌舞)는 문종 31년(1077) 2월 연등회에서 교방의 여제자 초영에 의해 추어진 춤으로,『고려사』권71의 기록은 다음과 같다.

> 三十一年二月乙未 燃燈 御重光殿觀樂, 敎坊女弟子楚英 奏王母隊歌舞。一隊五十五人, 舞成四字, 或"君王萬歲", 或"天下太平"。[60]

> 문종 31년 2월의 연등회에 왕이 중광전(重光殿)에 나아가 악을 감상했는데, 교방의 여제자 초영이 왕모대가무를 아뢰었다. 1대(一隊)는 55인으로 구성되었는데, '군왕만세(天下泰平)' 혹은 '천하태평(君王萬歲)'이라는 네 글자를 만들었다.

왕모대가무는 고려 문종 때 추어진 기록 외에는 전해지는 기록이 없으나, 자무(字舞)의 일종으로 현재의 매스게임 형식의 춤이었을 것으로 사료된다. 1988년 김천흥이 서울예술단 55인의 무원을 통해 '천하태평(天下泰平)'과 '군왕만세(君王萬歲)' 글자를 만들며 재현을 시도했다. 이후 1999년 11월 김천홍과 이흥구(李興九)에 의해 국립국악원 무용단 40인으로 재구성된 〈궁중의 한나절 정취를 찾아서〉에서 공연되었다.

3. 민속춤

민속춤[61]은 민중의 생활 속에서 자연발생적으로 생겨난 춤이며, 또한 지역별로 나타나는 서민들의 의식, 유희, 노동 등의 생활 방식이 녹아 있는 춤이다. 즉흥성이 강하고 반주 음악이 흥겨운 장단으로 이루어지는 민속춤은, 대체로 고정된 틀에서 벗어난 자유로운 움직임으로 구성되어 있다. 또한 정재에 비해 춤의 형식이 간결하며 복식이 소박하다. 이는 시대의 흐름에 따라 다양한 형태로 전승되었다. 고려시대의 대표적인 민속춤으로는 농악무, 강강술래, 놋다리밟기 등이 있다. 그중 현재까지 활발하게 추어지고 있는 농악무와 강강술래에 대해 살펴보고자 한다.

농악무

농악(農樂)은 한민족이 농경 생활을 시작하면서 노동의 능률을 올리기 위한 수단으로 발생되었다. 이는 삼한시대 때 파종과 추수에 대한 감사를 드리기 위해 제사를 지내던 것을 시작으로, 고려시대와 조선시대에 이르러 농악무(農樂舞)에 사용된 장단과 춤의 가락 등이 점차 정교해졌다. 즉 농악무는 원시 농경 문화에서 발생되었다고 할 수 있다. 국가별로 행해진 제천 의식에 기원을 두고 있는 농악무는 일반 서민 또는 대중의 놀이 전반에 걸친 모든 춤을 지칭한다.[62]

농악무는 지역별로 뚜렷한 춤사위의 특징을 보인다. 충청도와 경기도 지역의 농악무는 담백하고 소박한 춤사위, 경상도 지역의 농악무는 힘차고 강렬한 춤사위, 전라도 지역의 농악무는 다양하고 화려한 춤사위가 나타난다. 이 중 호남 지역의 농악무가 비교적 잘 발달되어 있다. 호남 지역의 농악무는 지리산을 중심으로 한 산간지대의 좌도농악(左道農樂: 좌도굿)과 서남부

• 도4-18 농악무(국립무형유산원 제공)

의 평야지대를 중심으로 한 우도농악(右道農樂: 우도굿) 등으로 나뉜다. 이 중 좌도농악에는 상모를 사용한 묘기와 웃놀음이 나타나고, 우도농악에는 악기를 사용한 너름새와 어깨를 들썩이는 춤사위가 나타난다.

농악무의 가락은 지역에 따라 대여섯 가지 이상의 장단이 있다. 그러나 춤꾼이 개인의 춤을 보여주는 구정놀이 구간에는 세마치장단, 두마치장단, 느린 세마치장단이 주로 연주된다는 점이 특징이다. 농악무는 음력 1월의 정월대보름, 5월의 단오, 6월의 유두절, 8월의 추석 등 각종 명절 때 큰 축제로서 행해진다.

강강술래

강강술래는 주로 전라남도의 섬과 해안에서 연희되며 노래와 함께 행해지던 집단 놀이춤이다. 이는 추석을 전후로 하여 마을의 부녀자들에 의해 추어졌으며, 춤과 노래 그리고 놀이가 한데 어우러져 독특한 형식을 지닌다. 강강술래는 그 독자성과 창조성이 인정되어 1966년 국가무형문화재 제8호로 지정되었으며, 2009년에는 유네스코 인류무형문화유산으로 등재되었다. 강강술래의 기원에 관한 설로는 삼한시대 때 파종과 추수에 대한 감사제 같은 '농경의례'에서 유래되었다는 설과 임진왜란 때 충무공 이순신이 왜적의 침입을 저지하기 위해 부녀자들에게 횃불을 피우고 군무를 추게 한 데서 유래되었다는 설이 있다. 또한 호남 지역을 중심으로 하여 농경 사회에서부터 꾸준히 전승되었다는 '민속유희설', 특별한 의미 없이 노래의 여음에서 비롯되었다는 '여음기원설' 등이 있다.

강강술래의 명칭에서 '강강'은 '원'이라는 뜻을 가진 호남 지역의 방언이며, '술래'는 '돈다'는 의미이다. 즉 강강술래는 부녀자들이 손을 맞잡고 원의 대형으로 돌면서 추었던 춤이다. 춤은 노래와 함께 추어지며 한 사람의 선

• 도4-19 강강술래, 국가무형문화재 제8호(국립무형유산원 제공)

• 도4-20 강강술래 중 기와밟기, 국가무형문화재 제8호 강강술래(국립무형유산원 제공)

창 후에 남은 사람들의 합창으로 이어진다. 이러한 춤과 노래는 춤을 추는 사람들의 흥과 신명에 따라 변화된다. 음악은 느린 진양조로 시작하여 중중모리, 자진모리 등으로 점차 고조되며 발전한다. 또한 하나의 원형이 이중으로 변형되기도 하며 춤의 방향이 반대쪽으로 향하기도 한다. 이는 구성의 다양한 변화를 통해 다시 회무의 형태를 만드는 방식으로 이루어진다.

강강술래는 '자진강강술래로 입장 → 긴강강술래로 인사 → 긴강강술래 → 중강강술래 → 자진강강술래 → 남생아놀아라 → 청어엮기 → 청어풀기 → 고사리꺾기 → 덕석몰기 → 덕석풀기 → 기와(지와: 전라도 방언)밟기 → 문열기 → 쥔쥐새끼놀이 → 긴강강술래로 인사 → 자진술래소리 → 퇴장'의 순으로 진행된다.[63] 강강술래는 전라도 이외의 지역에서는 쇠퇴했으나 경상도 지역의 '쾌지나칭칭나네', 제주도의 '고사리꺾자', 영월의 '달맞이놀이' 등을 통해 그 흔적이 전해지고 있다.

4. 나례·산대희

나례

나례(儺禮)는 가면을 쓰고 잡귀를 쫓는 의식으로 섣달그믐날 민가와 궁중에서 연희되었다. 나례에 대한 최초의 궁중 기록은 고려 정종 6년(1040)에 『고려사』「예지」의 '군례(軍禮)'에 국가오례 중 군대의 의식과 예절을 의미하는 군례로서 시행되었다고 기록되어 있다.

> 靖宗六年十一月 … 瑞祥志云 季冬之月 命有司大儺, 旁磔土牛 以送寒氣。請造黃土牛四頭, 各長一尺高五寸, 以代磔雞。[64]

정종 6년 11월 … 「서상지瑞祥志」에 이르기를, "12월에는 유사(有司)에 명령하여 대나의(大儺儀)를 하면서, 토우(土牛)를 희생으로 제사하여 한기(寒氣)를 몰아낸다"라고 했습니다. 청컨대 황토로 된 소 네 마리를 만들되, 각각 길이는 1척, 높이는 5촌(寸)이 되게 해서, 닭을 잡아 제사 지내는 것을 대신하십시오.

고려시대의 나례는 중국 나문화(儺文化)의 영향을 받은 것으로 우리나라에 처음 유입된 중국의 책양(磔攘) 의식이다. 책양 의식은 닭이나 소 등의 가축을 죽여서 선달그믐에 악귀를 물리치는 것으로, 중국에서는 봄, 가을, 겨울에 시행되었으나 우리나라에서는 겨울, 즉 계동(季冬)의 책양 의식에서만 수용되어 정종 6년 11월에 처음 시행되었다.

이후에는 축역(逐疫)[65]을 위해 당나라 현종 때 만들어진 대나(大儺)[66] 의식이 본격적으로 유입되면서 음력 12월(계동季冬)에 '계동대나의(季冬大儺儀)'가 시행되었다. 『고려사』「예지」 '군례'의 기록을 보면 '계동대나의'의 구성에 관하여 다음과 같이 제시되어 있다.

大儺之禮 前一日 所司奏聞。選人年十二以上・十六以下 爲侲子, 着假面 衣赤布袴褶。二十四人爲一隊 六人作一行 凡二隊。執事者十二人, 着赤幘褠衣 執鞭。工人二十二人, 其一方相氏 著假面 黃金四目 蒙熊皮 玄衣朱裳 右執戈 左執楯。其一爲唱帥, 著假面皮衣 執棒。鼓角軍 二十爲一隊, 執旗四人 吹角四人 持鼓十二人 以逐惡鬼于禁中。有司 先於儀鳳・廣化・朱雀・迎秋・長平門 備設酒果禳物。又爲瘞埳, 各於門之右方。深稱其事 前一日夕 儺者各赴集所 具其器服 依次陳布 以待事。[67]

대나례를 하기 하루 전에 해당 부서에서 임금께 아뢴다. 사람을 뽑을 때 12~16세의 아이들이 진자(侲子)가 되어, 이들에게 가면을 씌우고 붉은 고습(袴

> 褶)을 입힌다. 24인이 1대가 되는데 6인이 한 줄이 되며 모두 2대이다. 집사자(執事者)는 12인으로 구성되는데, 붉은 머리띠에 소창옷을 입고 채찍을 잡는다. 공인(工人)은 22인으로 구성되는데, 그 하나는 방상시(方相氏)로 네 개의 눈이 달린 황금 가면을 쓰고 곰 가죽으로 만든 검은 옷에 붉은 치마를 입고 오른손에는 창을, 왼손에는 방패를 든다. 또 그 하나는 창수(唱師)인데, 가면에 가죽옷을 입고 몽둥이를 들었다. 고각군(鼓角軍)은 20인이 1대인데, 깃발을 든 4인, 취각(吹角)이 4인, 북을 치는 12인으로 구성되어 금중(禁中)에서 악귀를 쫓아낸다. 유사는 먼저 봉의문 · 광화문 · 주작문 · 영추문 · 장평문에서 주과와 양물(禳物)을 갖춰 준비한다. 그리고 예감(瘞埳)을 만드는데, 각 문의 오른쪽에 만든다. 행사를 제대로 하기 위해서 나자들이 제각기 모이는 곳에 가서 그 기물과 옷들을 갖추고 차례대로 펼치면서 행사 준비를 한다.

이러한 구성은 『신당서』 「예악지禮樂志」의 대나와 일치하여, 고려의 계동대나의가 당나라 나례의 영향을 받았다는 것을 알 수 있다. 그러나 중국과 달리 우리나라의 궁중 나례는 제의적 성격을 지니면서 각종 가무백희로 구성되어 있는 일종의 굿놀이의 형태이다. 궁중 나례의 형태는 왕 앞에서 재기(才氣)를 다투어 보이는 쟁이정기(爭而呈技) 부분과 축역하는 구나 의식 부분, 그리고 각종 잡희를 감상하는 나희 부분으로 구성되어 있다.[68]

이는 나례에 관한 또 다른 기록인, 고려 후기 문신이자 학자 이색(李穡)의 시에서도 드러난다. 그의 문집인 『목은집牧隱集』에 수록된 나례와 관련된 시는 '구나행(驅儺行)', '제야(除夜)', '무오정단후이일(戊午正旦後二日)', '절구(絶句)'의 총 네 가지이다. 그중 '구나행'을 보면 다음과 같다.

> 天地之動何冥冥 (천지지동하명명)　천지의 변동은 어찌 그리 아득한가
> 有善有惡紛流形 (유선유악분류형)　선과 악이 여러 갈래 모양으로 나뉘면서

或爲禎祥或祆孼 (혹위정상혹요얼) 상서가 되었다가 재앙도 되면서

雜糅豈得人心寧 (잡유기득인심녕) 서로서로 뒤섞이니 인심들이 편안하랴

辟除邪惡古有禮 (벽제사악고유례) 자고로 사악함을 벽제하는 예도 있어

十又二神恒赫靈 (십우이신항혁령) 열두 신이 언제나 위령을 떨치었고

國家大置屛障房 (국가대치병장방) 국가에서 방역하는 기구들을 설치하여

歲歲掌行淸內庭 (세세장행청내정) 해마다 행사 열어 내정(內庭)을 맑게 하네

黃門侲子聲相連 (황문진자성삼련) 황문(黃門)의 초라니들 연달아서 소리치며

掃去不祥如迅霆 (소거부상여신정) 천둥처럼 빠르게 나쁜 기운 쓸어 내고

司平有府備巡警 (사평유부비순경) 사평의 부서에는 순경들을 갖추었고

烈士成林皆五丁 (열사성림개오정) 열사들이 모였는데 모두 오정(五丁)이다

忠義所激代屛障 (충의소격대병자) 충의심이 격발되어 액막이를 대신하고

畢陳怪詭趨群伶 (필진괴궤추군령) 괴상한 짓 다 펼치고 광대들이 따르면서

舞五方鬼踊白澤 (무오방귀용백택) 오방귀의 춤을 추다 백택의 춤을 추고

吐出回祿呑靑萍 (토출회록탄청평) 불을 토해내다가 칼도 꿀꺽 삼키네

金天之精有古月 (김천지정유고월) 서천 나라 정령인 고월의 가면극에

或黑或黃目靑熒 (혹흑혹황목청형) 검은 얼굴 누런 얼굴 파란 눈은 반짝대고

其中老者傴而長 (기중로자구이장) 그 가운데 늙은이는 굽은 허리 키가 커서

衆共驚嗟南極星 (중공경차남극성) 모두가 남극성의 노인이라 경탄하네

江南賈客語侏離 (강남기객어주리) 강남의 장사꾼은 사투리를 말하는데

進退輕捷風中螢 (진퇴경첩풍중형) 진퇴에 날래기는 반딧불이 날리는 듯

新羅處容帶七寶 (신라처용대칠보) 신라의 처용은 칠보를 두르고서

花枝壓頭香露零 (화지악두향로령) 머리 꽂은 꽃가지에 향기로운 이슬 맺네

低回長袖舞太平 (저회장수무태평) 긴 소매를 낮게 돌려 태평무를 추는데

醉臉爛赤猶未醒 (취검란적유미성) 취한 뺨은 발갛게 술이 아직 덜 깨었고

黃犬踏碓龍爭珠 (황견답대용쟁주) 누렁이는 방아 찧고 용은 구슬 다투며

蹌蹌百獸如堯庭 (창창백수여요정) 온갖 짐승 춤을 추니 요임금의 뜰과 같네
君王端拱八角殿 (군왕단공팔각전) 군왕이 팔각전에 단정하게 임하시고
群臣侍立圍疎屛 (군신시립위소병) 신하들은 군왕을 병풍처럼 에워싸며
侍中稱觴上萬歲 (시중칭상상만세) 시중이 술잔 들어 만세를 축수하니
幸哉臣等奉千齡 (행재신등봉천령) 다행히도 신(臣)들은 천세토록 받들리라
海東天子古樂府 (해동천자고악부) 해동천자 고악부에
願繼一章傳汗靑 (원계일장전한청) 원컨대 노래 한 장 역사에 전하소서
病餘無力阻趨班 (병여무력조추반) 병든 뒤에 힘이 없어 조반에도 못 나가고
破窓盡日風冷冷 (파창진일풍랭랭)[69] 뚫린 창에 온종일 바람만 썰렁하다

이 시는 총 7언 36행으로, 1구에서 16구까지는 제의적 성격을 띤 구나에 해당하는 부분이다. 십이지신(十二支神), 창사(唱師), 진자(侲子) 등이 역귀를 쫓는 모습을 묘사하고 있으며, 17구부터 28구까지는 구나가 끝나고 사자무, 처용무 등 가무백희가 이루어지는 모습을 읊고 있다. 따라서 궁중 나례는 선달그믐날 왕 앞에서 각종 재기를 선보이는 쟁기 부분을 시작으로 그날 밤부터 다음날 동이 틀 때까지 구나 의식이 행해지고, 이후에 궁중에서 각종 잡희를 감상하는 과정으로 이루어져 있다. 이처럼 나례는 큰 규모로 인해 초기에는 연중행사로만 시행되었으나, 점차 관람물로 승화되어 이후 조선시대까지 계승되었다.[70]

산대희

구나 의식 이후에는 산대희(山臺戱)가 열려 가무악 및 광대들의 잡기가 연희되었다. '산대'는 나무로 단(段)을 엮어 만든 높은 무대로, 산과 같이 높은 채붕(彩棚)을 산대라고 부른 데서 기인했다.[71] 이 무대 위에서 행하는 가무

백희를 '산대희', '산대잡극', '산대잡희' 등으로 칭한다. 이색의 『목은집』 중 '산대잡극(山臺雜劇)'에서는 고려시대에 행해진 산대희의 공연 형태에 대해 다음과 같이 묘사하고 있다.

> 山臺結綴似蓬萊 獻果仙人海上來
> 雜客鼓鉦轟地動 處容衫袖逐風廻
> 長竿倚漢如平地 瀑火衝天似疾雷
> 欲寫太平眞氣像 老臣簪筆愧非才[72]

> 얽어 만든 산대는 봉래산과 같은데 과일 바칠 신선은 바다에서 오는구나
> 잡객들의 북과 징은 천지를 진동하고 처용의 소맷자락 바람 따라 돌아가네
> 장대 위의 광대는 평지처럼 노닐고 폭죽 소리 우레처럼 하늘을 찌른다
> 태평시대 참 기상을 그려보고 싶은데 늙은 내 붓 솜씨 재주 없어 부끄럽네

1구에서는 중국의 봉래산과 같이 큰 산대의 광경을 묘사했고, 2구에서는 헌선도가 연희된 모습을, 4구에서는 처용무가 연희된 모습을 묘사했다. 따라서 헌선도와 처용무는 산대 위에서 행해진 가무백희라고 볼 수 있다. 5구에서는 장대타기를, 6구에서는 화희(火戲: 불놀이)를 묘사했으며 광대들의 재기가 있었음을 보여주고 있다.[73] 고려의 산대잡극은 조선 성종 대부터 '산대도감(山臺都監)'을 두어 전문적으로 관장했으나, 임진왜란과 병자호란을 겪으면서 인조 대에 산대도감이 폐지되었다. 이후 산대잡극은 각 지방으로 전파되어 탈춤, 오광대, 별산대놀이, 남사당패놀이 등의 가면극으로 발전하게 되었다.

지금까지 고려시대의 춤에 대해 불교 의식의 춤, 궁중정재, 민속춤, 나

• 도4-21 산대놀이, 순조 신유, 『화성성역의궤』

례 · 산대희로 나누어 살펴보았다. 이 시기 춤의 특징을 정리하면 다음과 같다. 첫째, 고려시대에는 불교가 성행하여 팔관회 및 연등회의 불교 의식을 행할 때 다양한 가무백희가 발달했고, 불교 의식의 춤으로 발전된 작법무가 나타났다. 둘째, 문종 대에 교방의 여제자 초영에 의해 처음으로 당악정재가 전래되었다. 이로 인해 궁중의례에서 당악정재와 향악정재가 전개되어 발전했다. 셋째, 농악무 및 강강술래 등의 민속놀이가 성행하면서 민속춤이 발달했다. 넷째, 나례와 같은 의식적 행사에서 산대잡극이 성행했다. 따라서 고려시대의 춤은 전체적으로 불교의 색채가 짙은 귀족 문화와 국가적으로 행해진 불교 의식의 가무백희에서 그 특징을 찾아볼 수 있다.

제
5
장

조선시대 전기

(14세기~16세기)

조선 전기의 시대적·문화적 배경

조선(朝鮮)은 위화도 회군으로 정치적·경제적 실권을 장악한 태조 이성계(李成桂)에 의해 1392년에 건국되었으며, 그 수도는 한양이었다. 조선시대는 임진왜란(壬辰倭亂, 1592)을 기점으로 조선 전기와 조선 후기로 구분할 수 있다. 조선 전기는 조선이 건국된 이후부터 임진왜란이 일어난 시기까지로, 태조(太祖, 재위 1392~1398) 대부터 명종(明宗, 재위 1545~1567) 대까지를 말한다. 태조는 왕위에 즉위한 후 조선의 개국공신인 정도전(鄭道傳)과 함께 국가 체제를 정비했다. 태조 4년(1395)에 고려의 역사서인 『고려국사高麗國史』가 편찬되었는데, 여기에는 역성혁명(易姓革命)[1]을 정당화하고 중앙집권적 국가 기틀을 마련하고자 하는 의도가 있었다. 또한 조선은 성리학 중심의 유교 국가로 숭유억불 정책을 추진했다. 조선은 유교 문화에 입각하여 예(禮)와 악(樂)으로써 정치를 행했으며, 문화예술적 측면에서 유교이념을 최고의 가치로 삼았다.

조선 전기의 문화예술적 측면에서 수많은 업적을 남긴 임금은 세종과 성종이다. 제4대 왕 세종(世宗, 재위 1418~1450)은 국가의 통치 이념을 백성들에게 널리 알리고자 '훈민정음(訓民正音)'을 창제하여 민족 문화의 기반을 확립했다. 또한 해시계, 물시계, 측우기, 금속활자 등을 발명하여 과학기술에 큰 발전을 가져왔으며, 아악(雅樂)을 정비하고 신악(新樂)을 창제하는 등 음악 발전에도 큰 영향을 주었다. 한편 제9대 왕인 성종(成宗, 재위 1469~1494)은 조선의 기본 법전인 『경국대전經國大典』과 오례의 예법 및 절차를 기록한 『국조오례의國朝五禮儀』를 편찬했다. 또한 성현(成俔), 유자광(柳子

光) 등에게 명하여 조선시대 악무의 총체적인 내용을 담고 있는 『악학궤범』을 편찬하게 했다. 따라서 조선 전기의 성종 대까지는 국가의 기틀을 확립하고 문화예술적으로 큰 발전을 이룬 시기라고 볼 수 있다. 그러나 성종 이후의 제10대 왕인 연산군(燕山君, 재위 1494~1506) 대부터 여러 차례의 사화(士禍)가 발생하는 등 사회적 혼란을 겪고, 1592년에 임진왜란과 1597년에 정유재란(丁酉再亂)을 겪으면서 조선 전기의 문화는 점점 쇠퇴하게 되었다.

조선 전기 미술의 특징은 숭유억불 정책에 의해 승려 화가들이 사라졌으며, 꾸밈없이 수수하고 단정한 유교미학이 나타나기 시작했다는 것이다. 그러나 뿌리 깊게 전승되어왔던 불교미술은 여전히 성행했다. 뿐만 아니라 세종, 세조, 명종을 비롯한 역대 왕들에 의해 왕실 안에 불상이 조성되기도 했다. 한편 조선 전기의 숭유억불 정책과는 대조적으로 중국과 일본은 불교를 더욱 중시했다. 중국 및 일본과의 문화 교류를 꾸준히 이어왔던 조선은, 이러한 영향으로 인해 독특한 불교미술의 양상을 보이게 되었다. 또한 조선 전기에는 '도화서(圖畵署)'[2]를 설치하여 전문적인 직업화가를 배출했다. 건국 초기에 도화서를 설치해 체계적으로 화원들을 관리했던 당시의 모습을 통해 조선의 미술이 체계화되었음을 알 수 있다. 또한 비전문적 화가로서 문인화가도 존재했는데, 이들은 사대부 출신의 문인들이었으며 개인의 선호와 취향에 따라 그림을 그렸다. 문인화가들은 시서화(詩書畵)를 적극적으로 받아들여 회화 이론을 주도했으며 미술의 부흥을 위해 많은 후원을 했다. 이처럼 조선시대의 화단은 전문적인 직업화가와 비전문적인 문인화가의 두 집단으로 발전했다.

한편 조선 전기에는 회화가 발달하기 시작했는데, 〈몽유도원도夢遊桃源圖〉를 제작한 안견(安堅)은 이 시기를 대표하는 화가이다. 아직 조선에 고유한 화풍이 형성되지 않았던 시기였음에도 불구하고 당시 조선의 문화는 일본에 적극적으로 수용되었다. 조선 중기는 신진사대부와 훈구파의 갈등으로

• 도5-1 몽유도원도, 안견, 조선 전기(대한민국역사박물관 제공)

인해 정치적으로 혼란스러웠으나 문화적으로는 크게 발전한 시기였다. 당시에는 고유한 화풍이 생겨나 〈산수인물도山水人物圖〉 등이 등장했으며, 또한 회화의 발전과 함께 도자공예의 발달도 함께 이루어졌다. 이는 명나라의 도자기가 조선의 도자 양상으로 변화되는 등의 형태로 나타났다. 그 대표적인 예로는 〈백자청화망우대명초충문접시白磁靑畵忘憂臺銘草蟲文楪匙〉와 〈백자청화병白磁靑畵甁〉을 들 수 있다.

그러나 조선은 임진왜란, 정유재란, 정묘호란, 병자호란으로 인해 사회 전체가 황폐해지는 위기를 겪게 되었다. 이러한 시기에 많은 백성이 그동안 억눌려왔던 불교를 부상시키기 위해 노력했으며, 불교의 중흥은 이 시기 불교 건축과 함께 재등장했다. 이로 인해 거대한 괘불을 비롯한 불화와 불상들이 조성되기 시작했으며,[3] 궁궐 건축도 이루어지기 시작했다. 조선의 궁궐은 기능에 따라 정궁, 별궁, 행궁으로 구분되는데,[4] 조선은 1394년에 도읍을 한양으로 옮겨 정궁인 '경복궁(景福宮)'을 건축했다. 임금이 거주했던 이 경복궁을 기점으로 현재 남아 있는 것은 법궁의 역할을 했던 '창덕궁', 그 동측에 위치한 '창경궁', 임진왜란 때 임시로 궁궐의 역할을 했던 '덕수궁', 광해군 때 지어진 '경희궁' 등 다섯 개이며, 이를 '조선의 5대궁'으로 부른다. 궁궐 밖에서 거주하다가 왕이 되는 경우, 그 거처인 잠저를 별궁이라고 했으며 왕릉이나 온천 등에 행차할 때 며칠씩 묵던 곳은 행궁이라 했다.

우리나라 최초로 유네스코 세계문화유산에 등재된 '종묘(宗廟)'는 삶과 죽음 그리고 자연의 한 편린으로 살았던 조상들이 '죽음의 공간'으로 장식했던 곳이다. 조선은 유교를 주된 국가 통치 이념으로 여겼으며, 이러한 이념을 담은 건축물로 경복궁 동쪽에 종묘(宗廟)를 배치하고 서쪽에 사직(社稷)을 세웠다. 종묘는 역대 왕의 혼을 모신 곳을 지칭하며 사직은 제사를 의미한다. 그중 땅을 의미하는 '사'와 곡식을 의미하는 '직'은 조선의 땅과 곡식의 번창을 기원하는 의식이자 그 장소이다. 왕은 사후 능에 안장되었으며, 그에 따른 신주와 위패는 종묘에 봉안되었다. 조선왕조의 역대 왕은 총 27명인데, 그중 높은 공덕과 업적을 남긴 19명의 왕은 종묘에 모셔졌고 그 외에는 '영녕전(永寧殿)'에 안치되었다. 조선의 마지막 왕인 순종을 종착점으로 정전의 19실은 모두 채워졌으며, 영친왕을 마지막으로 영녕전의 16실 또한

• 도5-2 종묘 정전, 조선, 국보 제227호(문화재청 제공)

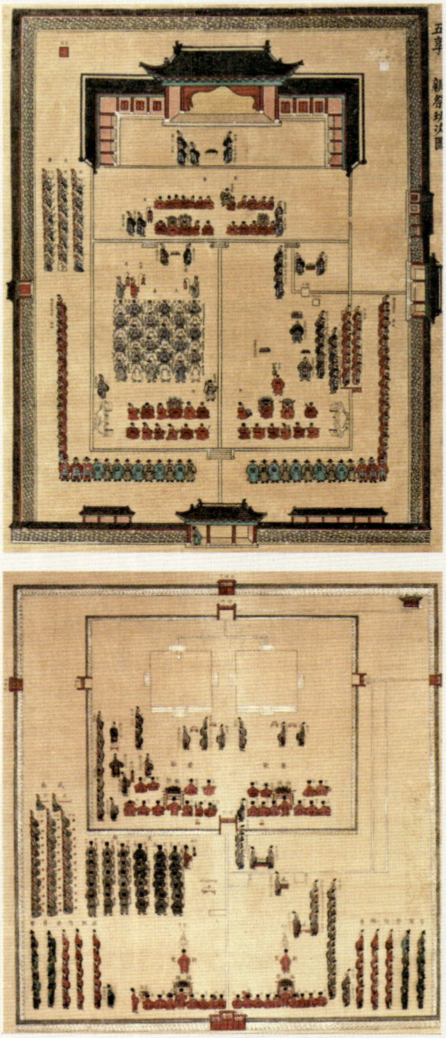

• 도5-3 종묘사직, 『국가제례왕실문화도감』 (국립중앙박물관 제공)

모두 채워졌다.

조선시대 전기 음악은 유교사상을 기반으로 정비되었다는 점이 특징이다. 새 왕조의 출범과 함께 유교의 정치 이념을 실천하고자 했던 조선은, 아악의 정비와 신악의 창제를 위한 악기 제조, 악서 편찬 등 대규모의 음악 사업을 이루었다. 특히 세종 대에 이르러 본격적인 아악[5]의 정비가 시작되었다.

'아악서(雅樂署)'[6]와 '전악서(典樂署)'[7]는 조선의 건국 초기 궁중음악을 중추적으로 관장했던 기관이다. 아악서는 주로 중국계 아악을 담당하던 음악 기관이며, 전악서는 한국 고유 음악인 궁중음악을 관장하던 음악 기관이다. 이는 태조 원년 7월, 문무백관의 제도를 새로 정할 때 음악을 다스리는 기관으로서의 역할을 수행했다. 이를 통해 조선 전기의 음악은 이전보다 더욱 전문적이고 체계적으로 관리되었음을 알 수 있다. 태종 2년(1402)에 조선의 조회악[8]과 연향악이 처음으로 제정되었으며, 그 내용은 주로 조선왕조의 건국을 송축하는 것이었다. 그리고 세종 대에 이르러 음악 사업이 더욱 활발히 이루어졌다. 구체적인 내용으로는 중국식 아악의 개정, 향악의 창작화, 악기 제작, 악보의 간행, 정간보의 창안 등을 들 수 있다. 이는 맹사성(孟思誠), 박연(朴堧), 남급(南汲), 정양(鄭樣) 등의 음악 이론가들에 의해 진행되었다.[9]

중국식 아악의 개정은 조선의 문신이자 음악가 박연이 주도하여 이루어졌다. 세종 5~6년에는 금(琴), 슬(瑟), 훈(塤), 지(篪) 등의 아악기와 거문고, 가야고 등의 향악기를, 8~10년에는 편경(編磬)[10]을 비롯해 편종(編鐘), 생(笙), 우(竽) 등의 악기를 제조했다. 세종 10년에는 회례아악, 제례아악을 개정하는 등의 음악 사업을 통해 전통적인 아악을 연주할 수 있을 만큼 음악이 발전했다. 또한 고려시대부터 전승된 처용가(處容歌)와 만전춘(滿殿春) 등의 곡이 개작되었고, 보태평(保太平), 정대업(定大業), 발상(發祥), 봉래의(鳳來儀), 여민락(與民樂) 등의 창작 활동이 활발히 이루어졌다. 뿐만 아니라 음의 높이와 길이를 알 수 있는 '정간보(井間譜)'[11]도 창안되었다.

조선 전기의 음악 중 종묘제례악(宗廟祭禮樂)은 조선왕조의 역대 선왕들의 문덕을 기리는 제례악이며, 세종대왕에 의해 새롭게 작곡되었다. 이는 '편경(編磬)'이라는 악기로 연주되었으며, 박연에 의해 우리나라에서 처음 발견된 경석(磬石)[12]으로 만들어졌다. 종묘제례는 신전과 제례가 함께 남아 있는 역사적 고유함을 인정받아 2001년 5월 18일 한국 최초로 유네스코 인류무형문화유산에 등재되었다. 문묘제례악(文廟祭禮樂)은 중국의 공자를 비롯한 성현들을 칭송하는 제례악이며, 중국에서 유래된 형태를 유지하고 있다. 현재 문묘제례악은 중국에서는 전래되지 않으나 한국의 성균관에서 전승되고 있다.

1. 궁중정재의 정비와 확립

정재는 궁중에서 추어지는 춤을 의미할 뿐 아니라 모든 재예(才藝)를 드린다는 의미도 지닌다. 이는 국가의 경사나 궁중의 연회, 외국에서 온 사신을 위한 각종 연회에서 상연되었다. 춤추는 사람의 개인적인 감정이나 신명은 최대한 절제하여 추어졌으며, 반주 음악은 느리고 길기 때문에 우아하고 유장한 분위기를 자아냈다. 무원의 인원, 대형, 복식 등은 동양 전통예술의 사상적 근거에 기초하여 이루어졌다. '정재'라는 용어가 태종 2년에 처음 등장한 이후, 성종 24년(1493)에 제작된 『악학궤범』을 비롯하여 각종 의궤 및 무도홀기에서 점차 '정재'라는 용어가 통용되게 되었다.

향악정재

조선 전기의 향악정재는 『악학궤범』에 수록되어 있으며, 보태평(保太平), 정대업(定大業), 봉래의(鳳來儀), 아박(牙拍), 향발(響鈸), 무고(舞鼓), 학무(鶴舞), 학연화대처용무합설(鶴蓮花代處容舞合設), 교방가요(教坊歌謠), 문덕곡(文德曲)의 10종이다. 이 중 아박과 무고는 『고려사』「악지」에 수록된 춤으로 이미 고려시대의 향악정재에서 다루었으므로 생략하고, 학연화대처용무합설, 향발무, 학무, 봉래의, 교방가요에 대해 살펴보고자 한다.

학연화대처용무합설

학연화대처용무합설(鶴蓮花代處容舞合設)은 성종 대에 학무, 처용무, 연화대무를 합설하여 만들어진 궁중정재의 대작이다. 학연화대처용무합설에서는 오방처용무가 추어지는데, 이는 제7대 왕인 세조(世祖, 재위 1455~1468) 대에 새롭게 구성되어 종합가무극의 형태로 발전된 것이다. 『용재총화』 권1

에 의하면 춤의 유래와 구조는 다음과 같다.

處容之戲 肇自新羅憲康王時。有神人出自海中, 始現於開雲浦 來入王都。其爲人奇偉倜儻, 好歌舞。益齋詩所謂貝齒赬顔歌夜月 鳶肩紫袖舞春風者也。

初使一人黑布紗帽而舞, 其後有五方處容。世宗以其曲折 改撰歌詞 名曰鳳凰吟 遂爲廟廷正樂, 世祖遂增其制 大合樂而奏之。初倣僧徒供佛 群妓齊唱 靈山會相佛菩薩, 自外廷回匝而入, 伶人各執樂器 雙鶴人五處容假面十人 皆隨行縵唱三回。入就位而聲漸促 撞大鼓 伶妓搖身動足 良久乃罷。於是作蓮花臺戱, 先是設香山池塘 周揷彩花高丈餘。左右亦有畫燈籠, 而流蘇掩映於其間。

池前東西 置大蓮萼 有小妓入其中。樂奏步虛子 雙鶴隨曲節翱翔而舞 就啄蓮萼, 雙小妓排萼而出 或相向或相背 跳躍而舞, 是謂動動也。於是雙鶴退處容入。初奏縵機 處容成列而立 有時彎袖而舞。次奏中機 處容五人 各分五方而立 拂袖而舞, 次奏促機 繼爲神房曲 婆娑亂舞, 終奏北殿 處容退列于位。於是有妓一人唱南無阿彌陁佛 群從而和之, 又唱觀音贊三周 回匝而出。每於除夜則一日夜 分入昌慶昌德兩宮殿庭 昌慶用妓樂, 昌德用歌童 達曙奏樂, 各賜伶妓布物, 爲闢邪也。[13]

처용의 놀이는 옛적 신라 헌강왕(憲康王) 때부터 시작되었다. 어느 신인(神人)이 바다 가운데서 나왔는데, 처음 개운포(開雲浦)에 나타나 왕도(경주)로 들어왔다. 그는 사람됨이 기이하고 호방했으며, 노래와 춤을 잘했다. 익재(益齋) 이제현(李齊賢)의 시(詩)에 이른바, "조개 이빨 붉은 얼굴 달밤에 노래하며 솔개 어깨 붉은 소매 봄바람에 춤을 춘다(貝齒赬顔歌夜月 鳶肩紫袖舞春風)"라고 한 그것이다.

이 처용놀이는 처음에는 한 사람이 검은 옷에 사모(紗帽)를 쓰고 춤을 추었는데, 그 뒤에 오방처용(五方處容)이 생겨났다. 세종이 그 가락을 따라 가사를 고쳐 만들고 '봉황음(鳳凰吟)'이라 이름하고 드디어 묘정(廟廷)의 정악(正樂)이 되었는데, 세조가 그 제도에 보태어 크게 음악을 합하여 연주했다. 처음에 승도(僧徒)들이 부처님께 공양을 올리고 여러 기생이 "靈山會相佛菩薩(영산회상불보살)"을 합창하면서 바깥의 뜰에서 빙 돌며 들어가면, 한 쌍의 학, 5인의 처용(處容), 그리고 그 밖에 가면을 쓴 10인의 광대들이 제각기 악기를 잡고 따라가면서 낮은 소리로 천천히 "나무영산회상불보살"을 세 번 부른다. 자리에 들어가면 소리가 점점 빨라지고, 큰북(大鼓)을 치며 광대와 기생들이 몸을 흔들고 발을 움직이다가 조금 후에 끝난다. 이리하여 연화대놀이(蓮花臺戲)를 하는데, 먼저 향산(香山)과 지당(池塘)을 설치하고 둘레에는 한 길(一丈) 남짓한 높이의 채색꽃을 꽂아놓는다. 좌우에는 역시 등롱(燈籠) 그림이 있으며, 거기에 매달린 색실의 술(流蘇)이 그 사이로 어른거리며 비친다.

연못 앞의 동·서에 큰 연꽃 봉오리를 설치했는데 그 속에 각각 작은 기생이 들어 있다. 보허자(步虛子)의 음악을 연주하면 쌍학이 곡절(曲節)을 따라 날개를 펴고 춤을 추다가 연꽃 봉오리를 부리로 쪼고, 그러면 작은 기생 2인이 연꽃 봉오리를 밀치고 나와서 서로 마주보기도 하고 서로 등지기도 하며 뛰면서 춤을 추는데, 이것을 '동동(動動)'이라 부른다. 이러다가 쌍학이 물러가고 처용이 들어온다. 처음에 만기(縵機)를 연주하면 처용이 줄지어 서서 때때로 소매를 젖히며 춤을

• 도5-4 학무, 고종 신축, 『진연의궤』

• 도5-5 학연화대합설무, 토요명품공연, 2015, 국립국악원 우면당, 국가무형문화재 제40호(국립국악원 제공)

• 도5-6 학연화대처용무합설, 국립국악원 설 공연: 우리 소리 안에서 쉬다, 休(휴), 2002, 국립국악원 예악당 (국립국악원 제공)

춘다. 다음에 중기(中機)를 연주하면 처용 5인이 각각 오방(五方)으로 나뉘어 서서 소매를 떨치며 춤을 추고, 다음에 촉기(促機)를 연주하다가 계속하여 신방곡(神房曲)을 연주하면 빙빙 돌면서 춤을 추며, 끝으로 북전(北殿)을 연주하면 처용이 물러나서 제자리에 나란히 선다. 이때 기생 한 사람이, "나무아미타불(南無阿彌陀佛)"을 부르면 여러 사람이 따라 화창(和唱)하다가, 또 "관음찬(觀音贊)"을 세 번 부르면서 돌아 나간다. 항상 섣달그믐날 밤이 되면 그날 하룻밤은 새벽녘에 창경궁과 창덕궁 두 궁전 뜰에 들어가서 창경궁에서는 기악(妓樂)을 쓰고, 창덕궁에서는 가동(歌童)을 써서 날이 새도록 주악을 하며, 광대와 기생에게는 포물(布物)을 각각 내려주는데, 이는 모든 사기(邪氣)를 물리치기 위한 것이다.

학연화대처용무합설은 섣달그믐에 행하던 나례에서 추어진 것으로, 학무, 연화대, 처용무가 결합된 종합가무극이다. 학무는 태평과 장수를, 연화대와 처용무는 벽사진경을 의미하여 이를 합설한 것으로 사료된다.[14]

춤의 구성은 전도(前度)에서는 처용무를, 후도(後度)에서는 학무, 연화대, 처용무를 춘다. 후도에서는 청학과 백학이 춤을 추다가 연꽃을 터뜨려 연화대가 시작되고 이후에 처용무를 추는데, 후도의 처용무는 『악학궤범』 권5에 '족도환무(足蹈歡舞: 격렬한 춤사위로 신명나고 즐겁게 추는 춤)' 또는 '족도요신(足蹈搖身: 발을 구르고 몸을 흔듦)'이라고 설명되어 있듯이 전도의 의식적 성격의 처용무와 차이가 있다.[15] 후도의 처용무는 학무와 연화대 이후에 추며, 이어서 미타찬(彌陀讚), 본사찬(本師讚), 관음찬(觀音讚)의 불가(佛歌)를 제창하는 등 오락적 성격을 띠었다.[16] 현재 학연화대합설무(鶴蓮花代合設舞)는 국가무형문화재 제40호로, 처용무는 국가무형문화재 제39호로 지정되어 있다.

향발무

향발무(響鈸舞)는 『진연의궤』 권1 악장 치사(致詞)조에 "당나라 때의 연악 법곡에 동발상화지악(銅鈸相和之樂)이 있었는데, 우리 조정에서는 향악에서 모방해 사용해왔다"[17]고 기록되어 있다. 즉 당나라의 동발상화지악을 모방하여 '향발'이라고 했으며, 이에 맞게 춤을 구성하여 '향발무'를 창제한 것이다. 향발무는 8인의 여기가 놋쇠로 만든 타악기인 '향발(響鈸)'이라는 작은 무구를 양손에 들고 치며 추는 춤이다. 『악학궤범』에 의하면 무원은 8인을 기본으로 하며, 때에 따라 2인, 4인, 6인, 10인, 12인이 추기도 한다.

춤의 절차를 보면 면복흥(俛伏興)으로 시작하여 면복흥퇴(俛伏興退)로 마치는 향악정재의 특징이 나타나지만, 한문으로 된 가사를 부른다는 점에서 당악정재의 특징도 보인다. 또한 향발무는 당악정재의 춤 종목 중 하나인 오양선의 창사를 부른다는 점이 매우 특징적이다. 그러나 조선 후기의 『정재무도홀기』를 보면 오양선의 창사를 부른다는 점은 동일하나 면복흥과 면복흥퇴의 형식이 사라졌음을 알 수 있다. 또 『악학궤범』에 의하면 조선 전기에는 당악곡인 보허자령(步虛子分)에 맞춰 춤을 추던 것이, 『정재무도홀기』에는 조선 후기에 일승월항지곡(一昇月恒之曲)을 향당교주로 연주한 것으로 나타난다.

학무

학무(鶴舞)는 『고려사』 「악지」에 수록되어 있지 않지만 고려시대부터 추어진 것으로 추정된다. 고려시대의 향악정재 중 하나인 연화대 안에 학무가 포함되어 있으며, 두 춤이 서로 밀접한 관계를 가지고 있기 때문이다. 『고려사』 「악지」의 연화대 내용을 보면 "두 연꽃 속에 감춰두었다가 꽃이 터진 후에 보이게 한다"[18]는 부분이 있다. 이는 두 학이 연꽃 봉오리를 터뜨려서 그 속에 있는 두 동녀가 나와 춤을 추게 한다는 것이다.

학무는 우리나라의 춤 중 유일하게 조류의 탈을 쓰고 추는 춤으로, 학의 움직임을 사실적으로 모방하여 고귀하고 아름답게 추는 춤이다. 학무는 2인의 무원이 학의 탈을 쓰고 추는데, 『악학궤범』의 기록에 의하면 조선 전기의 학무에는 청학과 백학이 등장하고 조선 후기의 『정재무도홀기』에는 청학과 황학이 등장한다. 또한 제26대 왕인 고종(高宗, 재위 1863~1907) 9년(1872)에 진주 목사 정현석(鄭顯奭)이 진주 교방의 악·가·무를 기록한 『교방가요敎坊歌謠』에는 백학 한 쌍이 등장한다.

『악학궤범』 권5에 의하면 춤은 크게 세 부분으로 구성되어 있다. 첫 번째는 학이 주변을 둘러보며 부리를 땅에 닦고 머리를 들어 부리를 마주치는 동작이고, 두 번째는 연꽃을 관찰하는 모습으로 연통의 안팎을 보며 한 다리씩 번갈아 드는 동작이다. 그리고 세 번째는 연통을 부리로 쪼아 연꽃 봉오리가 열리고 두 동녀가 나오면 학이 놀라서 뛰어나가는 동작으로 마무리된다.

• 도5-7 학무, 정조 을묘, 『원행을묘정리의궤』

『악학궤범』과 『정재무도홀기』의 무보를 통해 조선 전기와 후기의 학무를 비교하면, 전기의 학무는 당악곡인 보허자령에 맞춰 추던 것이 후기에는 채운선학지곡(彩雲駕鶴之曲) 향당교주가 연주되었다. 채운선학지곡은 고유한 음악이 아닌 학무의 반주 음악을 지칭하는 아명(雅名)인 것으로 보인다.[19] 또한 『악학궤범』에 의하면 보허자 연주

• 도5-8 학무, 피리정악 및 대취타와 궁중정재의 밤, 2002, 국립국악원 우면당(국립국악원 제공)

• 도5-9 학무(국립무형유산원 제공)

에 맞춰 모든 무원이 노래를 불렀으나, 『정재무도홀기』에서는 노래가 생략되었다. 학무는 성종 대에 연화대 및 처용무와 합쳐지면서 궁중정재의 대작인 학연화대처용무합설로 발전했다.

봉래의

봉래의(鳳來儀)는 세종 대에 창제된 향악정재이다. 세종 27년(1445) 4월에 왕명에 따라 권제(權踶), 정인지(鄭麟趾), 안지(安止) 등이 〈용비어천가龍飛御天歌〉를 지었다. 이는 훈민정음(1443)이 창제된 이후 최초의 국문시가(國文詩歌)로 총 125장으로 구성되어 있다. 가사의 내용은 조선 개국의 사적(史的)과 조종(祖宗)의 성덕을 칭송하며, 이는 천명(天命)을 따른 것임을 강조한다. 봉래의는 관현악에 맞춰 용비어천가를 부르며 추는 춤이다. 봉래의의 음악은 전인자(前引子), 여민락(與民樂), 치화평(致和平), 취풍형(醉豊亨), 후인자(後引子)로 구성되어 있고, 춤은 죽간자 2인과 무원 8인으로 구성되어 있다. 봉래의는 향악정재의 특징인 면복홍으로 시작하여 면복홍퇴로 마치는 형식을 지니지만, 죽간자가 등장하여 춤의 시작과 끝 부분에서 진구호와 퇴구호를 창한다는 점에서 당악정재의 특징 또한 보인다. 이는 조선 후기까지 전래된 기록이 있다.

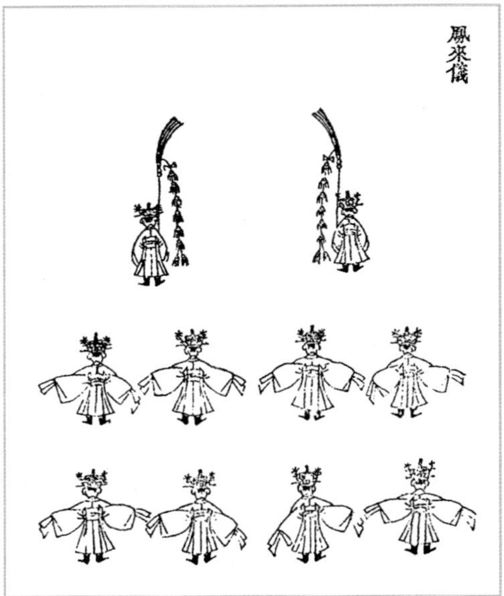

• 도5-10 봉래의, 고종 신축, 『진연의궤』

교방가요

교방가요(敎坊歌謠)는 '교방가요청(敎坊歌謠廳)'이라고도 하며, 『세종장헌대왕실록世宗莊憲大王實錄』에 의하면 임금이 환궁(還宮)하는 날 대가(大駕)를 맞이하는 의례적 행사의 일부로 행해졌음을 알 수 있다. 교방가요는 특정한 춤이라기보다는 임금을 즐겁게 하기 위해 대가의 행로(行路)에서 가요(歌謠)를 적은 축(軸)을 올릴 때 상연한 가무악의 일체를 말한다.

무대 연출은 길 가운데에 산 모양의 침향산(沈香山)을, 지당판(池塘板)에 연통과 목단을 꽂은 화병을 놓고, 길 왼쪽에 가요축(歌謠軸)을 올려놓을 탁자를 놓는다. 약 100명의 여기가 참여하며, 임금에게 가요를 적은 축을 올리는 절차에서 학무와 연화대를 춘다. 대가가 궐문에 이르기까지 연행의 절차를 반복하고 정재를 추다가 대궐 안으로 들어가면 모든 연향을 끝마친다. 다만 정재가 없을 경우에는 가요만 올리므로 '교방가요'라는 명칭이 붙었다.[20] 교방가요는 조선 후기부터는 전해지지 않고 있다.

당악정재

조선 전기의 당악정재는 고려시대의 것을 유지하며 발전했고, 주로 조선의 개국 창업과 정통성을 주창하며 예술적인 가치보다 왕조의 위업을 과시하는 것에 치중했다. 이 시기의 당악정재는 『악학궤범』에 수록되어 있으며, 헌선도(獻仙桃), 수연장(壽延長), 오양선(五羊仙), 포구락(抛毬樂), 연화대(蓮花臺), 금척(金尺), 수보록(受寶籙), 근천정(覲天庭), 수명명(受明命), 하황은(荷皇恩), 하성명(賀聖明), 성택(聖澤), 육화대(六花臺), 곡파(曲破) 등이 있다. 여기서는 몽금척, 수보록, 근천정, 수명명, 성택, 하황은에 대해 살펴보고자 한다.

몽금척

몽금척(夢金尺)은 조선 태조(太祖) 2년(1393)에 문신이자 학자인 정도전(鄭道傳)이 개국의 업적을 칭송하기 위해 창제한 악장이며 세종조에 춤으로 만들어졌다. 정도전은 몽금척과 함께 수보록을 지어 올림으로써 역성혁명으로 이루어진 조선의 정통성과 도덕성을 춤을 통해서 알리고자 했다. 『악학궤범』에는 몽금척이 '금척무(金尺舞)'라고 기록되어 있으나 조선 후기에 이르러 몽금척으로 명명되었다. 그에 대한 기록은 다음과 같다.

都評議使司享上, 慣習都監判事 鄭道傳 王康。副判事 鄭士倜 率典樂署 武工房, 進 文德、武功、夢金尺、受寶籙 等 新樂。[21]

도평의사사에서 임금을 위해 잔치를 베풀었는데, 관습도감 판사는 정도전과 왕강이다. 부판사 정사척이 전악서의 무공방(무공들이 무악을 익히던 전악서 소속 기관)을 거느리고 문덕, 무공, 몽금척, 수보록 등 새 음악을 올렸다.[22]

• 도5-11 몽금척, 순조 기축, 『진찬의궤』

이 춤은 태조가 잠저(潛邸)[23]에 있을 때, 꿈속에서 하늘이 금척을 내려주었다는 이야기에 유래를 두고 있다. 즉 하늘의 뜻으로 조선을 개국했다는 상서로운 의미가 담겨 있는 춤이다. 이는 『태조강헌대왕실록太祖康獻大王實錄』에 다음과 같이 기록되어 있다.

• 도5-12 몽금척, 국립국악원 대표 브랜드 '세종 하늘의 소리를 듣다: 세종조 회례연', 2018, 국립국악원 예악당 (국립국악원 제공)

我主上殿下 在潛邸 夢神人以金尺授之, 若曰: "以此均齊家國。" 又有人得異書以獻之曰: "秘之勿妄示人。" 後十數年 其言果驗, 是皆天以今日之事 預告之也。[24]

우리 주상전하께서 잠저에 계실 때에 꿈에 신인(神人)이 금자(金尺)를 주면서 말하기를, "이것을 가지고 가국(家國)을 정제(整齊)하시오" 했고, 또 어떤 사람이 이상한 글을 얻어 바치면서 말하기를, "이것을 숨기고 함부로 남에게 보이지 마시오" 했는데, 그 후 10여 년이 지나 그 말이 과연 맞게 되었으니, 이것은 모두 하늘이 오늘의 일을 미리 알려준 것이다.

『악학궤범』 권4의 기록에 의하면 몽금척은 족자 1인, 죽간자 2인, 금척 1인, 황개 1인, 원무 12인으로 구성되어 있다. 금척은 금으로 만든 자(尺)로, 상단에는 해와 구름이 새겨져 있고 하단에는 색실 매듭의 술이 늘어뜨려져 있어 화려하다. 음악은 오운개서조인자(五雲開瑞朝引子)와 최자령(嗺子令), 금척령(金尺令), 소포구락령(小抛毬樂令)이 사용되었으며 구호와 치어를 갖추고 있다. 춤사위는 사수무(四手舞), 족도(足蹈), 절화무(折花舞), 협수무(挾手舞), 금척무(金尺舞), 퇴수무(退手舞) 등이 있다. 몽금척은 조선 후기까지 전승되었다가 1980년경 김천흥에 의해 국립국악원에서 재현되었다.

수보록

수보록(受寶籙)은 조선 태조 2년에 몽금척과 함께 창제된 악장이며, 태종대에 춤으로 창작되었다. 이는 몽금척과 마찬가지로 조선의 건국과 태조의 등극을 찬양하기 위해 만들어진 춤으로 그 유래는 『태조강헌대왕실록』에 다음과 같이 기록되어 있다.

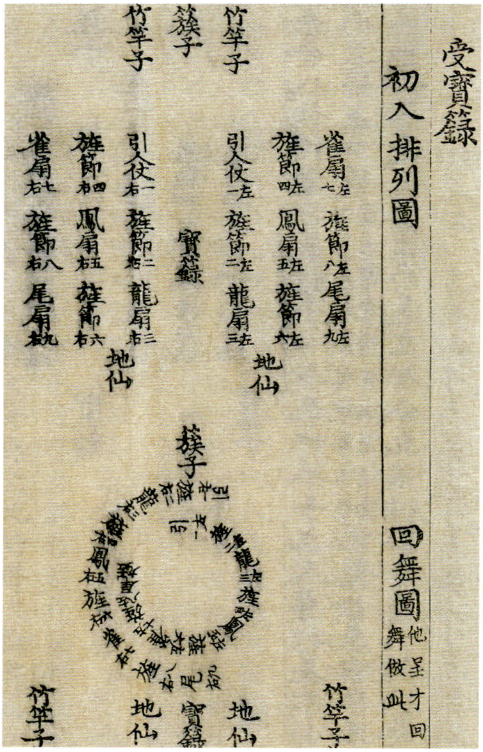

• 도5-13 수보록, 성종 계축, 『악학궤범』

主上殿下 在潛邸 有人得異書於智異山石壁中以獻, 後至壬申歲 其言乃驗, 作受寶籙。[25]

주상전하께서 잠저에 계실 때에 어떤 사람이 지리산 석벽 속에서 이상한 글을 얻어다가 바쳤는데, 그 뒤 임신년(1392)에 이르러 그 말이 그제야 맞게 되니, 수보록(受寶籙)을 지었다.

춤은 봉족자 1인, 죽간자 2인, 보록(譜錄) 1인, 지선(地仙) 2인, 봉위의(奉威儀) 18인으로 구성되어 있으며, 그 특징은 각종 의물로 배합되어 정재 중에서도 뛰어난 구도(構圖)를 지닌다는 점이다. 수보록의 음악은 『악학궤범』에 당악이라고 기록되어 있으나, 세종 대의 동지(冬至), 정조(正祖), 양로연(養老宴)[26]의 수보록에서는 아악이 사용되었다고 한다. 반주 음악은 회팔선인자(會八仙引子), 최자령, 보허자령, 금전악령(金殿樂令)이다. 이 춤은 조선 전기까지 전승되었으나 조선 후기부터는 전해지지 않는다.

근천정

근천정(覲天庭)은 태종 2년(1402)에 창제된 당악정재로, 영사평부사(領司平府事) 하륜(河崙)이 지은 노래를 바탕으로 만들어진 춤이다. 하륜은 태종이 왕위에 오르기 전 중국 조정에 들어가 황제의 권례(眷禮)를 받았으며 이를 기뻐하여 악장을 만들었다. 이는 연향악(宴饗樂)으로 사용되었으며 이후 춤으로 만들어졌다. 『태종공정대왕실록』에는 근천정에 대해 다음과 같이 기록되어 있다.

> 領司平府事河崙進樂章二篇, 賜教書奬諭。
> "振振王子, 德音孔彰。
> 緝熙其學, 奎璧其章。
> 天子有旨, 邦人震惶。
> 惟君父使, 不敢或遑。

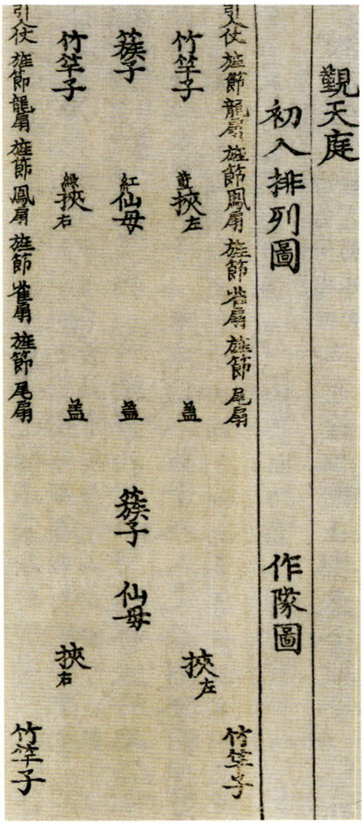

• 도5-14 근천정, 성종 계축, 『악학궤범』

旣見天子, 敷納維詳。

貝錦消沮, 家國之昌。

勉勉王子, 夙遵義方。

專對來歸, 宗社之光。

桓桓我王, 壽考而康。

王子來歸, 其樂無疆。"

右覲天庭五章。[27]

영사평부사 하륜(河崙)이 악장 두 편을 올리니 교서를 내려 표창하셨다.

"거룩한 왕자시여! 덕음(德音)이 크게 빛나시어,

그 학문은 밝으시고 그 문장은 규벽(奎璧)이로다.

천자께서 교지를 내리시니 나라 사람들은 송구하여,

군부(君父)의 사신(使臣)을 감당 못해 황망했네.

천자를 뵙고는 상세하게 아뢰니,

조개무늬 비단 넘쳐 가국(家國)이 번창하네.

부지런한 왕자는 삼가 옳은 도리를 따르시네.

혼자의 지혜로 대답하고 돌아와 종사(宗社)를 빛내네.

굳세신 우리 임금님! 오래 살고 건강하소서.

왕자께서 돌아오시니, 그 즐거움 끝이 없어라."

위의 시는 근천정 5장이다.

이 춤은 『악학궤범』 권4에 전해지며, 족자 1인, 죽간자 2인, 선모 1인, 협무 2인, 인인장 2인, 용선 2인, 봉선 2인, 작선 2인, 미선 2인, 정절 8인, 개 3인으로 구성되어 있다. 근천정의 반주 음악은 오운개서조인자, 최자령, 금전악령, 중강령(中腔令)이며, 춤사위로는 족도, 염수족도(斂手足蹈), 오양선무(五羊仙舞), 수보록무(受寶籙舞), 팔수무(八手舞), 협수무, 퇴수무가 있다. 그러나 근천정은 조선 후기부터 전해지지 않고 있다.

수명명

수명명(受明命)은 태종 대에 하륜에 의해 창제된 당악정재이다. 이는 태종이 왕위에 오르기 전 명나라 천자(天子)로부터 고명(誥命)과 체첩(體帖), 인장(印章)과 면복(冕服) 등 왕의 인준을 받은 것을 기뻐하며 만든 정재이다. 이는 『태종공정대왕실록』에 다음과 같이 기록되어 있다.

"亹亹我王, 德明敬止 孝友施政, 令望不已。
翼翼乃心, 事大惟一 奉揚聲教, 漸于出日。
帝賜明命, 金印斯煌 又何賜之, 袞衣九章。
王拜受命, 天子聖明 王拜受命, 宗社與榮。
於樂我王, 荷天之休 體仁保民, 壽考千秋。
於樂我王, 如日之升 貽謀克正, 萬世其承。"
右受明命六章。[28]

"부지런한 우리 임금이시여! 밝은 덕을 공경하여 머무시고
효우(孝友)로 시정(施政)하니 높은 덕망 그침 없네.
그 마음을 조심하여 한결같이 사대(事大)하고,
가르침을 받드시어 점점 해가 솟아나네.
황제께서 명명(明命)하사 금인(金印)이 빛나옵고
또 무엇을 주었는가? 구장(九章)의 곤의(袞衣)로다.
절하고 수명(受命)하니 천자의 성명(聖明)이고,
절하고 수명하니 종사(宗社)의 영광이라.

즐겁도다, 우리 임금님! 하늘의 아름다움 짊어지시어

인(仁)을 본받고 백성을 보호하며 천세토록 누리소서.

즐겁도다, 우리 임금님! 해처럼 떠오르시어

바른 법을 남기시니 만세토록 받드오리다."

위의 시는 수명명 6장이다.

또한 『세종장헌대왕실록』과 『악학궤범』에는 수명명의 연희 형태에 대해 다음과 같이 기록되어 있다.

奏樂除鄕樂, 專用 覲天庭, 受明命, 賀皇恩, 娼妓工人, 俱立而奏。[29]

음악을 연주하면서 향악은 빼고, 오로지 근천정(覲天庭), 수명명(受明命), 하황은(賀皇恩)만을 쓰고, 창기(娼妓)나 악공들은 모두 서서 연주한다.

『악학궤범』 권4에 의하면 수명명의 춤은 족자 1인, 죽간자 2인, 선모 1인, 협무 8인, 인인장 2인, 용선 2인, 봉선 2인, 작선 2인, 미선 2인, 정절 8인, 개 3인으로 구성되어 있다. 음악은 회팔선인자, 보허자령, 최자령, 금잔자(金盞子)가 연주되며, 춤사위는 족도, 절화무, 사수무, 염수족도, 광수무(廣袖舞), 팔수무가 있다.

수명명은 조선 후기부터는 전해지지 않았으나, 1982년경 김천홍에 의해 재현되었다.

성택

성택(聖澤)은 문신 변계량(卞季良)이 세종의 명을 받아 창제한 당악정재로, 임금의 거룩한 은택을 찬양하고 조정의 사신을 위로하기 위한 목적으로 만들어졌으며, 노래하고 춤출 수 있는 태평한 세월을 만난 것에 감사의 뜻을 표하는 내용이다. 『세종장헌대왕실록』 권40에 의하면 이 춤은 궁중에서 사신을 위안하는 연회에 주로 상연되었음을 알 수 있다. 성택정재(聖澤呈才)의 의식(儀式)은 다음과 같다.

舞隊率樂官上妓衣冠行次, 上妓一人爲王母, 左右各四人爲俠舞… 致語曰: "聖澤, 慰朝廷使臣也, 慰使臣, 所以欽上德也。殿下事大以誠, 帝用嘉之, 特遣使臣, 國人歡忻, 作是歌焉。"[30]

무대(舞隊)가 악관(樂官)과 상기(上妓)를 거느리고 의관(衣冠)을 갖춰 행차한 후 상기 1인은 왕모(王母)가 되고 좌우로 각 4인이 옆에서 춤을 춘다…(중략)… 치사(致詞)하여 말하기를, "성택(聖澤)은 조정의 사신(使臣)을 위로하기 위한 것이니, 사신을 위로하는 것은 황상(皇上)의 은덕(恩德)을 흠모(欽慕)하기 때문입니다. 전하께서 정성으로 사대(事大)하시니, 황제가 가상(嘉尙)히 여기어 특별히 사신을 보냈기에 나라 사람들이 즐거워하여 이 노래를 지었습니다"라고 했다.

또한 『악학궤범』 권4의 기록을 보면, 춤이 족자 1인, 죽간자 2인, 선모 1인, 협무 8인, 인인장 2인, 용선 2인, 봉선 2인, 작선 2인, 미선 2인, 정벌 8인, 개 3인으로 구성되어 있다는 것을 알 수 있다. 선모 1인과 협무 8인이 팔괘(八卦) 대형으로 선 다음, 선모가 가운데에 서서 협무 8인과 상대하며 춤을 추는 구조이다. 음악은 천년만세인자(千年萬歲引子), 하성조령(賀聖朝令), 헌천수만(獻天壽慢), 중강령, 최자령이며, 춤사위는 족도, 염수족도, 광수무, 오양선무, 사수무, 퇴수무, 협수무로 이루어져 있다. 성택은 조선 전기까지 추어졌으며 후기에는 전해지지 않는다.

하황은

하황은(荷皇恩)은 1419년 세종 대에 변계량이 세종의 명을 받아 창작한 악장이며, 사신연(使臣宴)에서 정재로 추어졌다. 춤의 내용은 세종이 명나라 부왕(父王)의 명을 받아 국사(國事)를 맡게 된 것을 하늘의 뜻으로 알고 그 기쁨을 표현한다. 『악학궤범』 권2 세종조 회례연의(會禮宴儀)에는 하황은의 절차에 대해 다음과 같이 기록되어 있다.

> 進第四爵 登歌作荷皇恩之樂 文舞入作。[31]

> 넷째 잔을 올릴 때는 등가(登歌)를 하는데, 하황은(荷皇恩)의 음악을 연주하고 문무(文舞)를 춘다.[32]

또한 『악학궤범』 권4의 기록을 보면, 족자 1인, 죽간자 2인, 선모 1인, 협무 6인, 인인장 2인, 용선 2인, 봉선 2인, 작선 2인, 미선 2인, 정절 8인, 개 3인으로 춤이 구성되어 있다. 무인은 삼대(三隊) 대형으로 서서 가운데에 있는 선모가 협무와 차례대로 상대하면서 춤을 춘다. 춤의 대형은 좌우대형, 전후대형, 삼대로 구성된다. 음악은 회팔선인자, 금최자(金嗺子), 금전악령, 중강령, 서최자(瑞嗺子)이며, 춤사위는 족도, 염수족도, 사수무, 팔수무, 협수무, 오양선무, 퇴수무가 있다. 하황은은 조선 후기까지 전해졌다.

2. 유교 의식의 춤

조선은 유교이념에 따라 조상에 대한 감사함을 표하는 제례 의식을 중요하게 여겼다. 조선시대의 제례 의식은 크게 대사(大祀), 중사(中祀), 소사(小

祀)로 구분된다. 종묘제례[33]와 사직대제[34]는 '대사'에 해당하며 왕이 의식을 거행한다는 점에 있어 '길례(吉禮)'에 속한다. 현재까지 봉행되고 있는 조선의 유교 의식으로는 종묘제례, 사직대제, 석전, 선농제 등이 있다.

일무(佾舞)는 유교 의식에서 추어지는 춤으로, '일(佾)'은 열(列)을 의미하며 제례의 목적과 제례 대상의 지위에 따라 무원의 수가 변한다. 이러한 구별은 계급에 따른 차등을 두기 위한 것으로, 즉 천자가 사용한 팔일무는 팔열의 춤을 의미한다. 『춘추좌전春秋左傳』에는 노나라의 은공(隱公) 무렵에 추어진 일무의 형식에 관하여 다음과 같이 기록되어 있다.

> 九月, 考仲子之宮 將萬焉 公問羽數於衆仲, 對曰 天子用八 諸侯用六 大夫四 士二。夫舞所以節八音 而行八風。故自八以下。公從之 于是初獻六羽 始用六佾也。[35]

> 9월에 중자의 궁에서 만(萬: 춤의 이름)을 추려고 살피면서 은공(隱公)이 중중(衆仲: 대부 이름)에게 우(羽)의 수를 물었더니, 대답하기를 "천자는 팔일(八佾)을 쓰고 제후들은 육일(六佾)을 쓰고 대부는 사일(四佾)을 쓰며 선비는 이일(二佾)을 씁니다. 대저 춤은 그래서 8음(音)으로 절(節)하여 8풍(風)을 행(行)하는 것입니다. 그러니 팔일(八佾) 이하를 해야 합니다" 하였다. 공이 이 말을 따라서 처음에 육우(六羽)를 올리게 되어 비로소 육일(六佾)을 쓰게 되었다.

이 기록에 의하면 팔일무는 천자(天子)를 위한 제례 의식에서 추어졌으며 64인의 무원으로 구성되었음을 알 수 있다. 육일무는 제후(諸侯)를 위한 제례 의식에서 36인의 무원에 의해 추어졌으며, 사일무는 대부(大夫)를 위한 제례 의식에서 6인의 무원에 의해, 이일무는 선비(士)를 위한 제례 의식에서

• 도5-15 일무, 김명숙 늘휘무용단, 1999, 국립국악원 예악당

4인의 무원에 의해 추어졌다. 주로 육일무를 추었던 조선은 황제의 칭호를 쓴 고종 대에 이르러 64인의 무원이 추는 팔일무를 추기 시작했으며 이는 현재까지 전해지고 있다.

일무는 선왕들의 문덕을 기리는 내용의 문무(文舞)와 선왕들의 무공을 칭송하는 내용의 무무(武舞)로 구분된다. 이 춤은 '음유양강(陽剛陰柔)', 즉 음과 양, 부드러움과 강함의 조화를 이루어 만물의 순환적 흐름을 내포하고 있는 춤이다. 문무는 양의 속성을 지닌 춤으로 강한 성격을 지니고 있기 때문에 부드러운 춤사위로써 음양의 조화를 이루고, 무무는 음의 춤으로 유한 성격을 지니고 있기 때문에 절도 있는 춤사위로써 음양의 조화를 이룬다.

고려 예종 11년(1116)에 중국 송나라로부터 대성아악과 함께 전해진 아악일무가 유지되다가, 세종 대에 이르러 아악계통의 제례악무와 향악계통의 제례악무로 분화되어 발전했다. 세종은 우리나라 사람들은 살아 있을 때 향악을 듣기 때문에 죽은 뒤에도 향악으로써 종묘에 제사를 올리는 것이 타당하다고 생각하여 우리의 음악으로 제례악을 바꾸고자 했다.[36] 따라서 세종은 보태평지악과 정대업지악을 새롭게 창제하여 이를 회례악무로 연주했으며, 세조 10년(1464)에 이것이 개작되어 종묘제례악으로 정식 채택되었다.[37]

종묘제례악

'종묘(宗廟)'는 조선왕조의 역대 왕과 왕비의 신주(神主)를 모신 사당이며 태묘(太廟)라고도 한다. 종묘에 대한 최초의 기록에 의하면 "신라 제2대 남해왕(南海王) 2년(6) 봄에 시조 혁거세(赫居世)의 묘(廟)를 세우고 사철에 제사를 지냈는데, 왕의 친누이 동생인 아로(阿老)가 제사를 주관했다"라고 전한다.[38] 종묘는 태조 3년(1394) 9월에 창건되어 유지되었으나 임진왜란 때

• 도5-16 종묘대제 중 정전에 입장하는 제관·악사, 국가무형문화재 제1호 종묘제례악(국립무형유산원 제공)

소실되어 이를 1608년 광해군 대에 재건했다. 그리고 그 후 몇 차례의 증축을 거쳐 지금의 모습으로 남아 있게 되었다. 사적 제125호로 지정된 종묘는 뛰어난 건축적 가치와 600년 넘게 이어온 제례 행사 등의 문화적 가치가 인정되어 1995년 유네스코 인류무형문화유산으로 등재되었다.

'종묘제례(宗廟祭禮)'는 종묘에서 지내는 제사로, 이는 제사의 규모가 크고 중대하여 '종묘대제(宗廟大祭)'라고도 한다. 종묘제례의 의식 절차는 신을 맞이하는 절차인 '영신(迎神)', 신을 즐겁게 하는 절차인 '오신(娛神)', 신을 보내는 절차인 '송신(送神)'으로 구분되며, 절차에 따라 악무가 함께 연행된다. 제향 의식, 제례악, 일무 등 유·무형의 예술을 집대성했다는 점에서 세계적으로 유례가 드문 종합 의례라 할 수 있다. 종묘제례는 1975년 국가무형문화재 제56호로 지정되었으며, 2001년 유네스코 인류무형문화유산으로 등재되었다. 이는 한 해에 5번 봉행되는 것에서 축소되어 현재는 매년 양력 5월 첫째 주 일요일에 봉행되고 있다.

종묘제례악(宗廟祭禮樂)은 종묘제례에서 연주되는 제향 음악으로, 보태평지악(保太平之樂) 11곡과 정대업지악(定大業之樂) 11곡 등이 있다. 보태평지악은 조선의 역대 선왕들의 학문과 덕망을 기리는 내용으로, 신을 맞이하는 영신, 폐백을 올리는 전폐, 첫 번째 잔을 올리는 초헌 절차에서 연주된다. 정대업지악은 외적에 맞서 군사상의 공적을 세운 선왕들을 기리는 내용으로 두 번째 잔을 올리는 아헌, 세 번째 잔을 올리는 종헌 절차에서 연주된다.

종묘제례악의 악대는 악인의 위치와 악기 편성에 따라 등가(登歌)와 헌가(軒架)로 나뉜다. 등가는 상월대(上月臺)에서 연주하며 이는 하늘과 양(陽)을 상징하고, 헌가는 하월대(下月臺)에서 연주하며 이는 땅과 음(陰)을 상징한다. 그리고 등가와 헌가 사이에 인(人)을 상징하는 무인(舞人)이 배치되어, 종묘제례악은 천지인(天地人) 삼재(三才)의 합일(合一)를 구현한다. 종묘제례악은 1964년 국가무형문화재 제1호로 지정되었으며, 2001년 종묘제례와 함께 유네스코 인류무형문화유산으로 선정되었다.

종묘제례일무는 종묘제례에서 추어지는 춤으로, 춤의 성격과 형식에 따라 문무인 보태평지무(保太平之舞)와 무무인 정대업지무(定大業之舞)로 나뉜다. 종묘제례일무의 무복은 홍주의(紅紬衣)에 남사대(藍紗帶)를 매고 복두(幞頭)를 쓰며 목화(木靴)를 신는다. 의물은 문무에서는 왼손에 대나무로 만든 약(籥)을, 오른손에 용두(龍頭)에 꿩깃을 늘어뜨린 적(翟)을 들며, 이는 음양의 조화를 이룬다. 왼손이 양의 성격을 지니고 있기 때문에 음을 상징하는 약을 들며, 오른손이 음의 성격을 지니고 있기 때문에 양을 상징하는 적을 든다. 무무에서는 오른손에 목검(木劍) 혹은 목창(木槍)을 든다. 이는 『악학궤범』에 목검 2줄, 목창 2줄, 궁시 2줄로 추던 형태가 성종 이후에는 목검 3

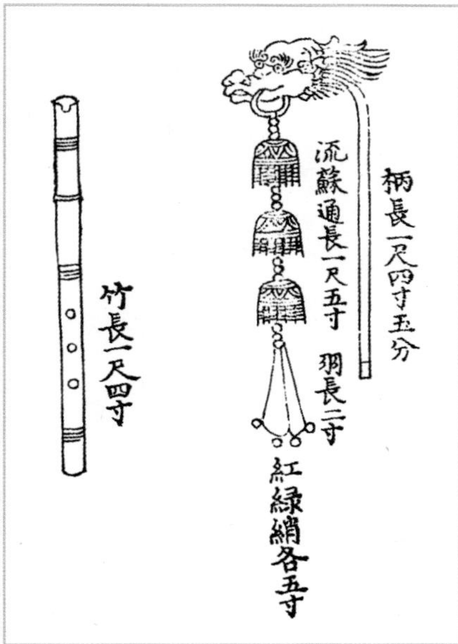

• 도5-17 종묘제례일무 중 문무의 의물인 약·적, 성종 계축, 『악학궤범』

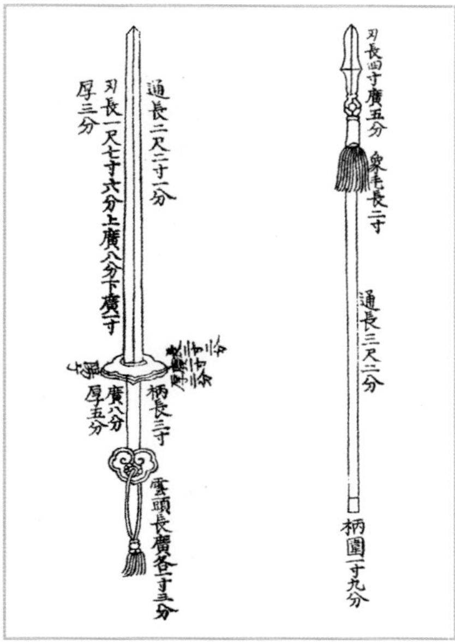

• 도5-18 종묘제례일무 중 무무의 의물인 목검·목창, 성종 계축, 『악학궤범』

• 도5-19 종묘제례일무 중 문무인 보태평지무, 국가무형문화재 제1호 종묘제례악(국립무형유산원 제공)

• 도5-20 종묘제례일무 중 무무인 정대업지무, 국가무형문화재 제1호 종묘제례악(국립무형유산원 제공)

<표 1> 종묘제례 절차에 따른 악무의 내용

종묘제례의 절차	음악	악현의 위치	일무
영신례	보태평(희문)	헌가	보태평지무(문무)
전폐례	보태평(전폐희문)	등가	보태평지무(문무)
진찬례	풍안지악	헌가	춤추지 않음
초헌례	보태평 11곡	등가	보태평지무(문무)
아헌례	정대업 11곡	헌가	정대업지무(무무)
종헌례		헌가	정대업지무(무무)
철변두	옹안지악	등가	춤추지 않음
송신례	흥안지악	헌가	춤추지 않음

줄, 목창 3줄로 변화했으며, 대한제국 이후 목검 4줄, 목창 4줄의 형태로 바뀌어 현재까지 전해지고 있다.

문묘제례악

'문묘(文廟)'는 공자의 위패를 모신 사당으로 '공묘(孔廟)'라고도 하며, 중국의 영향을 받아 신라에서는 국립교육기관인 '국학(國學)', 고려에서는 '국자감(國子監)', 조선시대에는 '성균관(成均館)' 안에 세워졌다. '문묘제례(文廟祭禮)'는 문묘에서 지내는 제사로, '문묘대제(文廟大祭)' 혹은 '석전대제(釋奠大祭)'라고도 한다. 석전대제는 매년 2월과 8월 상정일(上丁日)에 봉행되며, 1986년 국가무형문화재 제85호로 지정되었다.

문묘제례악(文廟祭禮樂)은 석전대제(釋奠大祭)[39]에서 연행되며, 아악계열의 음악으로 제례아악의 전범(典範)으로 전해진다. 문묘제례악은 1곡(曲)이 32성(聲)으로 구성되어 있으며, 악장은 1자1음(一字一音)의 형식으로 4자1구(四字一句)를 이루고 8구1장(八句一章)으로 이루어져 있다. 그 내용은 공자와

• 도5-21 석전대제 제관 행렬 전 점검, 국가무형문화재 제85호 석전대제(국립무형유산원 제공)

4성(四聖: 안자, 증자, 자사자, 맹자)을 숭상하는 것으로, 악장은 단순하고 규칙적인 선율로 연주된다.[40]

문묘제례일무는 아악일무 중 하나로 석전대제에서 추어진다. 춤의 형식은 문묘제례악이 1자 1음의 형식으로 이루어져 있듯이, 1박에 1동작을 하는 형식으로 총 32동작으로 구성되어 있으며, 공자와 4성을 숭상하는 것을 춤으로 표현한 것이다. 고려 예종 대에는 6열 6행의 육일무가 추어지다가 의종 대 이후 6열 8행의 육일무가 추어졌으며, 대한제국 이후부터는 황제의 명에 따라 원구, 종묘, 사직 등의 대사(大祀)에서는 팔일무를, 선농, 선잠, 석전 등의 중사(中祀)에서는 육일무를 추었다. 일제강점기에 사직, 선농, 선잠의 제의가 폐지되었으나[41] 현재는 복원되어 행해지고 있다. 문묘제례일무는 문무와 무무로 구분되는데, 무복은 홍주의(紅紬衣)에 남사대(藍紗帶)를 매고 목화(木花)를 신으며, 문무는 검은색의 진현관(進賢冠)을, 무무는 붉은색의 피변관(皮弁冠)을 쓴다. 제22대 왕인 정조(正祖, 재위 1776~1800) 대에 편찬된 악서인 『시악화성詩樂和聲』 권9와 「악무의보樂舞擬譜」에는 각 춤의 내용에 대해 다음과 같이 기록되어 있다.

是故 文舞 取賓相之三揖三讓, 武舞 取蒐畋之三進三擊。[42]

문무(文舞)는 빈상(賓相: 손님을 맞이하는 모양새)의 세 번 절하고(三揖) 세 번 사양하는(三讓) 모양을 취했고, 무무(武舞)는 사냥할 때의 세 번 나아가며(三進) 세 번 치는(三擊) 모양을 취했다.

문무는 등가에서 연주할 때 추어지며 양(陽)을 상징하고, 무무는 헌가에서 연주할 때 추어지며 음(陰)을 상징한다. 즉 일무에서 문무와 무무가 있는 것은 음양의 조화를 이루도록 한 것이다. 문무에 관한 『시악화성』의 기록을 보면 다음과 같다.

文陽 故尙左 而左執籥 右秉翟。[43]

문은 양(陽)이기에 왼쪽을 숭상하여 왼손에 약(籥: 피리)을 잡고, 오른손에 적(翟: 꿩의 깃)을 잡는다.

이 춤은 양을 상징하는 왼손에는 음을 상징하는 의물인 약(籥)을, 음을 상징하는 오른손에는 양을 상징하는 의물인 적(翟)을 들고 추며 음양의 조화를 이룬다. 약은 세 개의 구멍이 있는 관악기이며, 적은 용의 머리로 장식된 자루에 꿩의 깃털이 달려 있다. 『문헌통고文獻通考』에는 약에 관하여 다음과 같이 기록되어 있다.

籥躍也 氣躍而出也。古者取卯地之竹 以爲籥 春分之音 萬物振躍而出也。[44]

약(籥)은 약동(躍動)하는 뜻이니, 기(氣)가 힘차게 뛰어나오는 것이다. 옛날에는 동쪽 땅(卯地)에 있는 대나무로 약을 만들었다. 약은 춘분의 음(音)으로 만물이 떨쳐 약동하여 나오는 것이다.[45]

• 도5-22 문묘제례악의 의물인 간·척, 성종 계축, 『악학궤범』

무무에 관한 『시악화성』의 기록을 보면 다음과 같다.

武陰 故尙右 而右秉戚 左執干。[46]

무(武)는 음(陰)이기에 오른쪽을 숭상하여 오른손에 척(戚: 도끼)을 잡고, 왼손에 간(干: 방패)를 잡는다.

이 춤은 왼손에 용의 그림이 그려진 방패 모양의 간(干)을, 오른손에 도끼 모양의 척(戚)을 들고 춘다. 간은 방어하는 지혜를 의미하는 무구이며, 척은 용감함의 의리를 의미하는 무구이다.[47] 고려 예종 11년(1116)에 전해진 송나라 무무는 48인의 육일무로 간(干)과 과(戈)를 들고 추었으나, 의종 15년(1161)에 이르러 48인의 육일무로 간과 척을 들고 추는 것으로 바뀌었다. 이는 고려가 자주성을 표방하기 위해 시도한 주체적인 변화라고 할 수 있다.[48]

제례악무는 제례 의식의 절차에 따라 유교의 예악(禮樂)사상을 바탕으로

• 도5-23 석전대제의 문묘제례일무 중 문무, 국가무형문화재 제85호 석전대제(국립무형유산원 제공)

• 도5-24 석전대제의 문묘제례일무 중 무무, 국가무형문화재 제85호 석전대제(국립무형유산원 제공)

<표 2> 문묘제례 절차에 따른 악무의 내용

문묘제례의 절차	음악	악현의 위치	일무
영신례	응안지악	헌가	문무
전폐례	명안지악	등가	문무
초헌례	성안지악	등가	문무
아헌례	성안지악	헌가	무무
종헌례	성안지악	헌가	무무
분헌례	악무가 없음	-	춤추지 않음
철변두	오안지악	등가	춤추지 않음
송신례	응안지악	헌가	춤추지 않음

행해진다. 석전대제의 의식 절차는 신을 맞이하는 '영신(迎神)', 신위전에 폐백을 올리는 '전폐(奠幣)', 신위전에 첫 잔을 올리고 축문을 읽는 '초헌(初獻)', 신위전에 두 번째 잔을 올리는 '아헌(亞獻)', 신위전에 세 번째 잔을 올리는 '종헌(終獻)', 신위전에 잔을 올리고 음식 일주를 거두는 '철변두(撤籩豆)', 신을 보내는 '송신(送神)', 축문과 폐백을 태우는 '망료(望燎)'의 순서로 진행된다.

의식 절차에 따른 악무는 다음과 같다. 첫째, 신을 맞이하는 절차인 영신에서는 헌가에서 응안지악(凝安之樂)을 연주하고 문무를 추며, 둘째, 폐백을 올리는 전폐에서는 등가에서 명안지악(明安之樂)를 연주하고 문무를 춘다. 셋째, 헌관이 신에게 첫 번째 잔을 올리는 초헌에서는 등가에서 성안지악(成安之樂)을 연주하고 문무를 추며, 넷째, 공악에서는 헌가에서 서안지악(舒安之樂)을 연주하고 문무가 퇴장하고 무무가 등장한다. 다섯째, 두 번째 잔을 올리는 아헌에서는 헌가에서 성안지악(成安之樂)을 연주하고 무무를 추며, 여섯째, 세 번째 마지막 잔을 올리는 종헌에서는 헌가에서 성안지악(成安之樂)을 연주하고 무무를 춘다. 일곱째, 여러 신위(神位) 앞에 각각의 잔을 올리는 분헌에서는 악무가 없으며, 여덟째, 제수(祭需)를 담은 그릇인 변(籩)

과 두(豆)를 거두는 철변두에서는 등가에서 오안지악(娛安之樂)을 연주하고 춤은 추지 않는다. 아홉째, 신을 보내기 전에 네 번의 절을 올리는 송신에서는 헌가에서 응안지악(凝安之樂)을 연주하고 춤은 추지 않으며, 열째, 축(祝)과 폐백(幣帛)을 요단(燎壇)에서 태우는 망료에서는 악무가 행해지지 않는다.

3. 무속 의식의 춤

도당굿

도당굿(都堂굿)은 마을의 안녕과 풍요를 기원하며 마을을 지키는 수호신에게 복을 비는 굿이다. 이 굿은 '동굿' 혹은 '산치성'이라고도 하며, 지역에 따라 동해안의 '별신굿', 남부 지역의 '당산굿', 황해도의 '대동굿', 강화도의 '고창굿'이라고도 부른다. 한강 이북의 도당굿은 강신무(降神巫)계로 굿에서 신내림을 받거나 신의 말을 전하는 것을 중시하며, 무인(巫人)들은 한 세대로 끝난다. 반면 한강 이남의 도당굿은 경기도 지역에서 전승되어온 세습무(世襲巫)계로 굿을 할 때 신내림을 받지 않는다. 무당들은 대체로 집안의 대를 이어 어릴 때부터 기예를 익히고 굿에 참여하기 때문에 예술성이 뛰어나며 전통 문화와도 깊은 관련을 갖고 있다. 이러한 특징으로 경기도당굿은 다른 굿에 비해 예술성과 연희성이 짙은 축제의 분위기를 지닌다.

도당굿은 매년 또는 격년으로 정월 초나 봄, 가을에 마을 주민들의 참여에 의해 행해진다. 이때 굿을 책임지고 준비하는 사람을 '당주(堂主)'라 하며 여무(女巫)인 '미지', 남무(男巫)인 '화랭이' 그리고 악사에 의해 굿이 진행된다. 이 중 화랭이의 역할이 두드러지게 나타난다. 도당굿의 절차와 형식은

• 도5-25 경기도당굿, 도당 신위(한국학중앙연구원 제공)

지역이나 굿을 주관하는 무당의 성격에 따라 다르다. 굿의 기본적인 구조는 크게 '청신(請神) → 신탁(神託) → 오신(娛神) → 송신(送神)'의 구조로 이루어져 있다. 세부적으로는 굿을 하기 전날 당주의 집에서 하는 당주굿을 시작으로 '거리부정 → 안반고수레 → 부정굿(앉은부정 · 초부정) → 도당 모셔오기 → 돌돌이 → 장문잡기 → 시루말 → 제석(청배 제석굿) → 본향굿(도당할머니굿) → 터벌림 → 손굿 → 군웅굿 → 도당 모셔다드리기 → 중굿(신장굿) → 뒷전'으로 이루어져 있다.[49] 이 중 뒷전에서는 저고리에 치마를 입고 흰 수건을 들고 도살풀이춤을 추며 마무리한다.

경기도당굿의 춤은 진쇠춤, 제석춤, 터벌림춤, 손님굿춤, 군웅님춤, 도살풀이춤 등으로 진행된다. 진쇠춤은 도당굿 중 군웅굿에서 작은 굿상을 중앙에 놓고 돌아가면서 추는 춤이다. 복식으로는 철릭(天翼)[50]을 입고 사모를 쓰며 목화(木靴)를 신는다.[51] 진쇠장단으로 느리게 시작하여 조임채, 넘김채, 자진굿거리 등으로 점차 빨라지면서 가벼운 움직임을 보인다. 제석춤은 제석거리에서 무당이 흰 장삼에 붉은 가사와 흰 고깔을 쓰고 양손에 흰 한삼과 방울을 들고 추는 춤이다. 춤사위로는 부정놀이 장단에 맞춰 한삼을 젖히고 엎고 하는 사위가 두드러지게 나타난다. 터벌림춤은 군웅굿이나 손굿에서 큰 굿거리를 할 때 굿터를 벌리기 위해 추는 춤이다. 이는 화랭이가 흰 두루마기를 입고 꽹과리를 들고 춤을 추며, 발차는 사위가 특징적이다. 장단은

• 도5-26 도살풀이춤, 김숙자, 국가무형문화재 제97호 살풀이춤(국립무형유산원 제공)

터벌림 장단(반설음장단)으로 시작하여 조임반설음, 넘김채, 겹마치 장단을 거쳐 덩덕궁이(잦은굿거리) 장단으로 마무리된다.

손님굿춤은 손님굿에서 화랭이가 흰 두루마기에 갓을 쓰고 양손에 신칼을 들고 추는 춤으로, 춤사위는 터벌림춤과 비슷하다. 군웅님춤은 군웅거리에서 군웅신을 맞이하여 추는 춤이다. 장단으로는 진쇠, 터벌림, 올림채가 있으며 역동적이고 활달한 동작으로 이루어져 있다. 여무가 출 경우에는 철릭에 빗갓을 쓰고 부채와 방울을 들고 추며, 화랭이와 함께 추는 쌍군웅춤의 경우에는 화랭이가 동달이를 입고 갓을 쓰고 꽹과리를 들고 춘다. 도살풀이춤은 도당굿의 마지막 거리에서 도살풀이 장단에 맞춰 추는 춤이며, 주로 굿의 남은 여흥으로 춘다. 특히 도살풀이춤은 김숙자(金淑子, 1927~1991)에 의해 전승되었으며, 흰 치마저고리에 끝을 양어깨에 걸칠 수 있는 긴 수건을 들고 추는 것이 특징이다. 김숙자류 도살풀이춤은 국가무형문화재 제97호로 지정되어 있다.

이러한 내용을 바탕으로 한 경기도당굿의 춤의 특징은 다음과 같다. 첫째, 발동작이 섬세하며 각 거리마다 독특하게 쓰이는 보법이 있다. 둘째, 목젖놀이와 어깨춤이 두드러지게 드러난다. 셋째, 남녀 무당이 마주보고 춤을 추는 '방수밟기'가 특징적이다. 넷째, 구성과 내용, 동작이 조화롭게 이루어진다.[52] 경기도당굿은 1990년 국가무형문화재 제98호로 지정되었으며, 오수복(吳壽福, 1924~2011)이 기능보유자로 인정되었다. 현재 도당굿은 거의 사라지고 그 내용 역시 축소되었다.

진오귀굿

'진오귀굿'은 서울 지역의 굿으로, 망자(亡者)의 극락왕생 혹은 평안한 천도를 기원하는 굿이다. 이는 망자의 한을 풀고 좋은 곳으로 보내어 살아 있는 자에게 가해질 해를 막기 위해 행해진다. 이는 '지노귀' 혹은 '진오기' 등으로 표기되기도 한다.[53] 이 굿은 크게 '진진오귀굿'과 '평진오귀굿' 두 가지로 구분된다. 우선 '진진오귀굿'은 망자가 된 지 13일·49일 내에 행해지는 굿을 의미하며, 그 외에 일반적인 진오귀굿을 '평진오귀굿'이라 한다.[54] 진오귀굿에서 무당은 죽은 자와 살아 있는 자를 연결하는 매개체로 존재한다.

진오귀굿은 크게 두 가지 내용으로 구성된다. 첫 번째는 신들에게 굿의 시작을 허락받는 내용이며, 두 번째는 망자를 극락으로 인도하는 내용을 담고 있다. 진오귀굿의 첫 번째 과정 중 '영실'에서는 망자가 생전에 행했던 말과 행동이 무당의 입과 몸을 통해 나타난다. 이는 이승과 저승, 생자와 망자의 교류를 가능하게 하는 것으로, 진오귀굿의 대표적인 특징이라고 할 수 있다. 이때 무인은 양손에 무명 수건을 들거나 손뼉을 치기도 하며, 동적으로 춤을 춘다. '신장거리'에서는 무당이 초상 중 나타나는 모든 부정을 풀어주고 원한을 품은 귀신을 쫓아낸다. 이때 무인은 상주의 머리에 오방기(五方旗)와 베를 씌워놓고 그 위에서 무명을 찢거나 술과 음식을 버린다. 무인은 다섯 개의 신장기를 양손에 나누어 쥐고 동적으로 뛰면서 춤춘다. 또한 때에 따라 그날의 운수를 점치기 위해 사람들에게 기를 뽑도록 유도하기도 하는데, 이때 적색이 나오면 재수가 좋다고 한다.[55]

진오귀굿의 두 번째 과정 중 '사재삼성'[56]은 망자를 저승으로 잡아가기 위해 3사자가 등장하는 내용으로, 이때 무당은 사자의 역할을 담당한다. 무당은 무명과 베를 찢어서 엮은 다음 머리에 묶고, 10자 길이의 베를 허리에 묶은 상태로 춤을 춘다. 이 과정에서 무당은 익살스럽거나 무서운 말 또는 행동 등의 연극적 요소를 더하여 굿을 진행한다. 굿의 '말미거리(바리공주)'는 잠시 쉬어간다는 의미를 지니며, 이때 '바리공주'의 일대기가 구연된다. 망자가 이 과정에서 바리공주에 의해 극락으로 인도된다는 내용이다.

다음으로 이어지는 '도령'은 모두 춤으로 구성되어 있다는 점이 특징이다.

춤의 내용은 망자를 저승길로 인도하여 고(古)를 쓸어 보내는 것으로, 우아하면서도 성스러운 느낌을 주는 춤이다. 이후 사재삼성이 망자를 지옥으로 잡아가려는 듯한 움직임으로 연결되면서 굿의 연극적 연출은 더욱 고조된다. 이 과정에서 굿거리장단, 별상장단, 당악장단이 각각 연주되며, 이에 맞춰 무당의 춤동작 또한 점차 빨라진다. 망자를 저승으로 보낸 뒤 무당은 '새발심지'[57]에 불을 붙여 쌀의 무늬를 통해 망자가 극락왕생했음을 확인한다. 마지막으로 굿판에 참여하지 못한 다른 신들에게 음식을 대접하며 굿이 마무리된다.

진오귀굿의 춤의 특징으로는 첫째, 무인집단에서 준수되는 엄격한 절차로 인해 엄중하고 근엄한 분위기가 드러난다. 둘째, 제한된 공간을 활용하여 진행되며 동작이 복잡하지 않다. 셋째, 무인들의 움직임과 표정에서 연극적인 요소가 나타난다.[58]

씻김굿

'씻김굿'은 전라도 지역의 굿으로 망자의 원한을 풀어주고 극락으로 인도하는 천도굿이다. 이는 망자를 깨끗이 씻김으로써 망자의 극락천도를 기원하는 의식이다. 씻김굿은 제석(帝釋)신에게 제사를 지내고, 극락문을 지키는 시왕(十王)신에게 천도를 축원하는 등의 불교적 요소를 지니고 있는 것으로 보아 고려시대에 형성된 것으로 사료된다.[59] 굿의 특징은 무인이 춤과 함께 일곱 개의 고를 푸는 등 절제된 움직임과 예술적 춤사위로 한풀이가 진행된다는 점이다.[60]

씻김굿의 형태는 지방마다 차이가 있으며, 그중 '진도씻김굿'이 가장 대표적이다. 진도씻김굿의 무가는 시나위 혹은 육자배기로 구성되어 있으며, 그 종류는 굿을 행하는 시기와 내용에 따라 구분된다. 초상이 났을 때 시신

• 도5-27 진도씻김굿, 국가무형문화재 제72호(국립무형유산원 제공)

옆에서 행하는 '곽머리 씻김굿', 소상(小祥)날 밤에 행하는 '소상 씻김굿', 집안의 우환이 심하여 행하는 '날받이 씻김굿', 초분(草墳) 이장을 할 때 행하는 '초분장 씻김굿', 집안의 경사가 있을 때 행하는 '영화 씻김굿', 익사(溺死)하여 고혼(孤魂)이 된 망자의 넋을 풀어줄 때 행하는 '혼 건지기굿', 총각이거나 처녀인 망자를 사후 혼인시킬 때 행하는 '저승 혼사굿' 등이 있다. 굿의 종류에 따라 약간의 차이를 보이지만 순서와 내용은 모두 유사하다.

씻김굿의 주요 대목은 '씻김'으로, '이슬털기'라고도 한다. 이는 맑은 쑥물이나 향물로 망자의 육신으로 여겨지는 영돈을 깨끗이 씻김으로써 극락왕생을 기원하는 절차이다. 극락으로 가는 길을 닦아주는 '길닦음'을 마지막으로 씻김굿은 마무리된다. 씻김굿의 춤은 제자리에서 무릎을 굽혔다 펴는 정도의 굴신으로, 무겁고 정숙하지만 깊은 한을 딛고 춘다는 점에서 매우 의식적이고 상징적이다.[61] 춤은 무구에 따라 구분되는데, 지전(紙錢, 화폐 모양의 종이)을 들고 추는 지전춤, 복개(覆蓋, 망자의 형상을 한 종이를 넣은 그릇의 뚜껑)를 들고 추는 복개춤, 넋전(사람 모양의 한지)을 들고 추는 넋전춤, 매듭지어진 고를 풀면서 추는 고풀이춤 등이 있다. 그중 가장 대표적인 지전춤은 호남 지방의 씻김굿에서만 존재하는 춤이다.

• 도5-28 진도씻김굿의 영돈을 들고 있는 박병천, 국가무형문화재 제72호 진도씻김굿(국립무형유산원 제공)

춤사위의 명칭은 여러 학자에 의해 붙여졌으며, 진도씻김굿의 보유자인 박병천은 살을 풀고 액을 막아주는 것이

씻김굿춤의 가장 기본이라 했다.[62] 춤의 특징은 뛰는 동작이 많은 다른 지역의 무당춤과는 달리 제자리에서 감정을 어르고, 호흡을 맺고 푸는 동작으로 구성된다는 것이다. 진도씻김굿은 1980년 11월 17일에 국가무형문화재 제72호로 지정되었으며, 무가의 채계만(蔡桂萬), 박병천(朴秉天), 김대례(金大禮), 박병원(朴秉元) 등에 의해 전승되다가 현재는 그 후손들이 명맥을 유지하고 있다.

제
6
장

조선시대 후기

(17세기~19세기)

조선 후기의 시대적·문화적 배경

조선 후기는 제14대 왕인 선조(宣祖, 재위 1567~1608) 이후부터 조선의 제27대 왕이자 마지막 임금인 순종(純宗, 재위 1907~1910) 대까지로, 17세기부터 19세기까지를 의미한다. 조선 후기에는 양반을 중심으로 한 문화가 발달했으며, 양반 내에서 이루어진 정치적·사회적·경제적 계층 분화로 다양한 층위의 문화가 발전했다. 또한 사회구조적으로 양반 위로는 왕실 문화가, 아래로는 서민 문화가 형성되었다. 왕실 문화는 궁중 문화라고도 하며, 다양한 의례와 연향을 통해 권위를 나타냈다. 서민 문화는 초기에는 양반 문화를 모방하는 정도였으나 농법의 발달로 인해 사회적·경제적으로 안정되면서 그들만의 문화를 향유하기 시작했다. 즉 내용 및 형식 측면에서 양반 문화와는 전혀 다른 자신들만의 색채를 띤 서민 문화를 형성했으며, 양반 사회와 유교 문화를 비판하는 풍자 문화가 발달하는 등 새로운 문화 양상을 보였다.

조선 후기에는 양란으로 인해 쇠퇴했던 왕조의 재건과 함께 문화를 새롭게 갱신하려던 시대의 조류가 결합하여 조선 전기와는 크게 구별되는 활동들이 나타났다. 미술 분야에서는 회화가 발달했으며 크게 네 가지 특징적인 경향을 보였다. 남종화법(南宗畵法)을 토대로 사실적인 산수묘사를 이룬 진경산수(眞景山水), 생활 모습을 전하는 풍속화, 민화 등의 서민미술, 그리고 각종 기록화 등이다.

진경산수를 발달시킨 정선(鄭敾, 1676~1759)은 한양, 금강산, 동해안, 영남 지방 등을 유람하면서 우리나라의 산수를 사실적으로 묘사했다. 이는 중국 남종문인화(南宗文人畵, 남종화)에 전통을 둔 종래의 관념산수화(觀念山水

• 도6-1 춤추는 아이(무동), 김홍도, 조선 후기, 『김홍도필 풍속도 화첩』, 보물 제527호(국립중앙박물관 제공)

畵)에서 벗어나 조선의 실경산수화(實景山水畵)로 변화한 독자적인 큰 발전이라 할 수 있다. 조선 후기에는 사농공상(士農工商)의 생활 모습과 세시풍속(歲時風俗)을 그린 풍속화가 발달했다. 특히 정조 대에 전국적으로 화원화가들에 의한 풍속화의 제작이 매우 활발했다. 정조의 신임을 받은 김홍도는 서민들의 생업 장면, 세시풍속 등 다양한 소재를 사실적이면서도 훈훈한 정서로 나타냈다. 또한 여항문인(閭巷文人)이 그림을 그리고, 수집하고, 감상하는 등의 활발한 활동들이 나타났으며 이러한 풍조는 서민 문화로 확산되었다. 특히 18세기 후반에는 기술직 중인과 부유한 상인층이 형성되면서 미술품의 향유와 거래가 활발해졌으며, 이는 민화가 발달하는 원동력이 되었다. 한편 궁중에서는 많은 예법과 연회 등을 기록한 궁중기록화를 제작했다. 그중 연회의 기록화에는 무용 장면의 묘사가 많아 무용사에 중요한 자료를 제공하고 있다.

조선시대의 악무(樂舞)는 선조 25년에 일어난 임진왜란(壬辰倭亂, 1592)을 비롯하여 정유재란(丁酉再亂, 1597), 병자호란(丙子胡亂, 1636)으로 인해 점점 쇠퇴했다. 전쟁을 겪으면서 조선의 악기와 악제가 소실되고, 악공과 악생이 사라지면서 이후 약 10년간 종묘, 사직, 문묘, 산천의 제사에서 음악을 사용하지 못했다.[1] 그러나 『악학궤범』 일부가 보존되어 1610년에 소실된 부분을 복각하는 등 악무를 부활시키려는 노력이 이루어졌다. 제16대 왕인 인조(仁祖, 재위 1623~1649) 대에는 전쟁으로 인해 소실된 악기와 악공 등을 정비했으며, 인조 25년 정월의 종묘 춘향대제(春享大祭) 때 음악과 춤이 다시 행해지면서 이후 다른 제향에서도 가무가 부활되었다. 그리고 제21대 왕 영조(英祖, 재위 1724~1776)와 제22대 왕 정조(正祖, 재위 1776~1800) 대에 적극적인 문화 부흥 정책으로 문예 부흥을 맞이하게 된다. 영조 대에는 악기

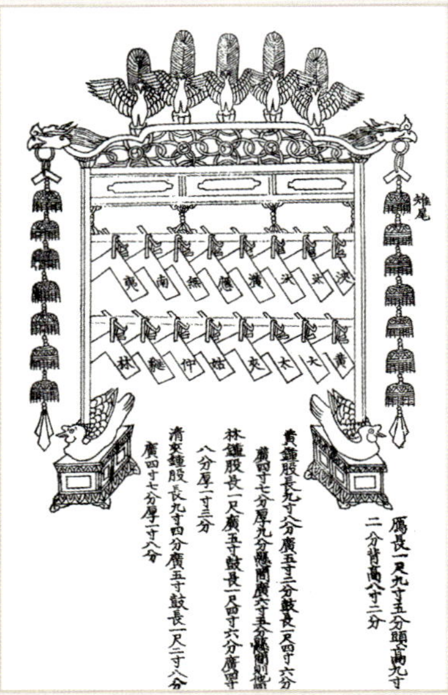

• 도6-2 편경, 성종 계축, 『악학궤범』

• 도6-3 편경(국립국악원 제공)

조성청(樂器造成廳)에서 편경을 비롯한 아악기를 제작했으며, 황세대(黃世大), 장문주(張文周), 장천주(張天柱), 신득린(申得獜)을 연경으로 보내 생황(笙簧)의 연주법을 배워오게 하는 등 아악을 발전·전승시키고자 했다. 정조는 종(鐘), 경(磬), 금(琴), 슬(瑟)의 아악기를 규장각 학사들에게 익히도록 하는 등 악을 더욱 중요시 여겼다. 제23대 순조(純祖, 재위 1800~1834) 대에 이르러서는 악무가 큰 발전을 이루었다. 순조 27년(1827)에 대리청정을 맡은 효명세자(孝明世子)는 무용에 대한 관심이 크고 탁월한 재주가 있었다. 그는 자신을 보좌한 전악(典樂) 김창하(金昌河)[2]와 함께 다수의 정재를 창작하는 등 궁중정재 일대의 황금기를 이루었다.

조선 후기에는 궁중 음악의 한 지류인 '풍류악(風流樂)'[3]이 형성되었다. 민속악을 형성시킨 민속예인집단은 중인계층의 비전문 음악인들과 달리 전문 음악인들로 구성되었으며, 이들에 의해 판소리, 시나위, 산조 등이 탄생되었고 민요, 농악과 같은 대중 음악도 발달되었다. 또한 조선 후기에는 전기 때 연주된 여민락(與民樂), 영산회상(靈山會上), 보허자(步虛子), 낙양춘(洛陽春)과 같은 곡들이 기악합주곡으로 연주되기 시작했다. 이 중 영산회상은 한문으로 구성된 가사를 관현악 반주에 맞춰 부르던 '성악곡'이었으며, 동시에 성종 대에 학연화대처용무합설에서 연주되었던 향악정재였다. 이는 제19대 왕 숙종(肅宗, 재위 1674~1720) 6년에 이르러 '기악곡'화되기 시작했으며, 이후 풍류를 연주하던 율객들에 의해 여러 변주곡으로 파생되었다. 여민락과 보허자 또한 기악곡화되는 과정에서 향악곡으로 바뀐 대표적인 곡목이다.

조선 후기의 악현[4]을 살펴보면, 관현악기 위주의 편성이 관악기 위주의 편성으로 구성되는 양상이 나타난다. 성종 대에 124명의 헌가 악현은 인조 대에 22명으로 변화되었으며, 62명의 등가 악현이 22명으로 감원되었다. 종묘제례악과 고취악의 악현 또한 비슷한 양상으로 축소되었다.

1. 궁중정재의 황금기

영조와 정조의 문화 부흥 정책으로 조선 후기에는 문학과 예술이 발달했으며, 이에 힘입어 순조 대에 궁중정재의 황금기를 맞이하게 되었다. 순조로부터 대리청정의 명을 받은 효명세자는 악사와 무희에게 춤을 연습하도록 하고, 종묘제례에서 일무를 통해 사회질서를 바로잡고자 하는 등 적극적인 춤 문화 정책을 펼쳐나갔다. 효명세자의 춤의 정책을 보좌한 인물은 김창하로, 그는 궁중악사이자 춤에 대한 탁월한 지식과 재능을 겸비하고 있었다. 그리하여 효명세자가 창사를 예제[5]하고 김창하가 그에 맞는 춤을 만들어 조선 후기의 궁중정재는 찬란한 황금기를 꽃피우게 된다. 이 시기에 가인전목단을 비롯하여 보상무, 춘앵전, 장생보연지무 등의 수많은 정재가 창제되었다. 순조 이후에 고종 대까지 무악(舞樂) 제도의 큰 변화는 없었으며, 순조 대에 연무된 정재가 전승되어 추어졌다.[6]

조선 후기 정재의 특징은 형식적 측면에서 향악과 당악의 구분이 없어졌다는 점이다. 이전 시기에는 향악정재와 당악정재의 특징이 명확하게 드러났다면, 이 시기의 정재는 향악정재의 당악화, 당악정재의 향악화 현상을 보인다. 순조 28년 2월과 6월의 진작에서 추어진 정재를 보면 향악정재와 당악정재라는 명칭 구분이 사라졌으며, 춤의 형식 또한 구분이 없는 혼합된 형태였음을 알 수 있다. 이러한 특징은 이 시기에 새로 창작된 정재뿐만 아니라 이전부터 전해져온 정재에도 반영되어 변화를 보였다. 특히 춤의 외적인 형식보다는 내적인 구성에 중점을 두어, 조선 후기에는 예술성이 높은 춤이 다수 창작되었다.

조선 후기의 정재는 『정재무도홀기』 「계사」에 봉래의(鳳來儀), 몽금척(夢金尺), 경풍도(慶風圖), 헌선도(獻仙桃), 향발무(響鈸舞), 아박무(牙拍舞), 무산향(舞山香), 고구려무(高句麗舞), 첨수무(尖袖舞), 헌천화(獻天花), 침향춘(沈香春),

만수무(萬壽舞), 제수창(帝壽昌), 수연장(壽延長), 무고(舞鼓), 보상무(寶相舞), 가인전목단(佳人剪牧丹), 포구락(抛毬樂), 연백복지무(演百福之舞), 초무(初舞), 박접무(撲蝶舞), 오양선(五羊仙), 하황은(荷皇恩), 사선무(四仙舞), 장생보연지무(長生寶宴之舞), 첩승무(疊勝舞), 춘앵전(春鶯囀), 연화대무(蓮花臺舞), 향령무(響鈴舞), 무애무(無㝵舞), 최화무(催花舞), 검기무(劒器舞), 학무(鶴舞), 처용정재(處容呈才), 선유락(船遊樂), 항장무(項莊舞), 사자무(獅子舞), 육화대(六花隊) 등의 38종이 기록되어 있다. 이 중 춘앵전, 무산향, 가인전목단, 춘대옥촉, 보상무, 장생보연지무, 최화무에 대해 살펴보고자 한다.

춘앵전

춘앵전(春鶯囀)은 순조 28년(1828) 효명세자가 모친 순종숙황후(純宗肅皇后)의 보령(寶齡) 40세 탄신을 축하하기 위해 창작된 춤이다. 이는 『정재무도홀기』에 의하면, 다음해 순조 29년(1829) 아버지 순조의 보령 40세와 즉위 30년을 경축하는 진찬에서도 연희되었다고 전해진다. '봄날의 꾀꼬리'를 뜻하는 이 춤은 이른 봄날 아침 효명세자가 나뭇가지에서 노래하는 꾀꼬리의 자태를 보고 정재화한 것으로, 꾀꼬리를 상징하는 노란색의 앵삼(鶯衫)과 화관을 쓰고 오색 한삼을 양손에 끼고 6자 길이의 화문석 위에서 추는 춤이다. 춤은 무동이 추기도 하나 대체로 여령에 의해 많이 추어졌다. 특히 이 춤은 정재 중 무산향과 함께 유일한 독무이며, 동작과 춤사위가 정적이고 우아하여 궁중정재의 백미로 평가되고 있다.

『정재무도홀기』에는 춘앵전의 춤사위와 창사에 관하여 기록되어 있다. 춘앵전에는 다양한 춤사위가 있으며 춤사위에는 각각의 명칭이 있다는 점이 특징이다. 춤사위의 명칭은 다음과 같다.

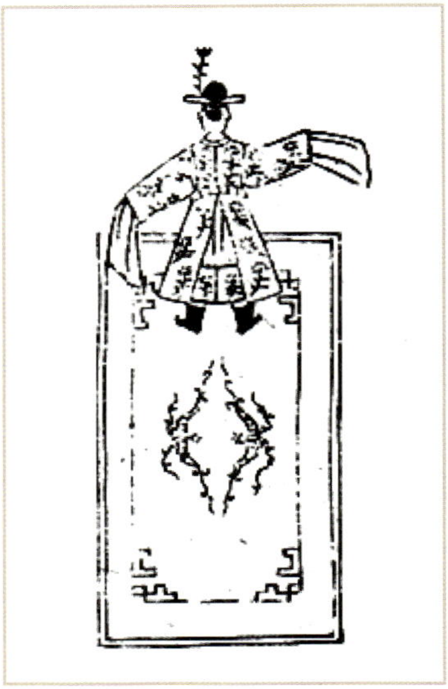

• 도6-4 춘앵전 무동, 순조 무자, 『진작의궤』

• 도6-5 춘앵전, 김천흥(심소김천흥무악예술보존회 제공)

수수쌍불(垂手雙拂) ― 좌우소전(左右小轉) ― 소수수(小垂手) ― 도수아(掉袖兒) ― 사예거(斜曳裾) ― 회란(回鸞) ― 이수고저(以袖高低) ― 절요이요(折腰理腰) ― 비리(飛履) ― 대수(擡袖) ― 회두(回頭) ― 탑탑고(塔塔高) ― 낙수(落袖) ― 요수(搖袖) ― 화전태(花前態) ― 전화지(轉花持) ― 당퇴립(當退立) ― 소섬수(小閃袖) ― 낙화유수(落花流水) ― 대섬수(大閃袖) ― 사사보여의풍(傞傞步如意風) ― 후포수(後抛袖) ― 풍류지(風流枝) ― 비금사(飛金沙) ― 불화렴(拂花簾) ― 회파신(廻波身) ― 과교선(過橋仙) ― 염수(斂袖) ― 연귀소(燕歸巢)

특히 이 춤사위 중 '화전태(花前態)'는 이를 드러내고 살짝 미소 짓는 미롱(眉弄)을 나타내며 춘앵전의 백미를 이룬다. 이 춤에서 연주되는 음악은 평조회상(平調會相), 일명 유초신지곡(柳初新之曲) 및 취태평지곡(醉太平之曲)을 사용하는데, 평조회상 전 곡이 연주되는 것이 아니고 상령산, 중령산, 세령산, 염불도드리, 타령곡 등이 춤에 맞춰 적절하게 배분해서 연주된다. 특히 상령산과 중령산은 한 장단을 20박으로 삼는 것이 원칙이다. 그러나 20박을 한 장단으로 치는 장고에는 도저히 춤을 출 수가 없기 때문에 춘앵전을 반주할 때는 반드시 박자와 음악을 축소하여 10박으로 연주하여야 한다.[7] 화문석 끝에 선 무기(舞妓)는 손을 여미고 조용히 걸어 나와서 화문석 중앙에서 족도(足蹈)하고 손을 앞으로 모은 후 다음과 같은 창사를 부른다.

娉婷月下步 (빙정월하보) 달빛 아래 흘러가듯 아름답고 고운 걸음
羅袖舞風輕 (나수무풍경) 비단소매춤을 추니 바람보다 가볍구나
最愛花前態 (최애화전태) 사랑스런 그 자태는 꽃 앞에 서 있는 듯
君王任多情 (군왕임다정)[8] 임금님도 다정하게 그 눈길을 맡기시네

• 도6-6 춘앵전, 김명숙, 1997, 국립국악원 우면당

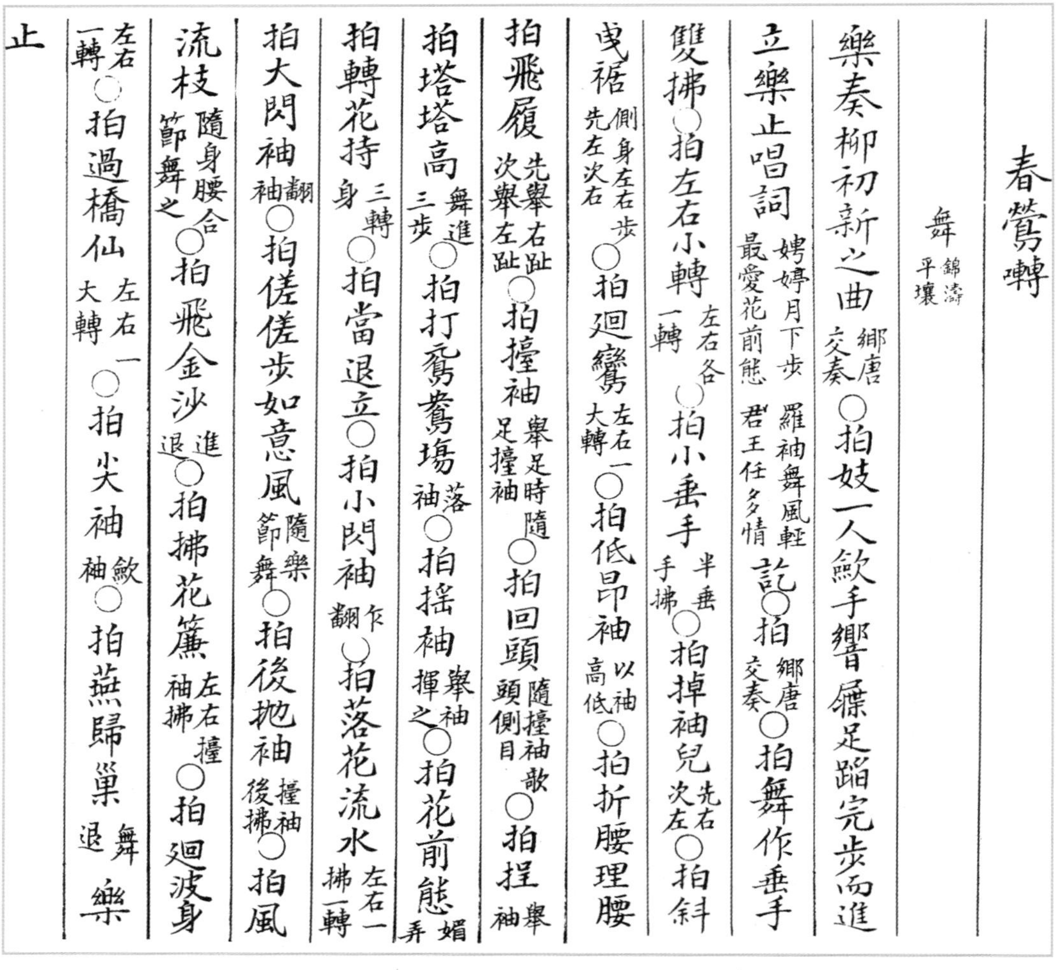

春鶯囀 舞 錦濤 平壤

樂奏柳初新之曲 鄕唐交奏 ○拍妓一人斂手響屧足蹈完步而進

立樂止唱詞 娉婷月下步 羅袖舞風輕 最愛花前態 君王任多情 訖○拍 鄕唐交奏 ○拍舞作垂手

雙拂○拍左右小轉 左右各一轉 ○拍小垂手 半垂手拂 ○拍掉袖兒 先右次左 ○拍斜

曳裾 側身左右步 先左次右 ○拍廻鸞 左右一大轉 ○拍低昂袖 以袖高低 ○拍折腰理腰

拍飛履 先擧右趾 次擧左趾 ○拍㨖袖 擧足時隨足㨖袖 ○拍回頭 隨㨖袖歆頭側目 ○拍捏 擧袖

拍塔塔高 舞進三步 ○拍打鴛鴦場 落袖 ○拍搖袖 擧袖揮之 ○拍花前態 媚弄

拍轉花持 三轉身 ○拍當退立○拍小閃袖 飜袖 ○拍落花流水 左右一拂一轉

拍大閃袖 飜袖 ○拍傞傞步如意風 隨樂節舞 ○拍後拋袖 㨖袖後拂 ○拍風

流枝 隨身腰合節舞之 ○拍飛金沙 進退 ○拍拂花簾 左右㨖袖拂 ○拍廻波身

左右一轉 ○拍過橋仙 左右一大轉 ○拍尖袖 斂袖 ○拍燕歸巢 舞樂退

止

• 도6-7 춘앵전 홀기, 고종 계사, 『정재무도홀기』

이 춤은 조선의 마지막 무동인 김천흥에 의해 재현되고 추어진 이후 지금까지 전해지고 있다. 다음은 저자가 1997년 故김천흥에게 사사받은 춘앵전의 홀기 분석 및 춤사위에 대해 기술해보고자 한다.

春鶯囀(춘앵전)

① 舞(무)

錦渡 平壤(금도 평양)

: 춤은 평양 기생 금도가 추었다.

② 樂奏柳初新之曲 鄕唐交奏(악주유초신지곡 향당교주)

: 음악은 유초신지곡이 연주되며, 향당교주이다.

〈상영산〉

③ ○拍 妓一人斂手響屧足蹈(박 기일인염수향섭족도)

: 박을 치면 나막신을 신은 기생 1인이 염수하고 향섭족도하여

完步而進立(완보이진립)

: 천천히 걸어서 앞으로 나아가 선다.

④ 樂止唱詞(악지창사)

: 음악이 끝나면 창사를 한다.

娉婷月下步 (빙정월하보) 달빛 아래 흘러가듯 아름답고 고운 걸음
羅袖舞風輕 (나수무풍경) 비단소매춤을 추니 바람보다 가볍구나
最愛花前態 (최애화전태) 사랑스런 그 자태는 꽃 앞에 서 있는 듯
君王任多情 (군왕임다정) 임금님도 다정하게 그 눈길을 맡기시네

⑤ 訖(흘)

: 창사가 끝난다.

⑥ ○拍 鄕唐交奏(박 향당교주)

: 박을 치면 향당교주가 연주된다.

⑦ ○拍 舞作垂手雙拂(박 무작수수쌍불)

: 박을 치면 수수쌍불 한다(두 손을 옆으로 벌려서 뿌린다).

⑧ ○拍 左右小轉: 左右各一轉(박 좌우소전: 좌우각일전)

: 박을 치면 좌우소전 한다(오른쪽으로 45도, 90도 작게 이동하고 왼쪽으로 45도, 90도 작게 이동한다).

⑨ ○拍 小垂手: 半手半拂(박 소수수: 반수반불)

: 박을 치면 소수수 한다(팔을 들어 머리 위로 접은 후 오른팔을 뿌리고 왼팔을 뿌려내린다).

⑩ ○拍 掉袖兒: 先右次左(박 도수아: 선우차좌)

: 박을 치면 도수아 한다(오른팔 먼저 어깨 위에 얹고 왼팔을 얹는다).

〈세령산〉

⑪ ○拍 斜曳裾: 側身左右步 先左次右(박 사예거: 측신좌우보 선좌차우)

: 박을 치면 사예거 한다(오른발 옆걸음으로 가면서 오른팔을 뿌리고, 왼발 옆걸음으로 가면서 왼팔을 뿌린다).

⑫ ○拍 回鸞: 左右一大轉(박 회란: 좌우일대전)

: 박을 치면 회란 한다(좌우로 한 번씩 크게 돈다).

〈도드리〉

⑬ ○拍 低昂袖: 以袖高低(박 저앙수: 이수고저)

: 박을 치면 이수고저 한다(양팔을 동시에 왼쪽으로 뿌려 오른팔은 어깨 위로, 왼팔은 어깨 밑으로 뿌린다).

⑭ ○拍 折腰理腰(박 절요이요)

: 박을 치면 절요이요 한다(양팔을 염수하고 무릎을 구부리면서 오른발 중심으로 사선 앞으로 밀고, 왼발 중심으로 사선 뒤로 민다).

⑮ ○拍 飛履: 先擧右趾 次擧左趾(박 비리: 선거우지 차거좌지)

: 박을 치면 비리 한다(오른발을 앞으로 짚으며 오른팔을 사선 위로 뿌리고, 왼발을 뒤로 짚으며 왼팔을 사선 위로 뿌린다).

⑯ ○拍 擡袖: 擧足時隨足擡袖(박 대수: 거족시수족대수)

: 박을 치면 대수 한다(앞발 중심으로 오른팔을 머리 위로 얹은 다음 왼팔을 머리 위로 얹고, 뒷발 중심으로 오른팔을 머리 위로 얹었다가 뿌려 내린다).

⑰ ○拍 回頭: 隨擡袖欹頭側目(박 회두: 수대수의두측목)

: 박을 치면 회두 한다(오른쪽으로 시선을 돌리면서 사선 밑으로 한삼을 돌려 뿌린 다음, 왼쪽으로 시선을 돌리면서 사선 밑으로 한삼을 돌려 뿌린다).

⑱ ○拍 桯(박 정)

: 박을 치면 정 한다(양팔을 천천히 들어올린다).

⑲ ○拍 塔塔高: 舞進三步(박 탑탑고: 무진삼보)

: 박을 치면 탑탑고 한다(탑을 오르듯이 앞으로 세 걸음 걸어나가면서 두 팔을 사선 밑에서 사선 위로 올려 뿌린다).

〈자진 도드리〉

⑳ ○拍 打鴛鴦場: 落袖(박 타원앙장: 낙수)

: 박을 치면 타원앙장 한다(원앙이 날개를 펼쳤다 접듯이 양손을 들고 머리 위로 뿌려 내린다).

㉑ ○拍 搖袖: 擧袖揮之(박 요수: 거수휘지)

: 박을 치면 요수 한다(오른발 앞 중심으로 이수고저 하고, 왼발 뒷 중심으로 이수고저 하며, 다시 오른발 앞 중심으로 이수고저 하면서 오른팔을 옆으로 돌려 위로 뿌린다).

㉒ ○拍 花前態: 媚弄(박 화전태: 미롱)

: 박을 치면 화전태 한다(머리 위로 양팔을 뿌려 내리면서, 오른발 → 왼발 →

오른발 → 왼발 중심으로 이동한 다음, 오른발 짚어 왼발을 들면서 살짝 하얀 이를 보이며 미소 짓는다).

㉓ ○拍 轉花持: 三轉身(박 전화지: 삼전신)

: 박을 치면 전화지 한다(바람에 날려 도는 꽃잎을 잡으려는 듯, 오른발부터 오른쪽으로 90도씩 한 바퀴 돌고, 왼쪽 → 오른쪽으로 각각 한 바퀴 돌아 제자리에서 여민다).

㉔ ○拍 當退立(박 당퇴립)

: 박을 치면 뒤로 물러선다.

<u>〈타령〉</u>

㉕ ○拍 小閃袖: 乍翻(박 소섬수: 사번)

: 박을 치면 소섬수 한다(양팔을 어깨높이로 들어 앞으로 전진하며 오른손을 머리 위로 얹는다).

㉖ ○拍 落花流水: 左右一拂一轉(박 낙화유수: 좌우일불일전)

: 박을 치면 낙화유수 한다(흐르는 물에 떨어지는 꽃잎처럼, 오른발부터 오른손을 뿌리면서 돌고, 왼손을 머리 위로 얹어 왼쪽으로 왼손을 뿌리면서 돈다).

㉗ ○拍 大閃袖: 翻袖(박 대섬수: 번수)

: 박을 치면 대섬수 한다(이수고저를 한 장단에 두 번씩 앞 중심 → 뒷 중심으로 한다).

㉘ ○拍 傞傞步如意風: 隨樂節舞(박 사사보여의풍: 수악절무)

: 박을 치면 사사보여의풍 한다(바람에 날리듯 걸으며, 이수고저 하면서 후퇴 → 전진한다). (각 두 장단)

㉙ ○拍 後抛袖: 擡袖後拂(박 후포수: 대수후불)

: 박을 치면 후포수 한다(오른팔을 앞으로 돌려 머리 위로 양손을 감아 뿌려 내린다).

㉚ ○拍 風流枝: 隨身腰合節舞之(박 풍류지: 수신요합절무지)

: 박을 치면 풍류지 한다(바람에 흔들리는 나뭇가지처럼, 양손을 뒤로 모아 오른발 앞 중심으로 굴신하고, 왼발 뒷 중심으로 굴신하여 제자리로 오면서 수수무 한다).

㉛ ○拍 飛金沙: 進退(박 비금사: 진퇴)

: 박을 치면 비금사 한다(금빛 모래가 날리듯이, 양손을 뒤로 모아 뒤로 두 장단 후퇴하고 앞으로 두 장단 전진한다).

㉜ ○拍 拂花簾: 左右擡袖拂(박 불화렵: 좌우대수불)

: 박을 치면 불화렵 한다(오른팔을 뿌려 머리 뒤로 감고, 왼팔을 뿌려 머리 뒤로 감고, 다시 오른팔을 뿌려 감으며 대수한다).

㉝ ○拍 廻波身: 左右一轉(박 회파신: 좌우일전)

: 박을 치면 회파신 한다(물결이 돌 듯, 오른쪽으로 오른발부터 짚으며 90도씩 한 바퀴 돌고 왼쪽으로 한 바퀴 돈다).

㉞ ○拍 過橋仙: 左右一大轉(박 과교선: 좌우일대전)

: 박을 치면 과교선 한다(신선이 다리를 건너듯이, 오른쪽 → 왼쪽으로 각각 크게 한 바퀴 돈다).

㉟ ○拍 斂袖: 尖袖(박 염수: 첨수)

: 박을 치면 염수 한다(양손을 앞으로 모은다).

㊱ ○拍 燕歸巢: 舞退(박 연귀소: 무퇴)

: 박을 치면 연귀소 한다(제비가 둥지로 돌아가듯 오른발부터 후퇴한 후, 양팔을 어깨높이로 벌리고 양손을 모은다).

㊲ 樂止(악지)

: 음악을 멈춘다.

무산향

무산향(舞山香)은 순조 28년에 창제된 향악정재로, 연경당에서 열린 진작(進爵) 때 추어졌으며 창사는 효명세자가 예제했다. 이는 정재 중 춘앵전과 함께 독무로 추어지며 대모반(玳瑁盤) 위에서 추는 것이 특징이다. 무산향은 향당교주(鄕唐交奏)[9]에 맞춰 추며, 춘앵전의 춤사위보다 비교적 동적이고 다양한 구조를 지니고 있다. 무산향에 대한 기록은 다음과 같다.

> 演慶堂 進爵時 呈才各差備, 執事樂師 金昌河, 舞山香 呈才 舞童舞一 金亨湜。[10]

> 연경당에서 임금에게 술잔을 받들어 올릴 때 정재는 각기 채비를 하는데, 집사악사는 김창하이며, 무산향의 정재무동은 무일(舞一) 김형식이었다.

> 萬慶殿 進饌時 殿庭軒架樂工, 內吹, 殿上樂工, 呈才女伶 各 差備。[11]

> 만경전에서 임금에게 술잔을 올릴 때 전각의 뜰에서 악공과 내취(內吹)는 헌가하고, 전상(殿上)의 악공과 정재하는 여령은 제각기 차비(差備)를 한다.

• 도6-8 무산향, 순조 무자, 『진작의궤』

• 도6-9 무산향(국립국악원 제공)

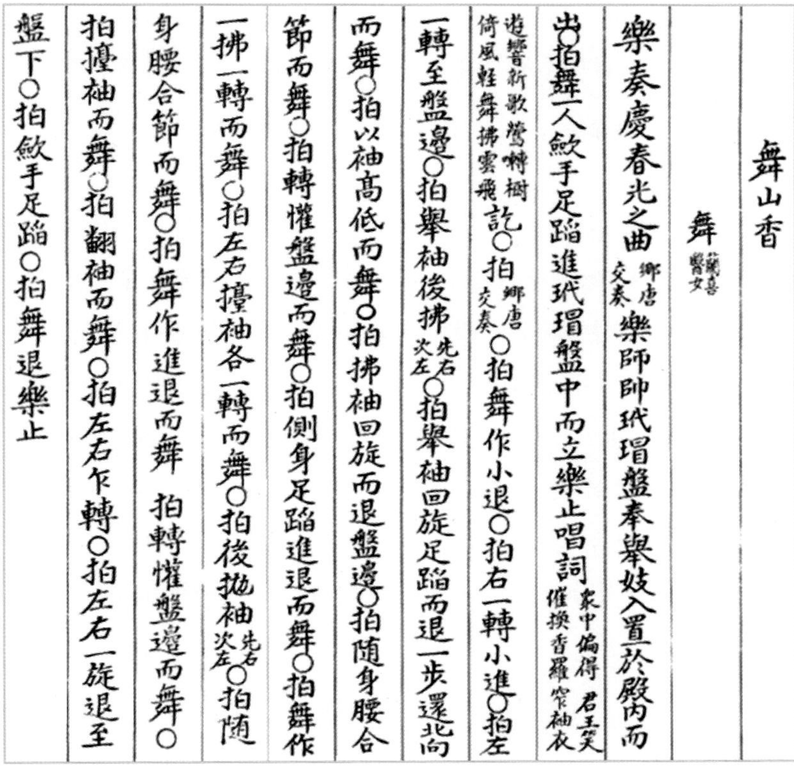

舞山香

舞 蘭喜 醫女

樂奏慶春光之曲 鄉唐交奏 樂師帥玳瑁盤奉擧妓入置於殿內而

出○拍舞一人斂手足蹈進玳瑁盤中而立樂止唱詞 衆中偏得君王笑 催換香羅窄袖衣 遊響新歌鶯囀樹 倚風輕舞拂雲飛 訖○拍 鄉唐交奏 ○拍舞作小退○拍右一轉小進○拍左

一轉至盤邊○拍擧袖後拂 先右次左 ○拍擧袖回旋足蹈而退一步還北向

而舞○拍以袖高低而舞○拍拂袖回旋而退盤邊○拍隨身腰合

節而舞○拍轉懽盤邊而舞○拍側身足蹈進退而舞○拍舞作

一拂一轉而舞○拍左右擡袖各一轉而舞○拍後拋袖 先右次左 ○拍隨

身腰合節而舞○拍舞作進退而舞 拍轉懽盤邊而舞○

拍擡袖而舞○拍翻袖而舞○拍左右乍轉○拍左右一旋退至

盤下○拍斂手足蹈○拍舞退樂止

• 도6-10 무산향, 고종 계사, 『정재무도홀기』

이는 각각 순조 28년, 고종 24년의 기록으로, 이를 통해 무산향은 순조 대에 처음으로 무동에 의해 추어졌음을 알 수 있다. 궁중잔치에서 연희되었던 무산향은 남성적인 호방함이 드러나는 춤사위로 이루어져 있다. 무산향의 창사는 효명세자에 의해 예재되었으며 이는 칠언 한시(漢詩)로 구성되어 있다. 『정재무도홀기』에 기록된 무산향과 그 창사의 내용은 다음과 같다.

衆中偏得君王笑 (중중편득군왕소) 여럿 속에 그를 보고 임금님이 웃으시니

催換香羅窄袖衣 (최환향라착수의) 서둘러 향기로운 비단 좁은 소매 옷 바꿔 입고

遊響新歌鶯囀樹 (유향신가앵전수) 꾀꼬리 노래하듯 새롭게 노래하며

倚風輕舞拂雲飛 (의풍경무불운비)[12] 바람 따라 구름이 날아가듯 춤을 추네

가인전목단

가인전목단(佳人剪牧丹)은 순조 28년(1828) 진작(進爵)에서 효명세자가 처음 선보인 춤으로 '아름다운 사람이 목단을 꺾는다'라는 뜻을 지닌다. 춤은 중국 송나라 태조 대에 도곡(陶穀)이라는 한림학사가 제작한 가인전목단의 내용을 빌려 창작되었다. 이는 무대 중앙의 꽃병에 목단을 꽂아놓고 그 꽃을 꺾으면서 즐기는 춤이다. 여령이 출 때는 10명 또는 12명이 추며, 무동이 출 때는 8명이 춘다는 점에서 무원의 구성이 유동적으로 이루어졌음을 알 수 있다. 음악은 함녕지곡(咸寧之曲)[13]이 연주되며, 좌우 두 대로 나누어선 무기

• 도6-11 가인전목단, 순조 기축, 『진찬의궤』

• 도6-12 가인전목단, 토요명품공연, 2015, 국립국악원 우면당(국립국악원 제공)

(舞妓)들이 모두 나아가 창사를 부른다.

萬朶先開照殿紅 (만타선개조전홍) 만 떨기 꽃 피어나니 궁전 빛이 붉어지고
姚黃魏紫妬玲瓏 (요황위자투영롱) 노란 모란, 자색 모란 영롱함을 시샘하며
新翻玉笛淸平樂 (신번옥적청평악) 옥피리는 청평악을 새롭게 울리는데
別樣仙香撲蝶風 (별량선향박접풍)[14] 신선 세계 향기 속에 나비춤을 추는구나

춤은 좌대는 밖으로, 우대는 안으로 도는 교선무(交旋舞)를 추고, 좌우 양대가 엇바꾼 다음 화준을 둘러서서 원화무(圓花舞)를 춘다. 또한 꽃을 향해 추는 향화무(向花舞), 꽃을 등지고 서서 추는 배화무(背花舞), 꽃을 어르는 농화무(弄花舞)가 진행된다. 그리고 꽃을 집어들고 추는 집화무(執花舞)와 꽃을 꺾어들고 도는 회선무(回旋舞)가 이어진 다음 처음 대열로 돌아간다.

1910년 한일합병 이후 단절될 위기에 놓였던 이 춤은 1923년 3월 순종의 오순(五旬) 탄신 기념 연회와 1930년 7월 영친왕 내외의 환국을 기념하는 연회에서 재현되었다는 기록이 있다.[15]

춘대옥촉

춘대옥촉(春臺玉燭)은 순조 대에 효명세자에 의해 창제된 정재로 순조 28년(1828) 6월에 거행된 연경당진작(演慶堂進爵)에서 처음 추어졌다. 『진작의궤』의 기록에 의하면 춘대옥촉의 기원은 송나라 태종이 만든 소석조(小石調)라는 악곡을 가져와 '옥촉'으로 명명한 것에서 비롯되었다.[16]

睿製春臺玉燭 宋太宗親製小石調登春臺圖書集成隋書律曆志。宋錢樂之用京房之術冬至之聲 黃鍾爲宮一部三十四律有玉燭之名設輪臺於臺上舞童四人執寶

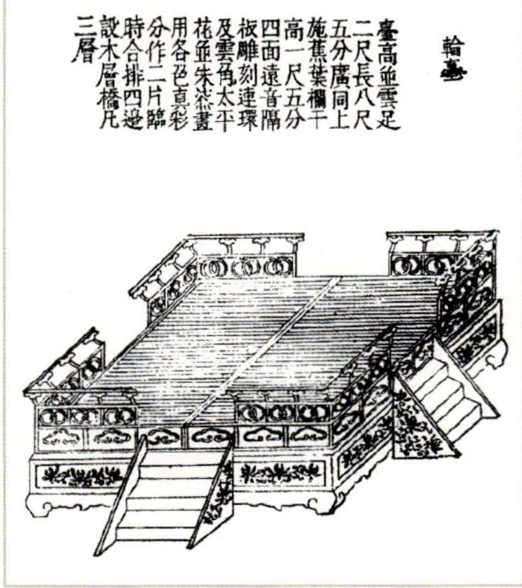

• 도6-13 춘대옥촉, 순조 무자, 『진작의궤』

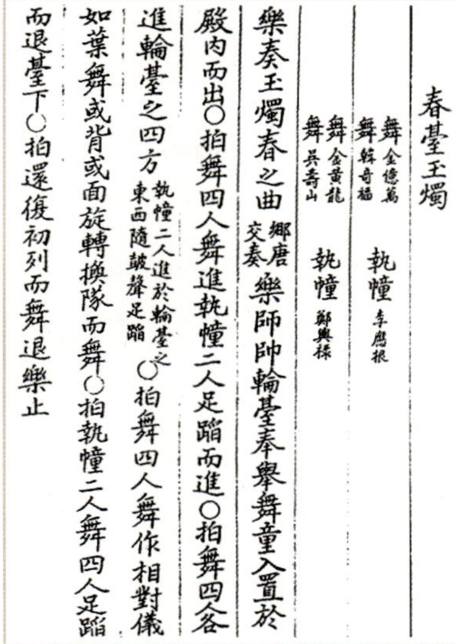

春臺玉燭

舞 金德萬 舞 韓奇福 執幢 李鳳根
舞 金貴龍 舞 吳壽山 執幢 鄭興祿

樂奏玉燭春之曲 鄉唐交奏 樂師帥輪臺奉擧舞童入置於殿內而出○拍舞四人舞進執幢二人足蹈而進○拍舞四各進輪臺之四方 執幢二人進於輪臺之東西隨鼓聲足蹈 ○拍舞四人舞作相對儀如葉舞或背或面旋轉換隊而舞○拍執幢二人舞四人足蹈而退臺下○拍還復初列而舞退樂止

• 도6-14 춘대옥촉, 고종 계사, 『정재무도홀기』

燈三人在前一 人在後互相族轉而舞二人執幢在其後分左右北向立。[17]

춘대옥촉은 송나라 태종이 친히 만든 춤으로 『도서집성圖書集成』, 『수서』 「율력지律曆志」에 의하면 처음에는 '소석조(小石調)'라는 악곡으로 되어 있던 것이다. 이 기록에 따르면 경방에서의 동지의 음은 황종궁 1부 34율로 되어 있는 곡이며 이름을 옥촉이라 했다. 이 춤은 윤대 위에서 4인이 보등을 들고 춤을 추며, 집당을 든 2인은 동서로 나뉘어 춤을 춘다. 윤대 위의 무 4인 중 보등을 잡은 3인은 앞에서, 1인은 뒤에서 서로 마주보고 돌면서 춤을 추고, 집당을 든 2인은 그 뒤에 좌우로 나뉘어 서서 북쪽을 향해 서 있는다.

춘대옥촉은 보등(寶燈)을 든 무인(舞人) 4인과 집당(執幢)을 든 2인으로 구성되며, 정재 중 유일하게 윤대(輪臺) 위에서 보등을 들고 추는 것이 특징이다. 춘대옥촉의 무구인 보등과 집당에 관한 자세한 설명은 전해지지 않으나 『진작의궤』의 악기도에 간단하게 기록되어 있다. 춘대옥촉의 창사 내용과 복식은 다음과 같다.

綺席光華, 盛宴初張。麗日舒長, 仙來朝。(執幢進口號)

寶臺高星彩, 燈光點點紅。賀聖壽雲韶, 天樂聲聲慢。(執燈唱詞)

法樂將終, 拜辭華筵, 仙鶴欲返, 遙指雲程。(執幢退口號)[18]

비단처럼 아름다운 자리 펴고 성대하게 잔치를 열려 하니 고운 햇살 멀리 멀리 퍼져나가고 신선들도 모여들며 조회하네. (집당을 들고 나아가며 부른다.)

보대에는 높은 별이 밝게 빛나고, 등불 빛은 점점마다 붉게 물들며 임금님을 축수하는 운소의 가락, 하늘 음악 소리소리 느긋하구나. (보등을 들고 창사한다.)

한없는 즐거움을 아쉬워하며 화연에 절하고 물러나는데, 학을 탄 신선도 돌아가려고 구름 가는 먼 길을 가리키는구나. (집당을 들고 물러나며 부른다.)

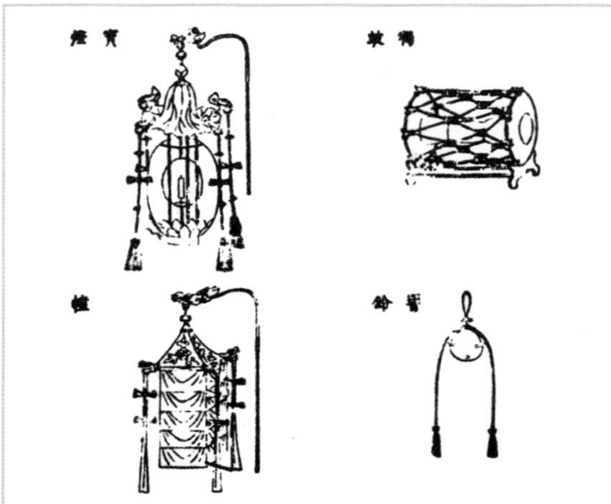

• 도6-15 악기도, 순조 무자, 『진작의궤』

• 도6-16 춘대옥촉, 김명숙 늘휘무용단, 1999, 국립국악원 예악당

舞童戴珠翠金冠, 着紫羅袍白質黑 中單衣藍質紅。裳藍紗帶白羽護領白羽。掩腰鶴頂帶飛頭履。[19]

무동은 주취금관을 쓰고, 흰색 바탕에 검은 선이 있는 자라포를 입고, 가운데 홑옷은 쪽빛 바탕에 붉은 선을 두른다. 치마는 쪽빛 비단에 흰 깃털로 된 띠를 두르고 목깃은 흰색 깃털로 감싼다. 허리는 학정대(鶴頂帶)로 가리고 신발은 비두리(飛頭履)를 신는다.

춘대옥촉은 명칭만 전하고 없어졌던 것을 1996년 규장각에서 홀기를 찾아 1997년 김천홍의 지도로 국립국악원 우면당에서 김명숙 늘휘무용단이 처음으로 재현했으며, 그 후 1999년 창사를 보충하여 국립국악원 예악당에서 다시 재현되었다. 2004년에는 이홍구의 재현으로 국립국악원 무용단에 의해 다시 공연되었다.

보상무

• 도6-17 보상무, 순조 기축, 『진찬의궤』

보상무(寶相舞)는 순조 28년(1828) 효명세자에 의해 창제된 향악정재이다. 보상무의 춤의 형식과 창사의 내용은 포구락과 유사하다. 먼저 보상반(寶相盤)이라는 둥근 상 중앙에 연화(蓮花) 항아리를 놓고 꽃을 든 여령 1인이 반(盤)의 동쪽에, 필(筆)을 든 여령 1인이 반의 서쪽에 선다. 그다음 무원 6인이 3대(三隊)로 나뉘어 차례대로 채구(彩毬)를 반의 가운데에 던진다. 반에 채구를 넣으면 상으로 꽃을 주고, 넣지 못하면 벌로 뺨에 먹점을 찍는다.

음악은 태령지곡(太寧之曲)을 향당교주로 연주하고, 박을 치면 여령 6인이 좌우로 나뉘어 다 같이 창사한다.

翠幕華筵耀瑞日 (취막화연요서일) 비취 장막 화연에는 상서로운 해 비추고
綺羅千隊好新粧 (기라천대호신장) 줄지은 사람들은 비단 차림 단장하여

1대 기녀들이 춤추며 나아가 공을 희롱하면, 2·3대는 염수하며 서 있는

다. 공을 들고 일어서서 음악이 그치면 다음과 같이 창사한다.

五雲樓閣聞仙樂 (오운루각문선악) 오색 구름 누각에는 신선 음악 들려오며
百寶欄干拂霓裳 (백보란간불예상) 온갖 보배 난간에는 무지개 옷 휘날린다

다시 1대가 공을 희롱하면서 반 위에 공을 던져, 이것이 들어가면 꽃을 주고, 들어가지 못하면 뺨에 먹점을 칠한다. 1대가 끝나면 2대가 등장하여 창사한다.

錦帳初開彩袖色 (금장초개채수색) 비단 휘장 젖히며 채색 소매 펄렁대고
玉簾且捲繡毬香 (옥렴차권수구향) 옥빛 주렴 걷히니 수구가 향기롭네

2대 또한 이전과 같은 절차로 진행되며, 3대가 등장하여 다음과 같이 창사한다.

花間簫鼓莫催曲 (화간소고막최곡) 꽃 사이의 북과 피리 악곡을 재촉 말라
只恐花身落舞場 (지공화신락무장) 꽃잎이 무대 위로 떨어질까 걱정이네

3대 또한 앞의 대와 같고, 이후 6인이 모두 나와 춤을 추다가 음악이 그친다.

장생보연지무

장생보연지무(長生寶宴之舞)는 당악정재로 유입되어 순조 29년(1829)에 새롭게 창제되었다. 이는 효명세자가 중국 송나라 대의 기성절(基聖節)에 쓰이

• 도6-18 장생보연지무, 순조 기축, 『진찬의궤』

던 '장생보연지악'을 참고하여 만든 것이다.[20] 이는 헌종 14년(1848)에 '장춘보연지무(長春寶宴之舞)'로 불리다가 고종 14년(1877)에 다시 '장생보연지무'로 명명되었다.[21] 춤은 죽간자 2인과 원무 5인으로 구성되며, 궁중정재 중에서 대형의 변화가 가장 많은 화려한 춤으로 평가되고 있다.

장생보연지무의 특징은 제1변에서 제9변까지 상대무(相對舞), 수수무(垂手舞), 상배무(相背舞), 산작화무(散作花舞), 오방무(五方舞), 사선무(四仙舞) 등으로 다양한 변화가 나타난다는 점이다. 이 춤은 1982년 국립국악원에 의해 재현되었다. 장생보연지무의 '수악절창사(隨樂節唱詞)'[22]는 보허자[23]에 맞춰 여령 혹은 무동에 의해 불리며 그에 따른 창사는 다음과 같다.

前段	(전단)	
天門海日先紅	(천문해일선홍)	바다에서 뜨는 해가 붉게 비추고
絳紗玉斧	(강사옥부)	붉은 비단 옥도끼에
瑞氣怡融	(서기이융)	상서로운 기운이 어리었네
承天嘉奏天樂	(승천가주천악)	하늘을 받들어 아름다운 천악을 연주하니
金鳳銀鵝一叢叢	(금봉은아일총총)	금봉황과 은거위가 가지런히 총총하네
揚蘭蒲舞廻波	(양란포무회파)	난초 잎이 흩날리듯 춤의 물결 돌아가며
靡靡柳澹澹風	(세세유담담풍)	버들처럼 하늘대고 바람같이 살랑이네

後段	(후단)	
九重春色蟠桃宴	(구중춘색번도연)	구중 궁궐 봄빛 속에 번도연 잔치 열고
羅衫葉葉舞一遍	(나삼엽엽무일편)	비단 적삼 나풀대며 춤사위를 펼치다가
再拜陳三願	(재배진삼원)	두 번 절하고 세 번 원하오니
一願 聖壽無疆	(일원 성수무강)	첫째는 성수무강이오
二願 朝野淸晏	(이원 조야청연)	둘째는 조야가 맑게 평안하며
三願 勻天樂	(삼원 내천악)	셋째는 균천악을 울리며
老萊衣 歲歲年年	(노래의 세세년년)	노래자의 옷을 입고 세세년년
此盃獻	(차배헌)	이 잔을 올리는 것입니다

최화무

최화무(催花舞)는 순조 29년(1829)에 당악정재의 양식을 도입하여 제수창, 연백복지무, 장생보연지무와 함께 창제된 정재이다. 당시 『진작의궤』의 기록은 다음과 같다.

『圖書集成』 宋太宗親製小石調, 九催花發[24]

• 도6-19 최화무, 순조 무자, 『진작의궤』

『도서집성』에 송나라 태종(太宗)이 직접 창제한 소석조(小石調)의 아홉 번째가 최화발(催花發)이다.

꽃피는 화창한 봄을 찬미하는 최화무는, 죽간자의 구호와 중무(中舞)의 치어로 춤이 시작되고 끝난다. 최화무의 협무 창사 중 금도초전사(金刀初剪詞)는 육화대(六花隊)의 이념시(二念詞)를 가져온 것이며, 죽간자의 후구호도 육화대의 후구호를 바탕으로 지어진 것이다. 음악은 보허자령과 향당교주가 연주되고, 협무의 창사는 오언 또는 칠언의 한시로 구성되며 그 내용은 다음과 같다.

清曉牧丹芳 (청효목단방) 맑은 날 아침 모란의 향기가 나니
乍点錦江春 (사점금강춘) 금강의 봄 생각을 잠시 했는데
紅艶疑金蘂 (홍염의금예) 붉고도 아름다워 국화꽃인가
永認笙歌地 (영인생가지)[25] 생황 불던 그 노래를 잊지 못하리

2. 민속춤의 발전

민속춤은 개인의 사상과 감정을 통해 창작한 춤이다. 이 춤의 특징은 즉흥성에 있으며, 춤의 내용은 개인의 소박한 생활 감정이나 공동체 의식을 표현하는 것이다. 또한 정해진 형식보다 개인의 개성대로 즉흥적으로 표현할 수 있는 춤으로, 서민들의 한과 멋, 흥을 느낄 수 있다. 이 절에서는 민속춤의 발전 양상을 살펴보기 위해 크게 예인무와 가면무로 나누어 그 특징을 살펴보기로 한다.

예인무

예인무(藝人舞)는 직업적인 전문예능인들이 추는 고도로 다듬어진 춤으로, 기교적이며 본인의 예술 세계를 오롯이 나타내는 춤이라 할 수 있다. 예인무는 보편적으로 개인의 예능을 보여주는 개인춤(홀춤)의 형식을 지니며, 대부분 국가무형문화재로 지정되어 있다. 예인무의 대표적인 춤으로는 승무, 살풀이춤, 태평무 등이 있다.

승무

예인무의 정수라 평가되는 승무(僧舞)는 예술사적으로도 가치를 인정받아 국가무형문화재 제27호로 지정되어 있으며, 대표적으로 한영숙류와 이매방류 승무로 이어져 전승되고 있다. 승무의 유래와 관련해서는 불교에서 유래되었다는 설과 황진이로부터 비롯되었다는 설, 파계승의 번뇌에서 기원했다는 설, 그리고 탈춤의 노장 과정에서 유래되었다는 설 등 다양하다.

승무의 음악 구성은 '염불 → 자진염불 → 타령 → 자진타령 → 굿거리 → 자진굿거리 → 굿거리 → 북놀이'의 순으로 진행된다. 긴 장삼을 장중하게 휘두르는 장삼놀이와 마지막 부분에서 행해지는 북가락이 특징적인 이 춤은, 조지훈 시인의 명시 '승무' 중 도입 부분의 "얇은 사(紗) 하이얀 고깔은 고이 접어서 나빌레라. 파르라니 깎은 머리 박사(薄紗) 고깔에 감추오고…"라는 구절을 통해서도 알 수 있듯이 가녀린 여인이 마음속 한을 감추고 승무 한 자락을 펼쳐 보이는 듯한 이미지를 떠올리게 한다.

한영숙류 승무는 정중동(靜中動)의 미가 특징적인 춤으로, 정적인 움직임 가운데 뿌려지는 장삼의 선이 우아하고 품위 있게 나타난다. 또한 무한대로 뻗어가는 듯한 유동적인 춤사위는 곡선을 형성해 정중동의 미를 더욱 극적으로 드러낸다.[26]

• 도6-20 승무, 한영숙, 국가무형문화재 제27호
(한영숙춤보존회 회장 이애주 제공)

• 도6-21 승무, 이매방, 국가무형문화재 제27호
(국립무형유산원 제공)

한영숙류 승무의 무복은 흰색, 자주색, 청색, 적색, 황색 등으로 구성되어 있다. 무복 중 고깔과 장삼은 흰색 대신 검은색을 착용하기도 한다. 반주 음악의 구성에 있어 과거에는 한영숙에 의해 당악 장단이 포함되었으나 현재는 전승되지 않고 있다. 승무의 춤사위는 한쪽 방향으로 구성되어 있으며, 한성준의 승무를 계승하여 단아하면서도 깨끗한 춤사위가 특징적이다. 또한 한국춤의 전통적인 멋과 격조를 잘 드러낸다.

이매방류 승무는 호남류로, 북가락, 세찬 장삼놀음, 빼어난 발디딤새가 장관을 이루는 품위와 격조가 높은 춤이다. 특히 동적인 움직임 가운데 뻗어지는 장삼자락과 기교적이면서도 동적인 춤사위가 특징적이다. 또한 대삼–소삼의 특징적인 호흡은 북가락으로 이어져 독특한 아름다움을 드러낸다. 승무의 힘차고 호화로운 장삼놀음, 춤의 경건함을 밟아가는 듯 매서운 발디딤새, 가슴을 울리고 영혼마저 뒤엎어버릴 듯 세차고 풍요하면서도 멋들어진 북놀음[27]은 보는 이 모두의 심금을 울리는 예(藝)의 최고 경지를 보여준다.

이매방류 승무의 무복은 청색, 적색, 황색, 백색, 흑색 등 오방색을 기본으로 구성되어 있다. 반주 음악으로 사용되었던 호남제 승무 음악은 사라졌으며 현재는 경기제 승무 음악이 사용되고 있다. 춤사위는 한쪽 방향이 아닌 사방(四方)춤으로 구성되어 있어 춤사위가 복합적이면서도 다양하다.[28] 또한 목포 권번의 춤 선생이었던 이대조(李大祚)로부터 전수받은 기방예술로서의 아름다움이 두드러지는 춤이다.

살풀이춤

살풀이춤은 '액을 풀어낸다'는 뜻을 지닌 춤으로 나쁜 기운을 풀어내기 위해 추는 춤이다. 이 춤은 예술사적인 가치를 인정받아 국가무형문화재 제97호로 지정되었으며, 대표적으로 한영숙류와 이매방류 살풀이춤, 그리고 경기도당굿에서 파생된 김숙자류 도살풀이춤으로 이어져 전승되고 있다.

살풀이춤은 '살풀이'와 '춤'이라는 두 단어가 결합된 복합어이며, 동시에 '살풀이'는 '살'과 '풀이'라는 두 단일어로 나뉜다. 즉 살풀이춤은 '살', '풀이', '춤'의 세 단일어로 나누어서 그 의미를 살펴볼 수 있다.[29] 우선 살풀이춤은 흰색 명주 수건을 들고 추는 백색 이미지의 춤으로 한국의 대표적 미의식인 한(恨)이 가장 극명하게 드러나는 춤이다. 또한 한국춤의 특징인 정중동의 미와 음양의 조화를 구현하고 있는 춤이기도 하다. 우수에 젖은 듯한 움직임과 함께 공간 속에서 그려내는 명주 수건의 흐름이 아름다운 조화를 이루어낸다.

살풀이춤은 무속 의식인 굿판의 마지막에 행해졌다는 설이 있으며, 세월의 흐름에 따라 기녀들에 의해 예술적·기교적으로 다듬어져 즉흥춤의 하나로 기방에서 행해졌다. 이후 1930년경 한국 민속춤을 집대성한 한성준에 의해 '살풀이춤'으로 명명되어 무대화되었다.

살풀이춤의 음악을 구성하는 살풀이장단은 '시나위'[30]의 기본이 되는 장단이다. 이는 타악기(북, 장고, 징)와 관현악기(대금, 해금, 피리)로 연주하는 것이 원칙이나, 현재는 현악기(아쟁, 가야금, 거문고)가 더해져 연주되기도 하며 구음(口音)이 함께 나타난다. 시나위는 경기도(남부)·전라도·충청도 지역에 한하여 전승되고 있다. 시나위 가락은 모두 판소리 및 계면조 가락과 유사하며 경기도 지역의 시나위곡은 그중 평계면조, 전라도 지역의 시나위곡은 진계면조에 가깝다.[31]

살풀이춤을 대표하는 한영숙류와 이매방류, 그리고 김숙자류 살풀이춤의 특징은 현저히 다르게 나타난다. 한영숙류 살풀이춤은 호흡으로 어르는 춤사위가 내면의 신명을 승화시킨다. 또한 멈춤을 통해 드러나는 여백의 미와 함께 치마폭 사이로 살짝 비치는 하얀 버선발은 한영숙류 살풀이춤만의 우아한 멋을 드러낸다. 엇박에 맞춰 내면의 기운을 쌓아가는 춤사위와 그 특유의 즉흥성을 통해 담백하면서도 정제된 아름다움을 느낄 수 있다. 또한 마음속 깊이 맺힌 한을 밖으로 표출하기보다는 오히려 가슴으로 끌어모아 승화시키려는 '아련미'와 고도로 정리된 단아한 동작에서 나오는 '담백함'이 묘미라 할 수 있다.[32] 한영숙류 살풀이춤의 무복으로는 흰색 치마저고리를 입고 흰색 명주 수건을 든다. 이 춤의 춤사위는 담백하고 정적이며 춤사위의 연결이 점차 극적으로 진행된다. 춤의 종결부에는 수건을 가슴으로 모아 오며 마무리한다.

한편 이매방류 살풀이춤은 고도로 다듬어진 전형적인 기방예술로서 한과 신명을 동시에 지닌 신비한 느낌을 주는 춤이며, '극도의 긴장과 절제, 어둠과 밝음, 괴로움과 갈등을 교차하면서 정(靜) 속에 폭발을 감춘 최고의 무용작품'[33]이라고 할 수 있다. 이 춤은 특히 대삼–소삼의 구분이 명확하고 음

• 도6-22 살풀이춤, 한영숙, 국가무형문화재 제97호 (한영숙춤보존회 회장 이애주 제공)

• 도6-23 살풀이춤, 이매방, 국가무형문화재 제97호 (국립무형유산원 제공)

• 도6-24 살풀이춤, 김명숙, 국가무형문화재 제97호, 국립국악원 예악당

과 양의 조화를 이룬 춤사위가 특징적이다. 춤의 무복으로는 이매방이 손수 제작한 옥색 치마저고리에 쾌자를 두르고, 여자는 아얌, 남자는 조바우를 쓰는데, 살풀이춤이 즉흥무의 성격을 띠고 있으므로 춤추는 이의 미적 안목에 따라 다른 방식으로 아름답게 구성하여 입을 수도 있다고 한다.[34]

김숙자류 도살풀이춤은 도살풀이 음악에 맞춰 굿판에서 추었던 춤으로, 살풀이춤 중에서도 가장 늦게 무대화되었으며 무속 의식의 춤 종목 중 유일하게 독립된 종목으로서 국가무형문화재로 지정되었다. 이것은 흰색 무복에 약 2m 길이의 흰색 수건을 들고 추는 무속적인 춤[35]으로, 경기도당굿의 마지막 절차인 '뒷전거리'에서 굿 의식을 마무리한 뒤 모두가 즐기는 가운데 추어졌다. 특히 김숙자는 재인의 자손으로, 그의 집안내림으로 전통예술 전반의 기예를 익힌 예인이다. 따라서 그의 춤에는 엄숙한 신명이 있으며, 그는 춤을 통해 그 자신의 소원을 빌고, 보는 이들의 소원을 빈다. 춤으로 사람들을 감동시키고, 그 춤을 보는 사람들의 힘을 끌어내 커다란 느낌을 만들어낸다.[36]

당(堂)에 가서 먼저 볏섬을 쌓아놔. 무녀가 조랑말을 타고 와서 볏섬 위에 가서 탁 앉으면 굿이 시작됐지. 굿이 다 끝나면 인저 난장이 트다시피 해. 한 군데서는 소리를 하고 춤도 추고 윷도 놀고 씨름도 허구. 장작을 펴서 놓고 밤새 놀아. … (중략) … 그럴 때 그거 다 끝내고 도살풀이춤을 춰. 무녀가 도살풀이 춤이 끝나면 동네 사람들이 어른아이 할 것 없이 축제가 돼서 다 춤을 추지. 그게 도살풀이여.[37]

도살풀이춤은 긴 수건으로 그려지는 곡선적·원형적 형태의 수건 놀이가

• 도6-25 도살풀이춤, 김숙자, 국가무형문화재 제97호 살풀이춤(국립무형유산원 제공)

다양한 형태로 나타나는 점이 특징이다. 이는 어깨에 걸쳐 맨 뒤 양손 밑으로 내려온 수건을 잡고 추기도 한다. 특히 판소리꾼이 소리 중간에 발림을 하는 것과 같이, 춤사위 중 고개를 끄덕이며 멈춰서는 '목젖 놀이'가 두드러진다. 이외에도 중간에 멈춰 서서 내면을 인식하거나 공간을 응시하는 등 정적인 순간인 멈춤의 동작이 특징적이다.

도살풀이춤의 무복으로는 무속적 특성에 의해 쪽머리에 흰색 비녀를 꽂고 흰색의 치마저고리를 입으며, 흰색 버선, 흰색 옷고름, 흰색 끈을 사용하여 무속적 양식을 나타낸다.[38] 이 춤의 춤사위는 다른 즉흥적인 살풀이춤에 비해 순서가 정형화되어 있으며, 김숙자에 의해 구성된 춤으로서 현재까지 전승되고 있다.

태평무

태평무(太平舞)는 '태평성대를 기원한다'는 뜻을 지닌 춤으로, 한성준에 의해 창작된 춤이다. 이 춤은 크게 한영숙류와 강선영류 태평무로 나뉘어 전승되고 있으며, 강선영류 태평무는 국가무형문화재 제92호로 지정되어 있다. 태평무는 경기도당굿에서 연행되던 진쇠장단을 바탕으로 음악이 구성되었으며, 낙궁, 터벌림, 도살풀이 등의 가락으로 이루어져 있다. 의상은 임금과 왕비의 복식으로 구성되었다. 한성준은 이 춤을 혼자 추기도 하고 한영숙과 강선영 두 사람에게 가르쳐 한영숙에게는 왕의 옷, 강선영에게는 왕비의 옷을 입혀 두 사람의 대무로도 추게 했다고 전해진다.[39]

임금과 왕비의 복식을 입고 추는 태평무는 궁중정재로 혼동하기 쉬우나 예인무에 속하며, 예술적이고 기교적인 발디딤이 특징적이다. 한성준의 손녀인 한영숙과 한성준의 수제자인 강선영의 태평무 춤사위에는 상이한 특징이 있는데, 한영숙의 춤에서는 현란한 발디딤이 빼어나고, 강선영의 춤에서는 디딤새와 팔사위가 화려하다는 것이다. 태평무의 무복은 창작 당시의 조선 후기라는 시대적 상황이 반영되어 궁중의 복식을 기본으로 했는데, 따라서 왕과 왕비라는 역할을 두 사람에게 부여함으로 인해 발생한 차이점이라고 보여진다.

한영숙류 태평무는 경기도당굿의 장단과 어우러져, 자유롭고 빠른 발디딤과 화려한 궁중 복식, 금낭화 같이 아름다운 춤 태에서 나타나는 우아함이 특징이다. 또한 춤사위가 경쾌하면서도 품위 있으며 발디딤이 섬세하고 우아하다. 이는 한영숙류 태평무의 대표적인 특징이라고 할 수 있다. 한영숙류 태평무의 무복은 붉은 단, 남색 치마, 옥색 당의 등으로 구성되어 있다. 이때 쪽진 머리에 화관을 쓴다.[40] 반주 음악은 푸살장단, 터벌림, 올림채, 넘김채, 잦은 굿거리, 도살풀이, 도살풀이 몰이, 넘김채 겸 맺이로 구성

• 도6-26 태평무, 한영숙(한영숙춤보존회 회장 이애주 제공)

• 도6-27 태평무, 강선영, 국가무형문화재 제92호 (국립무형유산원 제공)

• 도6-28 한영숙류 태평무, 김명숙

되어 있다. 무속 장단을 기본으로 한 이처럼 복잡한 장단 구성은 발디딤에 있어 중요한 역할을 하며, 동시에 태평무 특유의 멋과 흥을 돋보이게 한다.

강선영류 태평무는 국가의 태평을 기원하는 내용의 춤으로, 경기도당굿의 장단과 어우러져 박력 있으면서도 웅장한 춤사위가 특징이다. 또한 춤사위의 변화가 장단과 어우러져, 춤의 절정 부분에서 힘찬 발디딤새가 나타난다. 특히 발을 돌리거나 굴리고, 힘차게 돌려 딛는 발사위는 강선영류 태평무의 대표적인 특징이라고 할 수 있다. 강선영류 태평무의 무복으로는 소매가 넓은 활옷이 특징적이며, 화려한 의상은 팔을 엎고 뒤집는 등의 춤사위와 조화를 이루어 춤사위 전체를 웅장하게 한다. 이때 금박 오색 명주와 큰 수가 놓여 있는 큰 댕기를 사용하여 큰머리로 틀어 올린다. 세부적으로 살펴보면 붉은 단, 남색 속치마, 홍색 겉치마를 입으며, 상의로는 녹색 당의를 입고 자주색 고름을 맨다. 이때 노란색, 분홍색의 옆 고름을 각각 하나씩 매단다. 즉 당의, 한삼, 활옷 등 화려함을 돋보이게 하는 겉옷을 착용한다. 춤 진행의 초기에는 모든 겉옷을 걸친 상태로 진행되지만 중반에는 겉옷과 한삼을 벗은 상태로 진행된다. 반주 음악은 낙궁, 터벌림, 올림채, 도살풀이, 잦은 도살풀이로 구성되어 있다. 의상의 변화에 따라 나타나는 춤사위의 변화는 왕비의 자태와 우아한 춤사위에서 시작하여 경쾌하면서도 현란한 발사위로 이어지며, 흥과 멋, 엄숙함 등이 태평무 춤사위의 전반에 걸쳐 조화롭게 나타난다.

가면무

가면무(假面無)는 인간과 신의 매개체이자 정령을 일으키기 위한 수단으로 주술적 기능을 수행했던 것에서 그 기원을 찾을 수 있다. 이 춤은 재앙이나 병을 가져오는 악신이나 역신을 쫓기 위해서는 그보다 더 무서운 귀신의 힘을 빌려야 한다는 믿음에 기반을 두고, 무서운 탈을 쓰고 종교 의식을 치르며 추어진 것으로 추정된다. 이후 가면무는 삼국시대부터 근대에 이르는 동안 궁중정재부터 서민들의 놀이인 산대춤에 이르기까지 민족 예술의 맥을 이어왔다.

가면무는 자신을 숨기는 탈을 쓰고 평소에 응어리진 한을 해학과 풍자로 풀어내는 행위로 설명할 수 있다. 피지배계층인 서민들은 탈이 갖는 은폐

성, 상징성, 전형성, 표현성을 이용하여 억압받았던 자신들의 울분과 한을 자유롭게 표현했다. 가면무는 조선 후기에 서민들 사이에서 크게 유행한 가장 대표적인 민속춤으로, 탈을 쓰고 연기와 대사, 노래, 춤이 어우러진 마당놀이 형식으로 추어졌다.

가면무의 특징은 공연자와 관객이 분리되지 않고 한마당에서 어울려 즐기며, 주로 남성 연희자에 의해 추어지므로 힘찬 에너지와 생동감을 보여준다는 것이다. 특히 봉산탈춤에서는 불림과 함께 긴 장삼소매를 휘어잡았다가 뿌리는 춤사위가 경쾌하면서도 호방하다. 흥과 신명이 결합된 탈춤을 보면서 구경꾼들은 "얼쑤!", "좋다!", "잘한다!" 등의 흥겨운 추임새를 더하여, 춤추는 이와 함께 탈춤판에 참여할 수 있다. 조선 후기의 가면무에서 공통적으로 살펴볼 수 있는 내용은, 첫째, 사회의 부도덕을 고발하는 것, 둘째, 지배계급인 양반들을 야유하는 것, 셋째, 승려들의 파계를 비난하는 것, 넷째, 처와 첩의 갈등 등 인간 사회의 잡다한 생활을 해학적으로 풍자하는 것이다.

가면무는 발생 지역에 따라 '산대놀이', '탈춤', '야류', '오광대' 등의 명칭으로 불린다. 가면무의 종류는 경기도 지역을 중심으로 한 송파산대놀이, 북한의 황해도 지역을 중심으로 한 봉산탈춤, 강령탈춤, 은율탈춤 등으로 다양하며, 경남 지방에서는 통영오광대, 고성오광대, 수영야류, 동래야류 등이 발달되었다. 이는 1980년대에 이르러 대학가에 번진 민중운동과 연계되어 대중에게 널리 보급되었으며, 많은 사람이 보고 즐기는 또 하나의 민속놀이로 확고하게 자리매김했다. 이 절에서는 탈춤의 가장 대표적인 작품이라고 할 수 있는 봉산탈춤, 송파산대놀이, 북청사자놀음에 관하여 살펴보고자 한다.

봉산탈춤

봉산탈춤은 1967년 국가무형문화재 제17호로 지정되었으며 황해도 봉산군 지역에서 전승되었다. 이는 19세기말 이래 해서(海西)탈춤의 대표적인 놀이로 여겨졌으며 그 근원은 산대도감 계통극의 해서탈춤에 있다. 봉산은 예부터 황주(黃州), 평산(平山)과 함께 주요한 장터의 하나로 탈춤 공연의 경제적 여건이 갖춰져 있었다. 따라서 봉산탈춤은 250여 년 전부터 전해졌으며, 세시풍속의 하나로 5월 단오날 밤 모닥불을 피워놓고 새벽까지 연희

• 도6-29 봉산탈춤, 국가무형문화재 제17호(국립무형유산원 제공)

되었다. 봉산탈춤의 내용은 7마당 5거리로 구성되어 있다. 제1마당은 '사상좌(四上佐) 춤마당', 제2마당은 '팔목중 춤마당', 제3마당은 '사당 춤마당', 제4마당은 '노장(老長) 춤마당', 제5마당은 '사자 춤마당'(사자로 하여 노장을 파계시키고 파계승인 먹중들을 징계하는 장면), 제6마당은 '양반 춤마당', 제7마당은 '미얄 춤마당'(영감과 미얄할멈과 영감의 첩 간 삼각관계를 그리다가 영감에게 맞아 죽은 미얄할멈의 원혼을 달래는 무당굿 형식으로 마무리됨)이다.

봉산탈춤은 동적이며 장삼 소매를 휘어잡고 뿌리는 것이 특징이다. 이는 한삼을 경쾌하게 휘뿌리면서 양팔을 빠른 사위로 굽혔다 폈다 하는 깨끼춤이 기본이 된다. 춤사위는 팔목중의 외사위, 겹사위, 양사위, 만사위, 취발이의 깨끼춤, 말뚝이의 두어춤, 미얄의 궁둥이춤과 까치걸음, 팔목중의 뭇동춤 등의 사위 명칭이 있으며 불림에 따라 장단을 청하고 춤을 춘다. 이때 연희자는 모두 남성으로 구성되었다.[41] 봉산탈춤은 다른 지방 탈춤의 영향을 받아들이면서 발전했으며 현재에도 연희되고 있다.

• 도6-30 봉산탈춤 중 미얄할미의 죽음, 국가무형문화재 제17호 봉산탈춤(국립무형유산원 제공)

송파산대놀이

송파산대놀이는 1973년 국가무형문화재 제49호로 지정되었으며 송파 지역에서 전승되던 탈놀이로, 탈을 쓴 놀이꾼들의 재담, 춤, 노래, 연기가 포함된 연극적인 놀이이다. 산대놀이란 중부 지방의 탈춤을 의미하며, 송파는 한강변 5강(송파, 한강, 서빙고, 용산, 마포)의 하나로 송파진(松坡津)으로 불리던 곳이다. 조선시대 후기에는 우리나라에서 가장 큰 향시(鄕市) 중의 하나인 송파장이 생기면서 송파산대놀이의 경제적 요건이 마련되었다. 송파산대놀이는 서울과 경기도 지역에서 즐겼던 산대도감극(山臺都監劇)의 한 갈래로 춤과 무언극, 덕담과 익살이 어우러진 민중놀이이다. 이 놀이는 매년 정월대보름과 단오, 백중, 추석에 명절놀이로 공연되었다. 송파산대놀이의 탈로는 바가지, 소나무껍질, 종이 등으로 만든 탈 33개가 사용되며, 놀이 형태는 다른 탈춤과 마찬가지로 춤이 주가 되고 재담과 동작들이 곁들여진다.

• 도6-31 송파산대놀이 중 취발이, 국가무형문화재 제49호 송파산대놀이(국립무형유산원 제공)

북청사자놀음

북청사자놀음은 1967년에 국가무형문화재 제15호로 지정되었으며 함경남도 북청군 전 지역에서 전승되던 사자놀음이다. 사자놀음의 주 목적은 연초에 잡귀를 쫓아내고 마을의 평안을 기원하는 데 있으며, 집집마다 순회하면서 벽사하고 그 대가로 받은 돈과 곡식은 동네의 공공사업 즉 장학금, 빈민 구제, 경로회 및 사자놀음 비용 등에 사용되어왔다. 이는 음력 정월 14일 밤 달이 뜬 뒤부터 시작한다.

북청사자놀음은 삼국시대의 기악·무악 이래 민속놀이로 정착되었다. 이 연희는 주로 대륙계·북방계인 사자춤(獅子舞)이 민속화된 대표적인 예로 볼 수 있다. 사자놀음의 특징은 쌍퉁소와 북으로 구성된 악대의 북방 특유

• 도6-32 북청사자놀음, 국가무형문화재 제15호(국립무형유산원 제공)

의 소리에 맞춰 연희된다는 점이며, 연희의 내용은 길놀이, 마당놀이, 애원성춤, 사당춤, 칼춤, 무동춤, 꼽새춤, 사자춤, 재담, 넋두리춤 등으로 구성된다. 우리나라의 다양한 사자놀음 가운데 북청사자놀음은 사자춤뿐만 아니라 다수의 놀이꾼이 등장하여 여러 종류의 춤이 어우러진다는 점에서 뛰어난 연희라고 할 수 있다. 반주 음악에 쓰이는 악기는 퉁소, 장구, 소고, 북, 꽹과리, 징 등이다.

지금까지 조선 후기의 궁중정재와 민속춤을 살펴보았다. 조선 후기는 궁중정재의 황금기라고 할 수 있으며, 특히 현재까지 전승되고 있는 대부분의 전통춤은 조선 후기부터 비롯되었기 때문에 현재와 과거를 잇는 중요한 가교 역할을 하고 있다. 조선 후기에는 효명세자에 의해 발전한 궁중정재인 '향악정재(춘앵전, 무산향, 춘대옥촉 등)'와 민속춤으로 전문예인들에 의해 발전한 '예인무(승무, 살풀이춤, 태평무 등)', 지배계층에 대한 풍자와 해학의 내용으로 연희된 '가면무'가 특징적으로 나타난다.

제7장

근대

(19세기 후반~20세기 전반)

근대의 시대적·문화적 배경

19세기 후반은 홍선대원군(興宣大院君, 1820~1898)이 섭정했던 시기이다. 대원군은 임진왜란 때 소실되었던 경복궁을 중건하는 등 왕권 강화를 위한 정책을 펼쳤다. 또한 삼정(三政)[1]의 문란과 민중운동 등으로 인해 혼란스러웠던 민심을 안정시키고자 노력했으며, 대외적으로는 폐쇄적인 쇄국정책[2]을 실시했다. 한편 19세기 전반 산업혁명을 겪으면서 성장한 서구 열강(列強)들은 식민지를 쟁탈하기 시작했으며, 이러한 서양 세력의 위협을 받은 조선에도 개항의 필요성이 제기되었다.[3] 그러나 대원군은 병인양요(丙寅洋擾, 1866)와 신미양요(辛未洋擾, 1871)를 겪으면서 척화비를 세우는 등 더욱 강력한 쇄국정책을 시행했다.

하지만 결국 홍선대원군은 집권 약 10년 만에 권좌에서 물러났으며, 고종의 왕비인 민비를 중심으로 한 민씨 세력이 정권을 장악했다. 이때 조선에서는 문호를 개방하고 서양과 통상하자는 '통상개화론'이 대두되었다.[4] 이후 고종 12년(1875) 9월에 발생한 '운양호 사건'은 강화도 조약(1876) 체결의 계기가 되었다. 조선은 일본과 조약을 맺은 후 일본 및 청나라와 수호 통상 조약을 체결했고, 이후 새로운 문화가 유입되면서 서구의 발달된 과학기술들을 접하게 되었다. 이러한 서양 문물의 유입과 함께 조선의 과학기술도 발달하기 시작했으며, 음악, 미술, 춤, 연극 등 다양한 장르에서 변화가 나타났다. 이는 근대화의 시발점이 되었으나 일본의 간섭과 강요, 그리고 그 영향으로 인해 결국 일본의 침투를 허용하는 계기가 되었다.[5]

이 시기에는 조선에 침투하려는 일본, 청나라, 러시아 간의 대립이 끊임

없이 발생했다. 일본이 명성황후를 시해한 을미사변(乙未事變, 1895)과 아관파천(俄館播遷, 1896) 사건 이후 국가 존립에 대한 위기의식을 갖게 된 지식인들은 독립정신을 고취하고자 활발한 활동을 했다. 그리고 독립협회의 활동을 계기로 1897년 자주독립 국가임을 선언하며 '대한제국(大韓帝國)'으로 국호를 바꾸고 왕의 칭호를 '황제'로 했다. 그러나 끊임없는 외세의 침략과 을사조약(乙巳條約, 1905)의 체결로 인해 결국 대한제국은 외교권을 박탈당했고, 이후 1910년 한일병합조약의 강제 체결로 일본의 지배를 받게 되면서 국권을 상실했다.

일제강점기에 일본은 한민족의 정신을 말살시키기 위해 민족말살정책을 시행했다. 하지만 조선과 중국, 일본 등지에서 일본의 식민지 지배에 저항하는 민족독립 운동이 활발히 일어났으며, 1919년 3월 1일, 3·1운동과 함께 민족대표 33인은 조선이 주권을 가진 독립 국가임을 선언하며 국호를 대한민국으로 정하고 중국 상하이에 대한민국 임시정부를 수립하기에 이른다. 이후 대한민국은 1945년 8월 15일 일본의 패망으로 해방을 맞았고 1948년 대한민국 정부 수립을 대내외적으로 공포하게 되었다.

한국의 근대미술은 일제 침략을 전후로 한국에서 활동한 외국 화가들에 의해 서양미술 기법이 알려지면서 시작되었고, 이후 고희동(高羲東)에 의해 한국 미술로서의 '서양화'가 본격적으로 전개되었다.[6] 1918년에는 한국의 최초 근대 미술 단체인 '서화협회'가 창립되었으며, 1919년 3·1운동으로 인해 민족성이 강화됨에 따라 이를 소재로 한 그림 작품들이 증가했다. 서화협회의 활동에 대응하여 일본은 1922년 '조선미술전람회'(조선총독부 산하)를 창설했다. 한국의 전통 회화인 수묵채색화는 이후 조선미술전람회의 공모 부분으로 규정되면서 '동양화'라는 개념으로 재편되었다. 1920년대 말에는 서양화의 양적 증가와 함께 전통의 창조와 계승이라는 시대적 과제가 결부되어 근대미술로의 전환이 가속화되었다.

1930년에는 다양한 서양의 미술사조가 유입되었다. 이는 크게 구본웅(具本雄), 이중섭(李仲燮) 등의 작가를 중심으로 한 야수파적 경향과, 김환기(金煥基), 유영국(劉永國) 등의 작가를 중심으로 한 추상적 경향으로 나누어 볼 수 있다. 또한 형태 왜곡 등과 같은 신흥 모더니즘 조형술이 구사되었다.[7] 이와 같은 신흥 미술사조의 대두로 인해 국내에서는 모더니즘 회화가 유행하기 시작했다. 같은 시기 원근법과 입체법이 더해진 '수묵사경화'가 나타났으며, 이는 조선미술전람회를 통해 크게 신장되어 근대 산수화의 주류를 이루게 되었다.[8] 특히 철도 등의 교통수단이 발달함에 따라 관광객이 증가하고, 화가들이 국토의 아름다움을 재인지하면서 더욱 다양한 형태로 발전된 작품들이 등장했다.[9] 이후 동양화 2세대에 의해 수묵과 채색이 결합되는 새로운 동양화풍이 나타났다. 이는 다양한 형태의 작품으로 구현되어 광복 이후 1949년에 개최된 '대한민국미술전람회'를 통해 발표되었다.

근대의 조각은 서구미술의 영향으로 인해 인물상을 위주로 전개되었다.

• 도7-1 김환기, <Rondo>, 1938(환기미술관 제공)

1925년 제4회 조선미술전람회에서는 조각 분야가 신설되었고, 1945년에는 서울대학교에 조각과가 개설되었으며, 1950년에는 홍익대학교에도 조각과가 개설되어 한국 조각계가 더욱 활기를 띠게 되었다.[10] 새로운 재료들에 대한 관심이 높아지면서 1960년대에는 작가들의 내면적 탐구로 인해 인간 중심의 추상적 경향을 띤 조각 작품들이 증가했다. 한편 근대의 공예는 실용적 공예에서 조형적 공예로 변화하는 과도기를 맞았다. 공예 분야에서 근대로의 전환은 1893년 시카고 만국박람회에 참가한 이후 1900년 파리 만국박람회에 목기, 칠기, 도자기 등을 출품하면서부터 시작되었다고 할 수 있다. 이후 1906년에는 '관립공업전습소'가 설립되었으며, 1908년에 설립된 '한성미술품제작소'는 전통공예와 근대 기술의 개발을 위해 1910년 일제강점이 시작된 이후로도 존속되었다. 이는 이후 '이왕직미술품제작소'로 새롭게 설치되어 전통공예의 우수성을 상기시키기 위한 활동 등을 이어나갔다.

근대의 건축은 타율적 개국과 기독교의 유입으로 인해 큰 영향을 받았다. 19세기 말 외국 문물과 함께 들어온 서구 양식으로 인해 외교시설, 상업시설, 종교 및 의료시설, 교육시설 등이 서구식 건축물로 제작되었다. 1890년에는 외교공관이 르네상스식 2층 벽돌 건물의 형태로 세워졌으며, 신구 기독교의 유입에 의해 명동성당, 정동교회 등의 고딕 양식 건물이 건축되었다. 1930년대에는 박동진(朴東鎭), 강윤(姜沇) 등의 건축가가 활발하게 활동했다. 특히 박동진은 보성전문학교(현 고려대학교) 본관, 조선일보사 구사옥, 중앙고등보통학교(현 중앙고등학교) 본관, 대전지방법원 청사 등의 독특한 석조 고딕 양식 건축물을 제작했으며, 강윤은 태화기독교사회관, 이화여자전문학교(현 이화여자대학교)의 음악당, 본관, 기숙사 등의 건축물을 세웠다.

한국의 근대 음악은 문호의 개방을 통한 서양 문화 및 서양 음악의 대량 유입을 통해 발전했다. 기존의 한국 음악은 당악, 아악, 향악, 민속악의 구분이 없이 '조선악'의 개념으로 분류되었으며, 새로 유입된 '서양악'과 대립하는 구조였다. 1930년대 조선악은 한국 사회에서 전면적으로 대두되어 전성기를 누렸으나, 이후 현대에 이르기까지는 서양 음악이 한국 음악 사회의 주류를 이루게 되었다. 서양 음악은 외국의 선교사들과 군악대에 의해 유입되었으며, 선교사들은 특히 기독교와 함께 찬송가를 국내에 전파했다. 이러한 찬송가의 곡조에서 '창가(唱歌)'[11]의 개념이 시작되었다.[12] 창가의 가사는 대부분 시대상을 반영한 애국적 · 계몽적 · 세속적 내용을 담고 있었으며, 이는 일제강점기에 일본 창가로 바뀌어 학교에서 교육되었다. 대한제국 설립 이후인 1901년에는 군대에 서양식 군악대가 창설되었고, 이는 한국 사회에서 서양 음악이 발전한 계기가 되었다.

조선왕조의 몰락에 따라 궁중에서 연희되던 궁중 음악은 큰 위기를 맞게 되었다. 조선의 음악 기관이 50여 명의 규모로 축소되면서 이와 함께 '이왕직아악부(李王職雅樂部)'라는 소규모의 기구만이 존속되었다. 이 시기의 궁중 음악에는 종묘제례악인 보태평지악, 정대업지악, 여민락, 보허자, 낙양춘, 정읍, 동동 등이 있었다. 그러나 전통적으로 전래되던 곡들과는 다른 리

• 도7-2 1900년대 초의 명동성당

듬과 선율로 변화되어 현재까지 전승되고 있다. 특히 조선왕조 때 행해졌던 제례 의식은 대부분 사라졌으며, 현재는 종묘제례와 문묘제례만 이어지고 있다. 1930년대에 이왕직아악부는 정기 음악 발표회를 개최하여 연주를 하기도 했으며, '이왕직아악부원 양성소'라는 현대식 음악 학교를 설치하여 궁중 음악을 전수할 음악인들을 배양하기도 했다. 이러한 이왕직아악부의 활동을 통해 한국의 궁중악은 면면히 이어질 수 있었다.

또한 근대기에는 극장과 방송을 통한 음악 활동 및 공연 문화가 새롭게 형성되면서 음악이 상업화되기 시작했다. 이로 인해 늘어난 음악인에 대한 수요는 각 지방의 민속 음악인들이 서울로 진출하게 만든 계기가 되었다. 한 사람의 소리꾼과 고수에 의해 연행되던 판소리는 점차 여러 사람이 나누어 부르게 되었으며, 이에 따라 연기와 노래가 함께하는 '창극'이 생겨났다. 이를 전문적으로 행하던 창극단은 현재 '국립창극단'으로 이어지며 그 명맥을 이어오고 있다.

이외에 사람들의 삶을 통해 자연적으로 발생한 '민요'는 기존의 토속적인 형식의 민요들이 세련되게 다듬어지면서 대중적으로 알려지게 되었고, 전국적으로 확대되어 '통속민요(通俗民謠)'의 형태로 발전했다. 또한 각 지역의 전문인들에 의해 전승되어온 '잡가(雜歌)'[13]는 19세기 말 이후 형성되어 현재까지 이어지고 있다. 이는 특정한 작곡가 없이 발전된 것으로, 지역 특성에 따라 경기잡가, 서도잡가, 남도잡가로 구분되며 그중 경기잡가가 대표적이다.

1. 근대의 춤: 전통춤의 계승

근대의 춤은 신식 극장의 개관과 궁중정재의 와해, 기방춤의 무대화, 서양춤의 전래 등으로 대표되는 문화적 대혼란기와 함께 시작되었다. 근대춤계는 장악원이 폐지되고 1908년에 서양식 극장인 '원각사(圓覺社)'[14]가 개장하면서 변화가 일어났다. 원각사 등의 신식 공연장에서 춤 공연을 담당했던 이들은 모두 궁중에 속한 관기이거나 지방의 기녀들이었고, 당시 공연된 궁중정재는 하나의 독립된 춤이 아니라 노래와 춤이 혼합된 형태가 대부분이었으며, 민속춤으로는 기녀들의 승무, 입춤, 살풀이춤, 태평무 등과 광대들의 농악무, 탈춤 등이 상연되었다.

당시 일제강점기의 기생조합이었던 권번이 폐지되면서 새로운 기생조합이 결성되어 예술 학습을 도모하고 공연을 하는 등 활발한 활동을 하게 되었다. 이후 기생조합은 다시 권번으로 흡수되어, 각 지역의 권번에서 사범들을 모시고 악기와 춤, 서예, 예절 등 다양한 교육을 하게 되었다. 이때 유명한 권번의 춤 사범들이 등장하는데, 그중 한 명이 고수로 이름을 날린 한성준이다. 그는 1935년 부민관에서 개최된 제1회 '한성준 무용 공연회'에서 「승무」, 「신선무」, 「검무」, 「한량무」, 「살풀이춤」, 「농악무」 등을 발표했으며, 이때 새로 등장한 춤으로는 「바라무」, 「사공무」, 「학무」 등이 있다.[15] 한성준은 한국 고유의 궁중정재와 민속춤을 무대화시킨 장본인이라 할 수 있다.

한편 근대기에 접어들면서 왕실에 예속되어 춤을 맡았던 여기들과 무동들은 해산 후 일부는 민간 단체에 흡수되어 후진을 양성하거나 무대에서 직접 활동하게 되었다. 이는 궁중의 지배계층을 위해 존재했던 궁중정재가 민간인들의 민속춤과 한 무대에 서면서 관중과 만날 수 있게 된 계기가 되었다. 이 시기는 궁중정재를 포함한 모든 춤이 극장으로 옮겨지면서 특정 지배계층이 아닌 일반인을 위한 춤으로 탈바꿈하는 시기였다.

일제의 침략으로 인한 조선왕조의 몰락은 궁중정재의 몰락으로 이어졌다. 장악원 폐지와 함께 대부분의 궁중무악인은 흩어졌으며, 모든 궁중예술의 전통은 사라졌다. 그러나 다행히도 일제의 총독부는 유교 의식의 춤인 종묘와 문묘의 제례를 위한 최소한의 인력만은 남겼으며, 그 기관이 바로 이왕직아악부였다. 이왕직아악부의 전통은 해방 이후 구왕궁아악부를 거쳐 1951년 국립국악원으로 그 맥을 이어오고 있다. 이왕직아악부는 과거 장악원에 비해 양적·질적으로 모두 축소되었으나, 훗날 궁중정재를 복원시킨 김천홍이라는 인물을 탄생시킴으로써 현재까지 정재의 전통이 이어질 수 있게 한 발판이 되었다. 이 절에서는 민속춤을 재정립한 한성준과, 이왕직아악부 출신으로 정재를 복원시켜 계승한 김천홍을 중심으로 근대의 전통춤 계승 양상을 살펴보고자 한다.

한성준: 민속춤의 재정립과 무대화

한성준(韓成俊, 1874~1941)은 기방예술을 예인춤으로 극장 무대에 옮겨놓은 장본인이자 한국 민속춤 재정립에 앞장선 선구적 인물이다. 그는 충청남도 홍성군 출생으로, 19세기 후반부터 20세기 사이에 활동한 명고수(名鼓手)이자 명무(名舞)이다. 7세 때부터 외할아버지 백운채(白雲彩)에게서 춤과 장단을 익혔으며, 14세부터는 홍성 서학조(徐學祖)에게 3년간 줄타기와 재주를 배웠다. 이후 수덕산의 박순조(朴順祚) 문하

• 도7-3 한성준

에 있으면서 춤과 장단을 공부했다. 1894년부터 이어진 긴 유랑생활 끝에, 한말 사설 극장인 '원각사'의 무대에 출연하게 된 무렵부터 그는 서울에 정착하게 되었다. 당시의 원각사는 예술인이 활동할 수 있는 유일한 예술 무대였다. 이 당시 공연된 민속예술로는 판소리, 남도민요, 경기민요, 서도입창, 고전 음악, 승무, 검무, 한량무, 살풀이춤, 잡기연희 등이 있다.[16] 그는 원각사 무대에서뿐만 아니라 '연흥사(延興社)'에서도 공연을 했다.

한성준은 1934년에 춤을 전문으로 하는 '조선 음악 무용 연구소'를 개소하여 후학을 양성했다. 또한 1935년에 부립 극장 '부민관(府民館)'에서 '한성준 무용 공연회'를 가졌고 「승무」, 「학무」, 「신선무」, 「검무」, 「태평무」, 「한량무」, 「살풀이춤」, 「농악무」, 「바라무」, 「사공무」 등을 처음으로 무대에 올렸다. 이후 일본 도쿄를 비롯한 주요 도시에서 순회공연을 하면서 일본에 한국의 춤을 소개했다. 어려서부터 각종 굿과 민속춤을 폭넓게 접한 경험은 후대에 그가 전통춤을 재구성하고 집대성하는 과정에 밑거름이 되었다. 명고수로서 이름을 날리며 권번의 춤 사범으로 예인무용을 재정립하는 데 일조한 그는, 1937년 12월 28일 '조선 음악 무용 연구회'[17]를 설립하고 전통춤을 향한 예술적 혼과 열정을 바치며 전통춤 공연 활동과 교육에 전념했다. 그는 1941년에 일본의 모던일본사에서 수여하는 예술상(藝術賞)을 수상하기도 했다.

한성준의 주요 작품으로는 「태평무」, 「학무」, 「신선무」, 「살풀이춤」, 「승무」, 「한량무」, 「사공무」, 「농악무」 등이 있다. 그는 한국 전통춤의 대표라 할 수 있는 춤 종목을 정리하고 재창작하는 등의 크나큰 업적을 이루었으며, 수십여 종의 민속춤을 재구성하고 극장을 무대화하는 등의 작업을 펼쳤다. 한성준의 제자로는 김천흥(金千興), 김보남(金寶男), 이강선(李剛仙), 장홍심(張紅心), 한영숙(韓英淑), 강선영(姜善泳), 이매방(李梅芳), 정인방(鄭寅芳), 진수방(陳壽芳), 김삼화(金三和) 등이 있다.

한성준은 한말에 태어나 개화기, 일제식민지 등 역사적 격변기를 살았다. 그는 전국 각지를 유랑하며 전통예술의 현장을 두루 체험했고 기방예술의 총본산인 권번을 접하면서 실로 다양한 전통춤을 몸소 체득했다. 그리고 이를 바탕으로 전통춤을 집대성하여 무대를 양식화하는 작업을 시도했다. 또한 그는 굿과 탈춤 등에서 영향을 받은 민속적 요소와 권번의 기방예술적 요소, 궁중정재의 형식적 요소, 서구식 극장에서의 무대 공간의 활용 요소 등을 춤에 끌어들여 조선 후기와 완전히 다른 패러다임의 춤을 완성시켰다.

한성준의 춤은 서울, 경기도, 충청도 등 중부권을 배경으로 하며, 춤의 특징은 깨끗하고 단아한 기교와 전통적인 춤사위로 경기류 전통춤만의 도도한 절제미를 지니고 있다는 것이다. 한성준은 현재까지도 전통춤 정립의 대가로 일컬어지며 근대 한국춤계의 큰 변혁을 주도한 인물로 평가되고 있다.

김천흥: 궁중정재의 계승

• 도7-4 김천흥(심소김천흥무악예술보존회 제공)

심소(心韶) 김천흥(金千興, 1909~2007)은 20세기의 왕성한 활동으로 한국 궁중정재의 정통 계승자로 불리며, 조선왕조까지 이어져온 궁중 음악과 50여 종의 궁중정재를 재현한 가무악(歌舞樂)의 명인이다. 그는 서울에서 태어나 1920년 서울정동보통학교를 졸업하고 균명학당에 입학하며 평범한 소년기를 보냈다. 그러던 중 14세가 되던 1922년에 고익삼(高益三)의 소개로 이왕직아악부 2기생으로 입소하여, 당대 명인으로 알려진 하규일(河圭一), 함화진(咸和鎭), 이수경(李壽卿), 김영제(金寧濟) 등으로부터 악·가·무를 이어받아 예인의 길로 들어섰다. 그는 아버지의 뜻에 따라 궁중정재에 입문했으며, 수십 편의 정재와 국악 악보 등을 보존·전승하는 데 기여했다.

김천흥은 이왕직아악부에 입소하여 해금, 양금, 아쟁을 본격적으로 배웠고, 무동으로 선발되어 종묘제례 및 문묘제례를 비롯한 궁중정재 전반을 두루 익혔다. 1923년 3월에는 순종황제 오순 탄신 경축 진연에 나가 무동으로 정재를 추었으며, 이 당시 11인의 무동 중 한 명으로 선발되어 약 5개월에 걸쳐 가인전목단, 장생보연지무, 연백복지무, 무고, 포구락, 보상무, 수연장의 군무 7종과 춘앵전, 처용무의 독무 2종을 익히는 등 총 9종의 정재를 전수받게 되었다. 김천흥은 당시 아악부의 음악과 정재를 함화진, 이수경,

• 도7-5 김천흥과 김명숙, 1997(이화여자대학교 특강 후)

김영제에게서 전수받았으며, 특히 이수경에게서 대부분의 정재를 전승받았다.[18] 김천흥은 자신의 춤 수학에 대해 다음과 같이 증언했다.

> 무용은 내가 1923년 순종 앞에서 춤을 춘 것에서 비롯해서 아까 말씀드린 것처럼 궁중무가 이어지게 된 연유는 3기생의 성경린, 김보남 선생, 4기생의 고 김성진 선생, 5기생의 고 김태섭 선생 등, 이런 식으로 해서 해방 전 6기생까지 그 춤이 이어졌습니다. 순종황제 오십 수 잔치를 비롯해서 1900년대 초까지 추고 끊겼다가 이어진 것이 얼마나 다행이었는지 모릅니다. 오늘의 궁중무가 이렇게 뿌리를 내리면서 남아 있게 된 것입니다.[19]

김천흥은 이왕직아악부를 졸업한 뒤 가곡, 영어, 중국어, 시가, 양악보 해독법 등 다양한 방면의 학문을 익혔다. 김천흥이 국악계와 춤계의 최고 스승이자 가무악의 일체를 온몸으로 겪은 역사적 인물이라고 평가받는 이유는 청년기에 좋은 스승으로부터 열정적인 가르침을 받았기 때문일 것이다. 특히 1937년에는 신무용가 최승희의 반주 음악 녹음에 참여했으며, 이후 최승희의 유럽 순회공연 때 공연된 작품인 「무당춤」, 「부채춤」, 「장고춤」, 「낙랑의 벽화」 등의 곡을 녹음하는 등 궁중정악 이외의 분야까지 폭넓게 교류했다.

1940년에 그는 한성준에게 승무를 전수받아 1955년 무용 연구소에서 교습하기도 했으며 직접 공연하여 선보이기도 했다. 1943년에는 조선음악가협회 조선악부회원 무용 담당으로 활동하면서 민속춤도 배웠다. 광복 후 1951년에 국립국악원이 다시 창설되자 예술사와 연주원으로 활동하기 시작했고, 또한 민속악계의 사람들이 발족한 대한국악원의 무용부장으로도 임명되어 다양한 춤 활동을 펼쳤다. 이 시기에 김천흥은 국악원뿐 아니라 부산의 여러 단체에 초빙되어 춤 강습회를 여는 등 다양한 교습 활동을 했

• 도7-6 춘앵전(위, 1992)과 살풀이춤(아래, 1992), 김천흥
(심소김천흥무악예술보존회 제공)

다. 그는 강습회를 통해 춤 지도의 경험을 살렸으며, 1954년에는 춤 지도를 위한 『한국무용기본도보韓國舞踊基本圖步』를 완성했다. 이는 1969년 문화재관리국의 지원으로 출판되었다.

1955년 서울로 돌아온 김천홍은 서울 종로구 낙원동에 '김천홍 고전무용 연구소'를 개소했다. 연구소는 이후 1978년까지 23년간 운영되었으며, 십여 차례 이사를 하는 어려움 속에서도 후학 양성과 창작 작업의 발판을 마련했다. 김천홍은 학원 운영과 동시에 이화여자대학교에 출강하여 궁중정재로는 춘앵전, 검무, 무고 등을 가르쳤으며, 민속춤으로는 살풀이춤, 승무, 농악, 탈춤 등을 강의하여 수많은 후학을 양성했다.

1956년 7월에는 시립극장에서 제1회 '김천홍 한국무용 발표회'를 열어 대표작으로 「승무」, 「농악무」, 「즉흥무」 등과 궁중정재를 재해석하여 창작한 「채구희」, 「검무」 등의 작품을 선보였다. 1959년 제2회 발표회에서는 그의 대표작이라 할 수 있는 「처용랑」을 안무하여 발표했다. 이 작품은 그가 직접 처용설화를 소재로 하여 3막 5장으로 대본을 쓰고, 김기수에게 작곡을 의뢰해 30인조 국악관현악단인 '해경악회'가 생음악으로 반주를 한 우리나라 최초의 대본과 작곡이 있는 무용극이라 할 수 있다. 이 작품으로 김천홍은 1960년 서울시문화상을 수상했으며 당시 공연계에 큰 파장을 일으켰다.

이후 1968년에는 국가무형문화재 제1호 종묘제례악(해금과 일무) 기능보유자로 지정되었다. 1969년에는 국립극장에서 회갑 기념 공연으로 제4회 '김천홍 고전무용 발표회'를 열었다. 이 공연에서는 김기수(金琪洙) 작곡, 국립국악원 반주의 「만파식적萬波息笛」을 안무했고, 이로 인해 다음해에 대한민국예술원상을 수상하게 되었다. 이 시기 그는 4회의 개인 작품 발표회와 더불어 아동 무용 발표회도 세 차례 기획하게 되었는데, 어린이 정서에 맞는 「춘향전」, 「콩쥐팥쥐」 등의 아동 무용극에도 안무적 역량을 발휘했다.

또한 1971년에는 국가무형문화재 제39호 처용무 예능보유자로 지정되었고, 1974년에는 대한무용학회 초대 회장직을 맡으면서 "논문집 발간 등 석사학위논문을 책으로 엮어내고 학회지 발간을 서둘러 흩어진 무용 인구를 모으는 것이 급선무"[20]라며 학회 활동에도 앞장섰다.

1977년부터는 고문헌의 기록을 토대로 궁중정재 복원 사업에 심혈을 기울였으며, 국립국악원의 궁중정재 발표회를 통해 오양선, 몽금척, 하성명, 향발무 등의 작품을 재현하는 작업을 진행했다. 이후 1978년에는 20여 년 동안 운영하던 무용 연구소를 정리하고 국립국악원에만 출근해 국악원 일에 전념했다.[21] 그는 국립국악원 예술사, 연구원, 자문위원을 거쳐 원로사범으로 재직했다. 1970년대 말부터 김천흥은 본격적으로 『고려사』「악지」, 『악학궤범』, 『정재무도홀기』 등에 수록되어 있는 궁중정재를 재현하기 시작하여 1981년에는 봄, 가을, 겨울 3회에 걸쳐 공연을 했다. 그의 자서전에 따르면 1970년대 말부터 1980년대 초 사이에 재현된 정재의 수는 총 31종에 이르며, 이는 가인전목단(佳人剪牧丹), 하황은(荷皇恩), 제수창(帝壽昌), 무애무(無碍舞), 사선무(四仙舞), 춘앵전(春鶯傳), 하성명(賀聖明), 오양선(五羊仙), 처용무(處容舞), 사선무(四仙舞), 박접무(撲蝶舞), 성택(聖澤), 최화무(催花舞), 헌선도(獻仙桃), 수보록(受寶籙), 문덕곡(文德曲), 육화대(六花臺), 봉래의(鳳來儀), 고구려무(高句麗舞), 보상무(寶相舞), 첩승무(疊勝舞), 연화대무(蓮花臺舞), 무산향(舞山香), 만수무(萬壽舞), 수연장(壽延長), 경풍도(慶豐圖)[22] 등이다.

그는 1983년에 한국국악대상을 수상했으며, 이 해부터 무형문화재 예술단에 선정되어 8년간 무형문화재 발굴 및 보존을 위해 노력하면서 다수의 연구를 남겼다. 1993년에는 '김천흥 무악 70주년 기념 공연'을 기획하여 춤뿐 아니라 음악 공연도 함께 했고, 해금과 양금 연주에 직접 참여하기도 했다. 1997년 국립국악원을 퇴직한 이후에는 원로사범으로 정재 연구를 하는 등 국악계의 큰 스승으로서 활발한 활동을 보였다. 또한 그는 정재 발굴 등

• 도7-7 승무(위, 1970)와 만파식적(아래, 1970), 김천흥
(심소김천흥무악예술보존회 제공)

과 같은 공연 활동뿐 아니라 학술 연구에도 심혈을 기울여 2002년에는 『정재무도홀기 창사보』를 발간했다. 이 책은 창사 45종이 기록되어 있으며 정간보와 오선보로 이루어져 있다. 이는 후학들에게 정재를 연구하기 위한 귀중한 자료로 보존되고 있다. 또한 김천흥이 최초로 정악 교육을 했던 서울대학교 국악과와, 최초로 정재 교육을 했던 이화여자대학교 무용과에 '김천흥장학금'을 기부하여 후학을 양성하는 데 힘썼다. 그는 1960년 제9회 서울시문화상, 1970년 제15회 대한민국예술원상, 1973년 국민훈장 모란장, 1983년 한국국악협회 제2회 한국국악대상, 1997년 제4회 방일영국악상, 2001년 금관문화훈장을 수상했다.

김천흥은 궁중정재의 전승과 재현에 평생을 바친 가무악의 명인이자 정재의 이론을 정립한 학자이며, 춤·국악계를 통틀어 가장 높은 스승이자 인품과 학식에 있어서도 훌륭한 예인으로 평가되고 있다. '조선의 마지막 무동'으로 일컫는 김천흥의 삶과 예술 세계는 계곡과 골짜기가 어울려 큰 산맥을 이루는 우리의 산천과 같이 지금도 전통춤의 거대한 산맥을 이루고 있다.[23]

2. 신무용의 등장

신무용은 1908년 서구식 무대 형식을 갖춘 원각사가 개관하면서 그 무대에 맞게 창작된 춤으로, 궁중에서 추어진 정재와 민속춤을 새롭게 창작하여 서양식 일면 무대에서 공연한 근대기의 한국춤을 일컫는 용어이다. 신무용의 대표적인 춤으로는 그 시기에 새롭게 창작된 「화관무」, 「부채춤」, 「장고춤」 등이 있다. 이 시기에 근대 지식인들에 의해 국내에 유입된 서양춤들은 선풍적인 인기를 끌었고, 특히 1921년 러시아 '블라디보스토크 조선학생

음악단'의 모국 방문 공연은 사회적으로 큰 반향을 불러일으켰다. 당시 공연에서는 러시아, 스페인, 체코 등의 여러 민속춤이 발표되었으며, 특히 우크라이나의 민속춤인 호팍춤(Hopak dance, 코팍춤이라고도 한다)에 대한 호응이 매우 높아 청년층에 수용되기도 했다. 이와 같은 춤들은 이국적 호기심의 대상이 되거나 극장 무대에서 추어졌다는 점에서 높은 평가를 받았으나, 그보다도 1926년 3월 일본의 현대무용가 이시이 바쿠(石井漠)가 내한하여 경성공회당에서 발표한 춤들이 이제까지의 서양춤과는 다른 차원의 '예술무용'임을 강조했다[24]는 점에서 그의 공연을 신무용의 기점으로 논한다.[25]

한국 민속춤의 대가 한성준에 의한 장단 정리 및 무대화 등의 의미 있는 시도에 의해 신무용은 본궤도에 오르게 되었으며, 신무용사의 초기에는 배구자, 조택원, 최승희의 활동이 특징적이었다. 신무용이 한국에 처음 수용될 당시, 그것은 '새로운 춤'이라는 의미의 'new dance' 혹은 'neue tanz'를 대신하는 용어로 사용되었다. 이는 시대적 상황에 따른 민족 의식이 최승희나 조택원 등이 펼친 창작화 작업에 영향을 미치면서, 서양춤의 기법에 한국 전통춤을 접목시킨 민족춤의 개념으로 변화하게 된 계기가 되었다.[26]

신무용 시기에 활동한 무용가 배구자는 1929년 최초로 무용 연구소를 개소하여[27] 춤을 예술적으로 표현하는 동시에 민요를 춤으로 표현하는 등의 시도를 했다. 그는 1935년에 홍순언과 함께 동양극장을 설립하여 가무단을 운영했는데, 이곳을 통해 많은 극작가와 배우가 배출되었다. 이시이 바쿠의 공연에 영향을 받은 최승희와 조택원이 그의 문하에서 성장했으며 1927년과 1928년에 개최된 한국 공연에 함께 출연했다. 최승희는 저서에서 자신이 춤에 입문하게 된 계기가 이시이 바쿠의 공연에서 얻은 감명으로 인한 것이었다고 밝혔다.[28] 그는 한국적인 소재를 기반으로 춤을 안무하여 세계적인 무용가로서 명성을 얻게 되었다. 또한 조택원 역시 보성전문학교를 중퇴하면서까지 열중하던 테니스 선수 생활을 중단하고 춤에 입문하게 된 것

은 이시이 바쿠의 공연을 관람했던 경험이 결정적이었다고 고백했다.[29] 그는 1934년에 한국으로 귀국하여 지속적인 활동을 하다가 1941년에 「부여회상곡」을 발표했다.[30] 또한 다카다 세이코(高田セイコ)에게 사사받은 박외선은 장래가 촉망받던 인물로, 1935년 20세의 나이에 제1회 발표회를 치른 후 마해송과 결혼하면서 해방이 될 때까지 실질적인 활동은 하지 않았으나, 그 후 1963년 이화여자대학교 무용과 창설의 산파 역을 했으며 이화여자대학교 무용과 현대무용 전공 교수로 활동했다. 이외에도 장추화, 김백봉, 이석예, 김미화 등이 최승희 연구소와 무용단에서 활동했으며, 진수방, 조택원에게 사사받아 중국 및 만주 등지에서 활동했다.[31]

한국은 개화기 신식 문물을 받아들이면서 서양의 다양한 민속춤을 수용했다. 1920년대에 소개된 서양의 춤은 점차 기교적인 측면만이 아닌 정신적·사상적 측면이 부각되는 춤으로 변화했으며, 이러한 변화는 한국춤 또한 이전과는 다른 형태로 발전하게 하는 계기가 되었다. 특히 서양의 춤이 국내에 소개된 것을 전후로 한국인의 춤에 대한 인식 또한 크게 변화했다. 즉 춤을 하나의 예술로 인식하게 되었다는 점에서 서양춤의 국내 유입은 한국춤사에 있어 중요한 의미를 지닌다. 이는 한국이 서양의 춤을 수용할 수 있는 시각을 갖춰 '근대적인 정신'과 '신체적인 활동'이 결합된 예술로서 춤을 인식하게 되었다는 것을 의미한다.

1940년대 중반부터 1950년대 중반까지는 신무용의 형성과 발달에 따라 많은 안무가가 활발한 창작 작업을 진행했다. 특히 최승희와 조택원을 중심으로 형성된 춤계의 새로운 흐름에 따라 대중이 이전보다는 다양한 형태의 춤을 접할 수 있게 되었으며, 또한 한국춤의 세계 무대로의 진출이 현실화되었다. 1945년에는 김민자, 진수방, 양선방, 장추화, 이석예, 김애성, 정지수, 박용호, 한동인, 김해성, 정인방 등의 신진 무용수를 주축으로 하여 '조선무용건설본부'가 조직되었다. 이후 1946년 전국적인 단일 조직체로서 '조선무용예술협회'가 조직되었으며, 위원장 조택원을 중심으로 부위원장에는 함귀봉, 서기장에는 문철민이 선출되었고, 현대무용부 수석위원으로 최승희, 발레부 수석위원으로 정지수, 교육 무용부 수석위원으로 함귀봉 등이 임원진으로 조직되었다.[32] 같은 해 9월 함귀봉은 조택원, 정지수, 조익환, 한동인, 장추화 등의 협찬과 미군정청, 문교부의 지원을 통해 한국 신무용사에서 중요한 업적으로 평가되는 '조선 교육 무용 연구소'를 개소했다. 이러한 시기에 몇몇 단체는 꾸준한 작품 활동을 이어갔는데, 그중 한동인의 '서울발레단'은 창립 공연 「레 실피드」(1946)를 시작으로 「민족의 피」(1947), 「호두까기 인형」(1948), 「꿩」(1949), 「장미의 정」(1949), 「인어공주」(1950) 등을 발표했다.

1950년대는 춤이 근대기의 예술 장르로 성장하는 과정에서, 한국의 춤계가 분열되거나 재결합하는 등 견고하게 성장하기 위한 발판이 마련된 시기이다. 1951년 송범, 이인범, 주리, 김해송 등은 부산 '동아극장'에서 클래식 발레 작품 「왕자와 백조」를 비롯한 몇 가지의 작품을 발표했다. 이는 1953년 5월까지 이어져 10여 차례 지속적으로 공연되었다. 1953년 송범은 한국 무용단을 이끌고 서울로 복귀했으며 이인범은 '서울발레단'을 재건했다. 같은 해 8월에는 김윤학이 시공관에서 첫 발표회를 했고,[33] 이어 강선영이 '신작 고전무용 발표회'를 개최[34]하는 등 춤계는 점차 활기를 되찾아갔다. 1954년 9월에는 시공관에서 '종합 무용제'가 개최되었고 이는 '한국무용예술인협회'의 창립을 기념하는 행사로도 간주되었다.[35]

1955년 6월 20일에는 이화여자대학교가 제1회 전국 중·고등학교 무용경연대회를 개최했다.[36] 이 경연대회를 계기로 한국 대학에 무용학과가 설치되는 기틀이 마련되었다. 1956년 7월 18일 '한국무용가협회'가 발족해 회장에 진수방, 이사에 권려성, 김백봉, 김순성, 김진걸, 송범, 이월영, 임성남, 주리, 파조(본명 이호순) 등 9명이 선출되었다.[37] 같은 해 9월 3일 '한국교육무용가협회'가 발족했으며, 대표 최고위원에 파조, 최고위원에 박외선, 김양

곤, 전성래, 정혜옥, 최규남이 선출되었다.[38] 11월에는 '한국무용가협회' 창립 기념 공연으로 시립극장에서 발레 작품 「비련」이 상연되었다. 작품은 대본 연출에 안제승, 공동 안무에 김백봉, 송범, 임성남이 참여했으며, 당시 공연은 많은 평론가의 호평을 받았다.

> 시립극장에서 열린 한국무용가협회 제1회 작품 발표회는 대표적인 무용가 김백봉, 송범, 임성남 씨의 합작합동공연으로 되어 있다. 이처럼 대담하고 모험적인 합작 시도는 초유의 일이며 이의 성패는 우리 무용계의 구심적 지향에 단적인 어떤 판결을 내려질 것이라 기대되었던 것이다. …(중략)… 주 작품인 "비련"(전6장)은 오리아 공주(김백봉 분)와 두 왕자 세살태 공(송범 분), 배롯트(임성남 분)의 삼각관계를 취급한 비장·발레—다. …(중략)… 전체의 극적 프로세스가 투명, 장면마다의 계기 설정이며 사건의 전개가 계산이 되어서 우선 이야기가 관객에서 100% 전달된다. 특히 앞에 말한바 주역 인물들의 춤들이 각 장면마다 적절히 구사되고 무대 진행에 템포가 있어서 그대로 무용극의 씸포니한 효과를 나타냈다.[39]

이어 1957년 2월에는 동남아시아의 반공 국가에 '한국예술사절단'을 파견하기 위한 공연 계획을 발표했고, 1959년 3월에는 박금슬과 한상묵이 원각사에서 「경기승무」를 발표했다. 한편 당시 양분화되어 있던 '한국무용가협회'와 '한국무용예술인협회' 두 협회는 문총회관에서 합동총회를 열어 4월 26일 '한국무용협회'를 새롭게 발족했는데, 회장으로 진수방, 정회원으로 강선영, 권려성, 김민자, 김백봉, 김백초, 김천흥, 송범, 이월영, 이인범, 임성남, 정인방, 조광, 조용자, 주리 등이 선임되었다.[40] 같은 해 5월 21~24일에는 프랑스 발레리나 자닌 샤라(Janine Charrat)가 이화여자대학교 대강당에서 내한공연을 했다. 이 공연은 한국인이 접할 수 있었던 최초의 본격적인 발레 공연이었다는 점에서 사적 의미를 지닌다.[41] 11월에는 동아일보사 주최로 '신인 무용 발표회'가 시립극장에서 개최되었으며 이는 1960년 10월 제2회 '동아 신인 무용 발표회'로 이어졌다.

1960년대 춤계는 발전적 예술의 성향을 보였으며, 안무가들의 미래지향적인 창작 활동은 한국 예술을 현대적으로 이끌었다. 이러한 경향은 1970년대 중반까지 이어졌다. 1962년 2월 6일 '국립무용단'은 서울 중구 소공동에 위치한 중앙공보관에서 결단식을 가졌다. 구성은 단장 임성남, 부단장 김백봉, 송범, 단원 강선영, 권려성, 김문숙, 김진걸, 이월영, 이인범, 정인방, 조용자, 주리, 진수방으로 이루어졌다. 1968년 12월에는 김천흥이 국립극장에서 무용 공연을 개최하여 「포구락」, 「선도회」, 「무산향」, 「헌천도」, 「농구희」 등의 작품을 발표했다. 이는 궁중춤 형식의 무대 공연을 실현했다는 점에서 중요한 의의를 지닌다.

이 시기에 살펴볼 수 있는 무용 교육의 시도로는 1953년에 이화여자대학교 체육학과에 무용 전공이 최초로 설치되어 대학 교육과정에서 춤 교육이 처음으로 실시되었다는 것, 또 1957년에는 서울예술고등학교에 무용과가 신설되었다는 것이다. 그리고 1963년에는 이화여자대학교에 무용과가 설립되어 이를 계기로 대학 무용 교육의 시대가 열렸다. 그 후 전국의 각 대학에 무용과가 설립되어 그 수가 50여 개에 달했다가 2019년 현재에는 40여 곳으로 축소되었다.

한국의 춤은 시대의 흐름에 따라 문화의 격변기 속에서 발전해왔다. 특히 한국춤은 한국적인 예술 양식이나 기법을 지닌 전통춤과 서양 문화를 한국춤에 접목시킨 과도기적 신무용, 그리고 현 시대의 다양한 갈래로 변화하고 있는 창작춤으로 분류할 수 있다. 다음은 신무용 시대에 활동한 한국 최초의 근대 무용가 배구자, 근대 남성 무용가 조택원, 조선의 전설적 무희 최승희의 예술 세계를 간략하게 살펴보고자 한다.

배구자: 한국 최초의 근대 무용가

배구자(裵龜子, 1905~2003)는 서울 출생으로 조택원, 최승희와 함께 한국의 전통적 소재 및 가무극을 결합하여 전통춤의 대중화를 이룬 인물이자 한국 근대사, 춤사, 연극사, 음악사에서 공통적으로 주목하는 인물이다.[42] 그는 한국 전통춤과 서양춤의 융합을 통해, 춘앵무, 검무, 승무 등의 전통춤을 극화하거나 전통춤의 반주 음악을 활용하여 서양춤에 접목하는 등 한국 근대춤의 새로운 유형을 만들었다.

악극단을 중심으로 활동하던 배구자는 1915년 일본 '덴카스(天勝) 마술단'에 입단하여 레뷰(Revue: 춤과 노래, 시사 풍자 등이 포함된 가벼운 오락극) 전문 예능인으로 활동했다. 1929년에는 한국 최초의 무용 연구소인 '배구자 무용 연구소'를 개소하여 춤을 예술적으로 표현하는 동시에 민요를 춤으로 표현하는 등의 시도를 이어갔고, 그해 9월에 제1회 춤 공연을 열었다. 당시 공연 작품으로는 「양산도」, 「오동나무」, 「도라지타령」 등 민요를 춤으로 형상화한 가무극이 있었다.

• 도7-8 배구자

1935년 배구자는 남편 홍순언(洪淳彦)과 함께 한국 최초의 근대식 극장인 '동양극장'을 설립했으며, 이곳을 통해 많은 극작가와 배우가 배출되었다. 또한 그는 한국의 전통적 미감을 대중적인 가무극 형식으로 재현하려고 노력했다. 배구자 악극단은 동양극장에서 한국춤 「아리랑」을 비롯한 무용극, 춤, 독창, 합창, 연주 등을 혼합한 형태의 작품을 선보이며 왕성한 공연 활동을 했다.

당시 배구자의 작품은 시대적 제약으로 인해 대중적 성향을 보이는 상업적 가무 양식이 대부분이었다. 그는 한국 전통의 소재들을 탐색하여 서구의 안무 기법과 융합함으로써 국제 사회에서 겨룰 수 있는 한민족의 새로운 춤을 창작하는 데 집중했다. 즉 춘앵무, 검무, 승무 등의 한국춤을 극 안에 배열 구성하거나, 한국춤의 반주 음악을 서양춤에 활용했다.[43] 배구자는 해방 이후 춤계 일선에서 물러나 일본으로 건너갔으며, 다시 도미하여 미국에서 살다가 2003년 102세를 일기로 생을 마감했다.

조택원: 근대 남성 무용가

조택원(趙澤元, 1907~1976)은 함경남도 함흥 출생으로 한국 신무용 발전에 큰 영향을 준 유일한 남성 무용가이다. 그는 부유한 가정환경으로 인해 엘리트 교육을 받을 수 있었던 신식 인물로, 1921년 '블라디보스토크 교포 음악단'의 모국 방문 공연에서 음악단을 이끌었던 시몬 박(본명 박세면)에게 춤을 사사받았다. 그는 이국적 정서의 춤을 접하면서 춤에 매료되었고, 이후 1924년에는 무용가극 「사랑과 죽음」에서 단역을 맡아 공연했다. 그는 보성전문학교를 중퇴한 뒤 테니스 선수로 활동하던 중, 1927

• 도7-9 조택원(김문숙 제공)

년 일본의 현대무용가 이시이 바쿠의 제2회 서울 내한공연에서 발표된 「사로잡힌 사람」에 매료되어 춤에 입문했다.

> 그날 밤 나는 굳게 마음을 정했다. 이제 어떠한 사람도, 또 어떠한 사건도 내 마음을 바꿀 수는 없었다. 아직까지 반신반의로 꿈꾸던 내 인생의 목적이 이제는 확고해졌고 명확해졌다. 내가 나아갈 길은 오직 이것 하나밖에 없는 것으로 확실히 느껴졌다.[44]

그 후 1928년 일본으로 건너가 '이시이 바쿠 무용 연구소'에 들어갔으며, 그의 문하에서 현대무용을 배우고 공연에 직접 참여하기도 했다. 조택원은 1929년 '방락정'에서 개최된 이시이 바쿠 무용 공연에서 첫 작품 「어떤 움직임의 매혹」을 발표했다. 그는 체조에 사용하는 곤봉에서 힌트를 얻어 동작의 리듬을 표현했으며, 팔 동작에 따라 몸 전체의 동작이 전개되는 등의 원리를 바탕으로 춤을 안무했다.[45] 1932년에는 서울의 2년제 전문학교인 중앙보육학교(현 중앙대학교)에서 교편을 잡고 춤을 가르치다가, '영락정'에 연구소를 개소하고 운영하면서 공연 준비에 몰두했다.

1934년에는 경성의 '장곡청전공회당'에서 제1회 '조택원 무용 발표회'를 개최했으며, 1935년에 '이시이 바쿠 무용 연구소'를 '조택원 무용 연구소'로 개칭하면서 같은 해에 제2회 무용발표회를 개최했다.[46] 당시 발표된 작품 중 「만종」은 19세기 사실주의 화가 장 프랑수아 밀레(Jean-François Millet)의 동명화(1814)를 춤화한 작품으로, 그의 기념비적인 작품 중 하나이다. 또한 「승무의 인상」은 한성준의 승무를 보고 승무를 새롭게 해석하여 이를 현대화한 작품으로, 후에 시인 정지용(鄭芝溶)이 이 공연을 보고 '가사호접(袈裟胡蝶)'이라는 이름을 붙여주었다. 이는 장삼이 움직이는 모습이 나비가 날아가는 모습을 형상화한 듯하다 하여 명명한 것이라고 한다.[47]

• 도7-10 만종, 조택원 안무, 1935
(김문숙 제공)

조택원은 연구소에서 꾸준히 후학을 양성했으며, 1937년에 프랑스로 건너가 서양의 근대 문화와 예술을 몸소 체험하기도 했다. 이후 세 차례에 걸쳐 유럽에 진출하여 한국춤의 문화적 우수성을 알리는 데 주력했다. 그는 이후 1939년 동아일보사의 후원으로 귀국 기념 공연을 했으며 서울의 부민관을 포함한 전국 각지에서 순회공연을 했다. 또한 같은 해 10월에는 일본 도쿄에서 신작 발표회를 개최했고, 1941년에 「부여회상곡」을 발표했다. 1943년에는 부민관에서 '조택원 신작 무용회'를 개최했으며, 이때 「동무들」, 「작은북」, 「동양풍의 무곡」 등 16개의 작품을 발표했다.[48] 그의 대표작으로는 「만종」, 「부여회상곡」 등이 있고, 1940년 발표한 「춘향조곡」, 1941년 발

• 도7-11 가사호접, 조택원 안무, 1933(김문숙 제공)

• 도7-12 춘향조곡, 조택원 안무, 1940(김문숙 제공)

• 도7-13 소고춤, 조택원 안무, 1952(김문숙 제공)

• 도7-14 제1회 금관문화훈장을 수훈한 조택원, 1974

표한 「학」, 그리고 1949년 발표한 「신로심불로」 등이 있다.

조택원은 1946년 설립된 '조선무용예술협회'의 위원장으로 위촉되었으며 해방 후 미국으로 건너가 1952년까지 활발한 공연 활동을 했다. 그가 미국 활동 중 발표한 「신로심불로」는 공연 후 200여 회의 공연 중 주요한 레퍼토리로 자리매김했다. 뉴욕과 워싱턴에서의 고별 공연을 끝으로 1952년에 그는 일본으로 건너가 공연 활동을 이어갔다. 그리고 1953년부터는 영국 런던, 스웨덴 스톡홀름, 벨기에 브뤼셀 등지에서 활동했으며 이후 1957년에 일본 도쿄와 오사카에서 은퇴 공연을 했다. 그는 1968년 멕시코 파견 한국 무용단을 조직했으며 1969년에는 '한국민속무용단'을 창설했고, 김문숙, 김백봉, 임성남, 전황, 최현이 이사진으로 선출되어 상설 직업무용단으로서의 형태를 갖추었다.[49] 이 단체는 현재의 국립무용단의 전신이 되었다.

조택원은 1966년 서울시문화상, 1973년 대한민국예술원상, 1974년 제1호 금관문화훈장을 수훈했다. 같은 해에는 국립극장 운영위원과 한국문화예술진흥원의 무용개발위원회 위원장을 역임하면서 한국춤계의 발전을 위해 크게 공헌했다. 그의 신무용 예맥은 김문숙과 송범에 의해 이어졌다. 조택원의 신무용 경향은 초기 현대춤의 기법과 한국 전통춤의 기법을 복합적으로 표현한 것이다. 그의 작품은 낭만적·서정적·미래지향적인 특징을 지녔으며, 무용 인구의 저변을 확대시키는 데 기여했고, 한국춤을 예술로 승화시켜 대중적으로 예술적 가치를 인식시키는 선구적인 역할을 했다.[50]

최승희: 조선의 전설적 무희

최승희(崔承喜, 1911~1969)는 '동양이 낳은 세계적인 무희', '조선의 꽃', '반도의 무희'로 불린 조선 근대기 최고의 엔터테인먼트 예술인이자 한국 근대 무용사를 선구적으로 이끈 근대기 최고의 무용가이다. 그는 1911년 경성 출생으로 1922년 숙명여자고등보통학교(현 숙명여자고등학교)에 입학했으며, 1926년 친오빠 최승일의 권유로 일본 현대무용가 이시이 바쿠의 내한공연을 접한 뒤 춤의 길에 입문했다. 1926년 숙명여학교를 조기졸업한 그는 '이시이 바쿠 무용 연구소'에 입단하여 「금붕어」, 「세레나데」 등에 출연했다.

1929년에는 '최승희 무용 연구소'를 설립해 1930년 20세의 나이로 제1회 '최승희 귀국공연'을 했다. 이는 약 4년에 걸쳐 총 4회로 이루어졌으며, 작품에는 「검무」, 「승무」, 「영산무」, 「풍년가」 등 민족성이 짙은 작품과, 「인도인의 비애」, 「해방을 구하는 사람들」, 「그들은 태양을 찾는다」, 「고난의 길」, 「로망스의 전망」 등 약소국민으로서의 한과 반일정신을 그린 작품이 섞여 있었다.[51] 이후 1931년에는 안막(安漠)과 결혼했고, 전국 순회공연 이후 지속해서 반일적·민족적 작품을 창작했다. 1933년에는 일본 여류무용대회에서 「에헤라 노아라」라는 작품으로 수상했으며, 1935년 영화 〈반도의 무희〉에 출연하

• 도7-15 최승희

여 일본 전국을 순회공연했다. 1936년에는 광고, 모델, 레코드 취입 등의 활동을 했고 「보살춤」, 「궁중무」, 「무당춤」 등 다수의 작품을 창작했다.

1938년 28세의 나이로 최승희는 전성기를 맞이하게 된다. 뉴욕 길드극장 및 샌프란시스코 카란극장에서 공연을 했으며, 1939년 파리 살 플레옐 극장에서 첫 유럽 공연을 했다. 이후 벨기에, 네덜란드, 이탈리아 등에서 순회공연을 했고, 파리 국립극장에서 두 번째 공연을 했다. 1940년에는 30세의 나이로 뉴욕 메트로폴리탄 극장과 계약 후 다수의 작품을 발표했으며 중남미에서도 순회공연을 했다.

최승희의 전성기에는 여러 세계 언론도 그에게 주목했다. 벨기에 브뤼셀의 『라 리브르 벨지크*La Libre Belgique*』 지에서는 최승희에 대해 "가장 매력적인 표현의 신선함과 명랑성을 가지고 있다", "위대한 인품과 유머, 센스와 우아함, 그 무용 구성에서 나오는 예리한 느낌이 있다"라고 평했다. 또한 뉴욕 카네기홀 공연과 관련해서는 "단순하면서도 격정적인 매력을 풍기는, 아주 세련된 조각이 있었다", "미묘한 곡선을 이루고 있어 그 손들은 표현을 담고 있으면서 우아하다"라고 호평하는 등 그는 한국인으로는 최초로 세계적으로 인정받은 예술가였다.

1941년에는 귀일 공연을 했으며 이때 전통춤을 익혀 「신전의 춤」, 「칠석의 밤」 등을 창작했다. 1942년 32세의 나이로 도쿄 제국극장에서 24회 연속 독무 공연을 했고, 1943년 중국 순회공연을 했다. 1946년에는 남편을 따라 월북하여 '평양 최승희 무용 연구소'를 개소했고, 이때 「석굴암의 벽조」 등을 공연했다. 1950년에는 '북한예술단' 단장으로 러시아에서 공연했고, 1952년 42세의 나이로 중국 '중앙희극학원'에 무용 연구반을 개소했다. 또한 매란방과 경극 개혁에 참여했으며 이후 독자적인 기본 동작을 확립했다. 1955년에는 45세의 나이에 인민배우로 부상하여 「사도성의 이야기」에 출연했고, 1958년에는 『조선민족무용기본』을 출판했으며, 1962년에는 이를 영화화하

• 도7-16 무당춤, 최승희

• 도7-17 석왕사의 아침, 최승희

• 도7-18 보살춤, 최승희

는 동시에 작품 「비천도」를 발표했다.

최승희는 전통춤과 현대춤의 융합을 통해 독자적인 창작무용을 구축하고, 민족적 소재의 세계화를 통해 세계적인 무용가로 도약했다. 그는 패션계 및 예술계를 선도한 신여성이자 한국, 중국, 북한의 무용 교류에 이바지한, 동양 최고이자 세계적 수준의 무용수였다. 또한 서양의 춤 테크닉과 한국적 전통춤의 정서로 독창적인 안무를 선보였던 안무가이자 시대를 앞서 나간 패셔니스트, 모델이었고, 여러 편의 극영화에 출연한 배우였다. 그는 『조선민족무용기본』(1958)을 집필하고 중국 무용의 기본을 확립하는 데 조력했다는 점에서 중국 경극의 혁신자라고도 할 수 있다. 이처럼 최승희는 자신의 천부적인 자질과 노력, 친오빠 최승일의 영향력과 남편 안막의 기획력, 그리고 최승희 후원회의 경제적·정서적 지원 등으로 성장할 수 있었다. 독창적인 작품 세계로 인해 '세기의 무희'로 불렸던 그는 지금도 세계적으로 인정받은 여성 무용 스타로 평가되고 있다.

제
8
장

현대

(20세기 중반~)

현대의 시대적·문화적 배경

20세기 중반은 국가의 경제개발 정책과 국민들의 자발적인 노력에 의해 한국경제가 크게 발전한 시기이다. 농·어업에 의존하는 농업 국가였던 한국은 공업의 비약적인 발전을 통해 공업 국가로 변화하는 전환점을 맞이했다. 1980년대 중반에는 반도체, 자동차 등의 기술집약형 산업이 급격한 성장을 이루었으며, 그 후반부터 환경, 교육, 문화 등 다양한 분야에서 변화들이 나타났다.[1] 또한 1986년에 개최된 서울아시안게임과 1988년에 개최된 서울올림픽을 통해 한국의 세계적 위상도 높아졌다.

1990년대는 18세기 산업혁명에 이어 본격적인 정보혁명이 이루어진 시기이다. 1995년에는 1인당 GDP(국내총생산)가 1만 달러를 돌파했으며, 같은 해 정부는 국민의 복지 증진을 위한 「사회보장기본법」을 시행했고, 이를 통해 국민들의 안정된 삶을 위한 국가적 차원의 정책이 마련되었다. 또한 1996년에는 아시아에서 두 번째로 OECD 회원국이 되었다. 소득 증가에 따른 경제 호황은 문화예술 분야에도 새로운 바람을 불러일으켰으며, 한류, 해외여행, IT산업 등과 같은 문화 요소들이 1990년대에 뚜렷이 성장했다. 이처럼 소득의 증가 및 경제의 원활한 순환으로 인해 예술 분야가 급격히 발전했고, 대중의 관심사도 자연히 문화예술로 향할 수 있었다.

한국의 현대 미술은 한국전쟁 이후 형식주의 모더니즘 미학이 주류로 자리하면서 전개되었다. 1950년대 후반에는 크고 작은 집단적 움직임들이 활발하게 전개되었으며, 이는 추상미술을 추구하는 형태의 작품들로 나타났다. 특히 변희천(邊熙天), 조병현(趙炳賢), 이상순(李商淳) 등은 '신조형파'

라는 그룹을 만들어서 유럽의 입체주의와 야수주의를 절충적으로 수용하여 일제강점기에 진보적 성향의 작품들을 만들었다. 이러한 진보적 성향의 작가들은 서양 미술의 최신 경향을 작품에 더욱 반영하여 작업 활동을 이어갔으며, 1957년에는 김창열(金昌烈), 박서보(朴栖甫), 정상화(鄭相和) 등에 의해 '현대미술가협회'가 결성되었다.[2]

• 도8-1 김창열, <물방울>, 1981
(제주도립김창열미술관 제공)

1960~1970년대는 모더니즘 미학의 등장과 함께 실험적 전위예술이 활발했던 시기이다. 특히 보수적 성향이 강했던 대한민국미술전람회에 대항하여, 전문교육을 받은 젊은 미술가들의 추상미술운동이 일어나면서 한국 현대 미술사는 큰 전환점을 맞이하게 되었다. '현대미술가협회'는 1958년에 열린 그룹전에서 '앵포르멜(informel)'[3]을 뚜렷한 조형 이념으로 내세웠으며, 작가 개인의 감성적 표현과 회화적 자율성을 추구하는 작품들을 발표했다. 이는 한국 최초의 자율적이고 개혁적인 운동으로 볼 수 있으며 서양 모더니즘의 본격적인 수용으로도 풀이될 수 있다.[4]

1979년까지의 제4공화국 시기에는 문화재관리국 설치(1961), 「문화재보호법」 제정(1962), 문화공보부 설치(1968), 문화재개발 5개년 계획 제정(1969), 문예중흥 5개년 계획 실시(1974) 등과 같은 적극적인 문화 정책들이 생겨나기 시작했다. 한편 한국의 전통성 계승과 함께 세계 미술의 흐름에 함께하려는 작가들의 노력은 1970년대에 부상한 '단색조 회화'[5]를 통해 파악할 수 있다. 이것은 전통적 소재에서 오는 한국적 정서를 활용하여 추상미술의 섬세한 조형성을 나타내는 것으로, 1970년대부터 1980년대까지 다양한 형태의 단색조 회화 운동이 이어졌다. 이 시기에는 『공간』, 『현대미술』, 『미술평론』 등의 미술 관련 잡지들이 발간되기도 했다. 1960년대 후반 작가들은 미술관과 화랑을 벗어나 일상적 공간에서 작업을 진행하기도 했으며, 점차 작가 개인의 감정을 표현하는 것보다는 관객 참여를 유도하는 등 관객을 작품에 끌어들이는 해프닝적 작업을 많이 시도했다.

1980년대는 정치적 사건과 운동으로 인해 사회비판적 리얼리즘 경향의 작품들이 주류를 이루던 시기이다. 특히 민중 미술이나 여성주의 미술 등이 활발해지면서 예술의 사회적 기능이 강조되었다. 이는 걸개그림이나 벽보 등으로 제작되면서 민중의 삶과 더욱 밀접하게 관계되는 작업으로 나타났다.[6] 이 시기 미술계에서는 1980년대 중반에 생겨난 포스트모더니즘에 대한 관심이 높아졌으며, 경제 성장으로 인해 한국 미술 시장이 더욱 활성화되면서 많은 화랑이 생겨났다. 또한 세계 미술의 흐름을 국내에 소개하거나 한국 작가들이 세계로 진출하기도 했으며, 특히 아시안게임과 올림픽을 국내에 유치하는 등 한국 문화의 세계화가 적극적으로 이루어지게 되었다.

1990년대 이후 한국 사회는 IT기술의 발달로 인해 대중 문화가 급격하게 발달했다. 이러한 시대적 흐름 속에서 전통과 현대, 서양과 동양, 원본과 모조품 등이 혼재하는 현대의 소비사회 모습이 미술 작품에 나타나게 되었다. 이는 비디오, 컴퓨터, 음향기술 등의 융합을 통해 이전보다 더욱 다양한 형태로 발전되었다. 또한 현재 4차 산업혁명 시대의 도래에 따라 미술은 더 이상 미술 분야에 국한되는 작업이 아닌 춤, 음악, 과학, 기술 등 전 분야와의 융합 작업으로 이어지고 있다.

한국의 현대 음악은 20세기 후반에 형성된 '조선악'과 '서양악'이 혼재된 형태로 발전했다. 그러나 조선악은 '전통 음악'의 범주로 묶이면서 '국악'이

• 도8-2 1988년에 개관한 예술의전당

라는 한정적 개념으로 정의되었으며, 서양 음악은 '음악'이라는 보편적 개념으로 정의되었다. 이에 대해 국가에서는 1952년에 '국립국악원'을 개원하고 '인간문화재'를 지정하는 등 국악을 보존 및 전승하기 시작했다. 또한 1955년에 국립국악원 부설 국악사 양성소(현 국립국악고등학교)가 개소했으며 1959년에는 서울대학교에 국악과가 개설되었다. 이후 1960년에는 국악예술학교(현 국립전통예술고등학교)가 설립되어 한국 음악의 공연 예술화를 위한 인적 자원이 많아졌다.[7] 이러한 학교 기관의 교육을 받은 국악인들에 의해 '창작국악'이라는 새로운 장르가 형성되었으며, 근대기 신민요의 작곡 범위가 확대되어 성악과 기악, 독주곡, 중주곡, 합주곡, 관현악곡, 협주곡 등 전 분야에 이르게 되었다.

다양한 변화를 거쳐 현재까지 이어지고 있는 궁중 음악으로는 종묘제례악, 문묘제례악, 여민락, 보허자, 수제천, 동동, 취타 등이 있으며, 이 중 여민락과 보허자는 조선 후기 향악화 작업을 통해 여러 곡을 파생시켰다. 이왕직아악부원 양성소에서 전수되었던 '풍류악'은 양성소 출신의 인간문화재를 통해 현재까지 전승되고 있다. 풍류악은 '정악'[8]으로 불리며, 가곡, 가사,

• 도8-3 황병기, 국립국악관현악단, 정오의음악회(국립극장 제공)

시조가 포함되는 '성악곡'과 영산회상의 '기악곡'으로 나뉜다.[9] 이외에 인간 문화재를 통해 전승되고 있는 민속악은 크게 판소리, 산조, 잡가, 민요, 농악 등으로 구분된다.

이 시기에는 또한 국가 기관 소재의 여러 '국악관현악단'과 '실내악단'이 형성되었으며, 이는 점차 민간 기업과 단체의 후원 혹은 개인적인 활동을 통해 결성되는 형태로 변화했다. 현재 국공립 국악 관련 기관에는 '국립국악원', '국립국악관현악단', '국립창극단'이 있으며, 이외에 각 도와 시로 분류되는 국악관현악단 등이 있다. 또한 개인에 의해 결성된 실내악단은 다양한 규모로 발전했으며, 전통과 서양의 음악적 성격을 혼합하여 대중적인 곡을 연주하거나 새로운 형태로 편곡하여 연주하기 시작했다.

2000년대 이후 한국의 현대 음악은 퓨전과 융합의 형태로 전개되고 있다. 국악과 서양 음악의 구분이 어려울 정도로 다양한 악기가 사용되고 새로운 악곡이 생겨났으며, 기술 개발에 따라 전자·전기 및 컴퓨터를 사용한 음악 제작도 활발하게 이루어지고 있다. 또한 국악은 실험적인 신세대 작곡가들에 의해 전통 음악과는 다른 새로운 장르의 음악으로 다양한 변화를 시도하고 있다.

1. 예인무의 발전

현대는 근대의 격동기를 지나 순수예술로서의 춤이 하나의 예술 분야로 자리매김하기 시작한 시기이다. 이 시기에는 전통춤이 질적·양적으로 팽창했으며 국가 차원에서 음악, 춤, 공예 기술 등 무형적으로 전수되어 내려오는 전통문화유산을 보호하기 위해 1962년에 국가무형문화재 보호 제도가 시작되었다. 국가무형문화재로 지정된 대표적인 작품은 종묘제례악, 강강술래, 농악, 진주검무, 북청사자놀음, 봉산탈춤, 승무, 처용무, 학연화대합설무, 송파산대놀이, 영산재, 석전대제, 태평무, 살풀이춤, 연등회 등이 있다. 이를 통해 근대화와 식민지 시기를 거치면서 소실되어가던 여러 전통춤이 보존·전승되는 길이 열린 것이다. 이러한 전통춤이 국가무형문화재로 지정되고, 뛰어난 기능을 보유하고 있는 예능 보유자들을 국가적으로 인정하여 한국 전통춤이 전승되고 있다. 특히 국가무형문화재로 지정된 춤 종목 중 기교적이며 자기 자신의 예술 세계를 오롯이 나타내는 홀춤 형식을 지닌 승무, 살풀이춤, 태평무 등을 예인무로 규정했다.

또한 현대에는 국립무용단의 한국적 소재 무용극과 젊은 안무가들이 시도한 실험적 성향의 창작춤이 다양하게 선보여졌다. 국립무용단은 전통춤의 재창조와 창작춤극의 정립을 목표로 1962년에 창단된 한국의 대표적인 전문 춤 단체이다. 창단 당시에는 한국춤과 발레 공연을 함께 했으나 1973년에 국립발레단이 분리되면서 한국무용단으로 운영되기 시작했다. 국립무용단이 창단한 이후 1970년대 중반에는 다수의 시립무용단이 서울, 부산 등 전국에 설립되기 시작했으며, 현재 전국적으로 23개의 국공립 춤 단체가 주요 도시를 중심으로 활발히 활동하고 있다.

국립무용단은 1962년에 창단한 이후 송범, 김백봉, 최현, 국수호, 조흥동, 김현자, 배정혜, 윤성주 등 한국의 대표적 무용가들이 예술 감독 및 안무에 참여하여 전통춤의 형식을 정립하고 예술적 완성도를 높이는 데 앞장서왔다. 국립무용단의 무용극은 고전발레와 같은 극적 구성과 연출 방식을 취하면서 한국적 설화나 소재를 가지고 창작한 춤으로 이루어졌다. 한국에서의 무용극은 서양의 근대 무대춤 양식이 들어온 뒤 성립된 개념으로, 실내 무대춤이 보편화된 신무용 시대 이후 등장한 춤 양식이라고 할 수 있다. 뿐만 아니라 국립국악원 무용단은 궁중정재를 복원하고 다양한 민속춤의 레퍼토리를 개발하는 동시에, 정재를 보존하고 민속춤 전통의 맥을 이어가고 있다.

1970년대 중반 이후부터는 젊은 춤 학도들의 이론이 학문적으로 정립되었으며, 이를 현대적으로 수용하여 한국춤계에 정착시키려는 노력이 이어졌다.[10] 1976년 이화여자대학교 무용과 출신의 무용수들은 김매자에 의해 '창무회'를 결성했다. 창무회는 한국 전통춤을 토대로 예술운동적 차원에서 꾸준한 실험 작업을 진행했으며, 새로운 한국 창작춤의 기류를 형성했다.[11] 1974년에는 '서울시립무용단'이 '서울시립국악관현악단'의 부설 무용단으로서 창단되었고, 단장에는 문일지가 임명되었다. 공식적인 최초의 공연은 1974년 국립극장에서 가진 발표회로, 당시 「처용설화」 등의 작품이 공연되었다. 1982년부터는 문일지가 창단한 '한국무용아카데미'가 한국춤을 창작하고 다양한 한국춤 이론을 연구했다.

1970~1980년대 이후 대학 무용과의 설립은 다양한 동인단체의 공연 작품으로 빛을 발하기 시작한다. 대표적으로 '한국컨템포러리무용단', '발레블랑', '창무회' 등 전국적으로 100여 개의 각 대학 산하 동인단체가 있다. 특히 이 시기 한국 창작춤 단체들은 한복 치마, 저고리와 버선, 국악 등에서 완전히 탈피하여 창작춤으로서의 한국춤의 참신성과 표현성을 실험하기도 했다. 현재 전국적으로 40여 개의 대학 무용과와 20여 개의 예술고등학교 무용과가 존재한다.

이 절에서는 한성준 전통춤의 계승자 한영숙, 극무용의 대표 주자 송범, 태평무 보유자 강선영, 신무용의 계승자이며 한국 창작춤의 개척자인 김백봉, 승무 및 살풀이춤의 보유자 이매방, 서정주의 한국춤의 대명사 최현의 예술 세계를 간략하게 살펴보고자 한다.

한영숙: 한성준 전통춤의 계승자

한영숙(韓英淑, 1920~1989)은 충청남도 천안 출생으로, 한성준의 춤을 꽃피우고 혼돈의 근대기 속에서 전통춤의 맥을 이어온 '전통춤의 대모'로 평가된다. 13세에 조부 한성준으로부터 춤을 체계적으로 배우기 시작했으며, 이후 '조선 음악 무용 연구회'에서 혹독한 훈련과 활발한 공연 활동을 펼쳤다. 18세가 되던 1937년에는 서울 부민관에서 첫 개인 발표회를 열었으며, 이 당시 승무, 살풀이춤, 학춤 등을 선보이면서 많은 사람들의 찬사를 받았다.[12] 1940년에는 도쿄 '히비야 공회당'에서 첫 해외공연을 가졌으며, 당시 공연에는 한성준과 20여 명의 조선 음악 무용 연구소 제자들이 함께했다. 한성준 타계 후 그가 22세 때에는 '한영숙 고전무용 연구소'를 운영하면서 한성준의 춤을 꾸준히 연마했다. 또한 지속적인 정기 발표회를 통해 전통춤을 계승하고자 노력했다. 1942년에는 조선 음악 무용 연구소를 이어받아 '한영숙 고전무용 연구소'로 개칭했으며, 해외 동포들을 위한 순회공연도 펼쳤다.

• 도8-4 한영숙

1955년에는 '한국민속예술학원'을 개원하여 춤 담당 교사로 활동했고, 이후 세종대학교 교수로 재직하는 등 여러 교단에서 전통춤 교육을 위해 힘을 기울였다. 1960년대 중반 이후에는 해외에서 공연 활동을 하면서 자신의 춤을 집대성한 개인 공연을 열었다. 특히 1964년에 미국 30개 주에서 순회공연을 했으며, 1966년 9월에는 국립극장에서 '한영숙 춤 35주년 기념 공연'을 열었다. 당시 그의 공연에 대해 "한성준 옹의 진정한 춤 계승자로서 전통춤의 진수를 보여주었다"는 호평과 함께 "춤계의 최고의 수확"이라는 찬사를 받기도 했다.[13]

1969년 춤 분야에서는 처음으로 승무가 국가무형문화재로 지정되었으며, 1971년에는 학무가 지정되는 등 한국춤에 대한 국가적 차원의 인정과 지원이 공식적으로 이루어졌다. 이와 함께 한영숙은 두 종목의 예능보유자로 지정되었으며, 1971년에는 '국가무형문화재 전수소'를 개소하여 본격적인 전수 교육을 펼쳤다. 같은 해 6월에는 국립극장에서 '한영숙 무용 발표회'를 열었으며, 작품 「승무」와 함께 불교 의식의 춤과 승무의 원형성을 살리는 동시에 현대적으로 재구성한 「법열곡」을 발표했다. 그는 1967년 서울시문화상, 1970년 국민추천포상 대통령상, 1971년 제3회 문화예술상을 수상했고, 1973년에는 국민훈장 동백장을 수훈하는 영예를 얻었다.

한영숙은 본격적인 후학 양성을 위해 활발한 교육 활동을 펼쳤으며, 1976년에는 이애주와 정재만을 1기생 승무 이수자로 배출했고, 1980년에는 박재희, 이향재를 2기생으로 배출했다.[14] 1978년에 그는 세종문화회관 개관기념 축하 공연에서 「승무」와 「태평무」를 공연했으며, 1984년에 열린 LA올림픽 예술 축전과 1985년에 열린 하와이대학교 국제의 날 행사 등에 참가하여 한국춤의 기상을 해외 무대에서 드높였다. 또한 1988년에는 서울올림픽 폐막식에서 살풀이춤을 선보여 우리 춤의 고유성과 독창성을 세계에 알렸다. 그는 한국춤에 대한 애정을 국내외의 공연과 후학 양성 활동 등을 통해 가감 없이 표출했고, 그 공로를 인정받아 1980년에는 대한민국예술원

• 도8-5 한영숙, 국가무형문화재 제97호 살풀이춤
(한영숙춤보존회 회장 이애주 제공)

• 도8-6 한영숙, 국가무형문화재 제27호 승무
(한영숙춤보존회 회장 이애주 제공)

상, 1985년에는 한국무용협회 무용대상, 1988년에는 예술문화대상 등을 수상했다. 그리고 1989년 4월에 마련된 칠순 기념 연회에서 김소희 명창의 구음에 감흥하여 펼친 즉흥 살풀이춤을 마지막으로 작고했다.

한영숙은 평생을 '춤판의 외고집쟁이'로 불리며, 춤과 함께하는 삶을 살아온 예인이었다. 특히 서울올림픽 폐막 공연 무대에서 선보인 살풀이춤은 세계인들에게 한국 전통춤의 깊이와 아름다움을 소개한 최고의 공연이었다고 평가되고 있다. 또한 그는 살풀이춤과 더불어 한성준에게 전수받은 승무, 학춤, 태평무 등의 전통춤을 제자들에게 전수한 교육자로서의 삶도 살아왔다. 한영숙의 전통춤은 한성준에게 그 뿌리가 있긴 하지만, 그 자신의 삶에서 묻어나오는 한과 희로애락이 극도로 절제되어 탄생된 춤이라고 할 수 있다. 이런 점에서 그의 춤은 다소곳하면서도 위엄을 잃지 않는, 지나치지 않으면서 동시에 중도를 지키는 담백한 춤으로 평가되고 있다.

송범: 극무용의 대표 주자

송범(宋范, 본명 송철교, 1925~2007)은 충청북도 청주 출생으로 한국춤의 무대화에 큰 공헌을 한 인물이다. 그는 최승희의 공연을 접하면서 춤계에 입문했으며, 1946년 '조택원 무용 연구소'에 들어가면서 본격적인 춤 교육을 받게 되었다. 그리고 조택원이 미국으로 건너간 이후에는 최승희의 제자인 장추화의 문하에서 교육을 받았다. 1947년에는 장추화의 제1회 발표회에서 솔로로 구성된 「습작」을 안무 및 발표하면서 춤계에 처

• 도8-7 송범(범무회 제공)

음 데뷔했다. 이 작품에 대해 당시 평론가 문철민은 송범이 보여준 테크닉을 크게 호평했으며, 또한 그의 균형적인 육체와 아크로바틱한 움직임의 기교를 보고 미래에 대한 큰 기대감을 나타냈다.[15]

그는 1951년 1·4후퇴 당시 피난지였던 대구에서도 활발한 활동을 했으며 같은 해 10월에는 부산극장에서 무용극 「불의 희생」을 공연했다. 1952년부터는 「아리랑 환상곡」, 「공장지대」 등 다수의 작품을 발표하면서 대중의 주목을 받았다. 1956년에는 안제승 연출, 송범, 임성남, 김백봉 공동 안무의 「비련」을 공연했으며, 이후 「생령의 신음」, 「안단테 칸타빌레: 한여름 밤의 꿈」, 「현대인」, 「백야」, 「혁명전야」, 「죄와 벌」 등 다수의 작품을 발표했다.

그는 직접 출연하거나 안무하는 등 지속적인 작품 활동을 했으며, 특히 「아, 1919」, 「심산유곡」, 「종송」 등과 같은 무용극 형식의 작품도 지속적으로 제작했다. 1968년에는 '세계민속예술제'에 참가하여 「화관무」, 「사랑가」, 「선녀춤」을 공연하여 한국춤의 세계 무대 진출에 기여했다. 또한 1972년에는 뮌헨올림픽 문화 축전에 초청되었으며, 이때 그의 작품이 외국의 저널에 소개되면서 국제적인 관심을 받았다.[16]

• 도8-8 송범, 승무(범무회 제공)

1973년에는 국립무용단의 초대 단장으로 취임하여 같은 해에 작품 「별의 전설」을 발표했다. 이후 대형극장에 적합한 무대 조형과 화려한 군무를 연출하는 데 집중한 그는

• 도8-9 도미부인, 국립무용단, 1985 초연(국립극장 제공)

1974년에 작품 「왕자호동」을 발표했다. 이 작품은 작품 자체에 있어 세계 수준급인 국립극장 무대에 어울리는 춤꾼들을 살려냈다는 호평을 받았다.[17] 이후 「도미부인」, 「그 하늘 그 북소리」와 같은 대작을 제작하며 이십여 년 동안 국립무용단에서 단장 및 안무가로서 활발한 활동을 했다.

송범이 무용극을 본격적으로 발전시킨 것은 국립무용단에서의 활동 당시 설화적 · 전설적인 이야기를 소재로 한 스토리 중심의 무용극을 무대화하면서부터이다. 또한 한국춤을 대극장 무대에 적합하게 안무하는 동시에 국립무용단 특유의 동적이면서 선이 굵은 예술적 스타일을 완성해나갔다. 그러므로 송범은 국립무용단 단장으로 활동하면서 한국춤을 현대화하여 무용극 형식으로 발전시킨 장본인이라고 할 수 있다. 그의 무용극에서 활약한 주역으로는 국수호, 정재만 등이 있다.

강선영: 태평무 보유자

강선영(姜善泳, 1925~2016)은 경기도 안성 출생으로 한영숙과 함께 한성준 춤의 맥을 이은 후계자였다. 그는 1988년에 지정된 국가무형문화재 제92호인 태평무의 예능보유자로, 한국춤의 발전에 기여한 예술가이다. 강선영은 1937년 어머니의 권유에 따라 한성준 문하에서 춤을 배우게 되었으며, 이는 그가 춤에 입문한 계기가 되었다.[18] 조부와 집안의 반대에도 불구하고 춤에 대한 열정을 키워왔던 그는, 후에 조선 음악 무용 연구소에서 한성준의 손녀 한영숙과 함께 춤을 수학했다.

강선영은 1940년 서울 부민관에서 열린 '한성준 무용 발표회'에서 첫 무대를 선보이며 공식 데뷔했다. 당시 공연은 조선 음악 무용 연구소 문하생들과 함께 진행되었으며, 그중 강선영은 「학춤」, 「한량무」, 「태평무」 등에 출연했다. 데뷔 후 그는 한성준과 함께 활발한 공연 활동을 했으며, 1953년 제1회 신작 발표회를 열었다. 여기서는 스승에게서 배운 「검무」, 「살풀이춤」, 「승무」와 함께 작품 「법열」을 공연했다. 그리고 1955년 개최한 제2회 발표회에서는 무용극 「목란장군」을 공연했다.

• 도8-10 강선영

강선영은 모윤숙의 시 '산제(山祭)'를 모티브로 「초혼」(1964)을 국립극장에서 발표한 이후 1965년에 제작한 「열두 무녀도」를 기점으로 「수로부인」, 「원효대사」, 「황진이」 등의 작품을 발표했다. 그리고 1985년에는 '한국무용협회' 이사장으로 선출되었으며 1990년에는 한국문화예술단체총연합회 회장, 1992년에는 제14대 국회의원으로 당선되면서 춤계의 발전을 위해 왕성한 활동을 펼쳤다. 2005년에는 한성준의 대표작을 중심으로 한 공연 '명가 강선영 불멸의 춤'을 기획하여 국립극장에서 발표했다. 이어 2006년 한국 전통춤 공연으로는 최초로 뉴욕 링컨센터에서 '강선영 춤 인생 70년 기념 공연'을 열었다.[19] 강선영은 화려한 국내외 활동과 함께 스승 한성준의 전통춤의 맥을 잇기 위한 태평무 전수 교육, 인재 양성 교육에도 심혈을 기울였다. 그는 한국춤의 새 기틀을 마련한 인물이자 한국춤의 발전을 위해 크게 기여한 인물로 평가되고 있다.

• 도8-11 강선영, 국가무형문화재 제92호 태평무
(국립무형유산원 제공)

김백봉: 한국 창작춤의 개척자

김백봉(金白峰, 1927~현재)은 평안남도 기양 출생으로 최승희의 수제자이며 신무용의 발전적 시도를 이루어낸 한국 창작춤의 개척자이다. 김백봉은 격동의 근대기와 현대기를 살아온 예술가로서, 신무용을 한 단계 발전시켜 국제적으로 인정받는 한국춤 작품을 선보였다. 1941년 최승희의 귀국 공연을 접한 뒤 그는 도쿄로 유학을 떠나 일본 쇼잉여학교를 다

• 도8-12 김백봉

니며 최승희 무용 연구소 생활을 시작했다.[20] 이후 1942년에는 도쿄 제국극장에서 발표한 「궁녀무」를 통해 본격적인 데뷔 무대를 갖게 되었다. 이 시기 김백봉은 최승희 안무의 「화립」, 「천평의 춤」, 「초립동」, 「궁녀무」 등에 출연했으며, 꾸준히 최승희의 제자로 활동했다.

1944년에는 최승희의 시동생인 안제승과 결혼한 후 베이징의 '최승희 동방 무도 연구소'에서 최승희의 조교이자 교육자로서 활동했다. 1946년에는 베이징 백해(白海) 공원의 야외무대에서 자신이 안무한 작품 「월야수신」을 발표했고,[21] 귀국 후 스승 최승희를 따라 월북하여 평양의 '최승희 무용 연구소'에서 부소장 겸 상임안무가로 활동했다. 그리고 1947년에는 평양 국립극장에서 첫 발표회를 열어 「계월향」, 「농촌풍경」, 「지효」, 「고전형식」 등의 작품을 발표했으며 월남할 때까지 5회의 발표회를 가졌다.

1·4후퇴 때 월남한 후 그는 춤 인생에 있어 새로운 전환기를 맞이했다. 특히 예인들의 춤을 배우면서 한국 전통춤을 처음으로 접하게 되었다. 이는 김백봉의 예술 세계가 확립되는 중요한 요소로 작용했다.[22] 김백봉은 이후 1953년에 '김백봉 무용 연구소'를 설립하여 본격적인 활동에 나섰다. 같은 해 8·15광복을 기념하는 예술제에서 「조국찬가」를 안무 및 발표했으며, 1954년에는 월남 이후 첫 무용 발표회를 개최했다. 이 공연에서 발표된 「부채춤」과 「화관무」는 김백봉의 대표작으로 현재까지 전승되고 있으며, 독무로 초연된 것이 국립무용단에서 군무로도 안무되면서 한국춤을 대표하는 작품으로 평가되고 있다.

김백봉은 꾸준한 작품 활동 및 공연을 통해 김백봉류 산조춤 「청명심수」(1993), 「만다라」(1997)를 비롯하여 많은 작품을 안무했다. 또한 1976년에는 『봉산탈춤무보』를 출판하는 등 한국 전통춤에 대한 애정을 나타내기도 했다. 대표작인 「화관무」, 「부채춤」, 「청명심수」, 「만다라」, 「심청」을 비롯한 그의 여러 작품을 통해 화려한 춤사위와 선이 아름다운 움직임을 그려냈음을

• 도8-13 김백봉 부채춤(김백봉부채춤보존회 제공)

알 수 있다. 김백봉은 춤 공연뿐만 아니라 오페라, 뮤지컬, 매스게임 등 춤이 필요한 각종 무대나 행사에서도 중요한 역할을 했다. 특히 1988년 서울올림픽 개막식에서 김백봉이 안무하고 직접 출연하여 공연한 1,500여 명 규모의 화관무는 기억될 만한 업적이라고 할 수 있다. 이때 그는 한국춤 안무 총괄을 맡아 그 공로로 대통령상을 수상했다. 또한 김백봉의 대표작이라고 할 수 있는 「부채춤」의 창작 배경에 대해 문애령은 다음과 같이 증언했다.

> 부채춤의 탄생 과정도 흥미 있었다. 형수님의 무당춤을 멋있게 보셨던 안제승 선생이 어느 날 "당신은 부채를 두 개 들고 춰"라는 말씀을 하셨다.[23]

김백봉은 한국춤 외에 무용극 양식으로 「우리 마을 이야기」, 「심청」, 「고향」, 「마음」, 「회화」, 「숲」 등을 안무했다. 또한 그는 경희대학교 무용과 교수를 역임했으며 대한민국예술원 회원, 서울시무용단장 등의 활동을 통해 한국춤사에서 중요한 역할을 했다. 김백봉의 춤은 밝고 아름답고 경쾌하고 산뜻하다. 언제나 선명하고 뚜렷하다. 그의 춤은 한국의 대표적인 얼굴의 하나가 되었다.[24] 특히 한국춤의 민족적 춤사위 기법을 토대로 현대적 감각을 유입함으로써 최승희의 신무용을 계승하고 한국 창작춤을 개척한 인물로 평가되고 있다.

이매방: 승무 · 살풀이춤의 보유자

이매방(李梅芳, 본명 이규태, 1927~2015)은 전라남도 목포 출생으로 이 시대 최고의 전통춤꾼으로 평가되고 있는 가무악의 명인이다. 그는 승무와 살풀이춤의 예능보유자로, 이외에 「검무」, 「입춤」, 「장검무」, 「장고춤」, 「사풍정감(선비춤)」, 「화랑도」, 「승천무(대감놀이)」, 「기원무」, 「보렴무」, 「북소리」의 10여 작품을 보유하고 있다. 이매방은 그의 저서에서 "걸음마를 하기 시작할 때부터 누나들의 치마를 입고 거울을 보며 춤추는 흉내를 냈다"[25]고 밝히고 있다. 그는 초등학교에 입학하기 전, 전라남도 진도에 위치한 조도 출신 기생 함국향의 춤을 접하면서부터 춤을 배우기 시작했다. 이후에는 권번에서 이대조에게 춤, 북, 소리 등을 배우며 가무악에 흥미를 가지게 되었다. 그는 권번에서의 수학 당시 모든 춤사위의 기초가 되는 「허튼춤」을 익혔으며, 이는 오늘날 한국춤의 '기본'으로 이어지고 있다. 그는 권

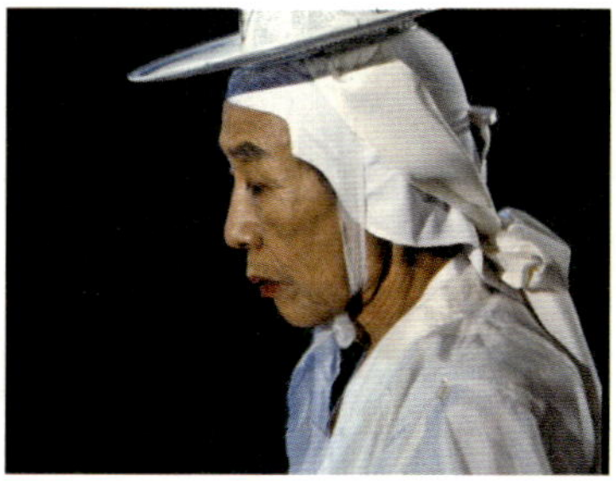

• 도8-14 이매방(국립무형유산원 제공)

• 도8-15 이매방, 국가무형문화재 제27호 승무(위, 아래 왼쪽)와
국가무형문화재 제97호 살풀이춤(아래 오른쪽)(국립무형유산원 제공)

번에서 승무, 검무 등을 습득했고, 이러한 배움은 그의 초등학교 시절까지 이어졌다.

그는 12세가 되던 1939년에 만주 대련에서 무용가 배구자와 만남을 갖게 된다. 배구자는 그의 춤을 인정하여 자신의 공연 무대에 출연시켰으며, 이는 이매방이 춤계에 처음 데뷔한 사건이 되었다.[26] 또한 중국의 유명한 경극 배우 매란방(梅蘭芳)의 공연을 접하게 되면서 이매방의 춤 인생은 큰 전환기를 맞이했다. 그는 한국의 전통춤과는 확연하게 다른 이국적인 문화를 접했고, 그 영향은 이매방이 후에 안무한 「장검무」 등의 작품에서 두드러지게 나타났다. 또한 그는 본명이었던 '이규태(李圭泰)'의 성과 매란방의 이름을 따서 '이매방'이라는 예명을 짓게 되었다고 전해진다.

목포로 돌아온 이매방은 이대조에게 본격적으로 승무를 배우기 시작했다. 또한 광주 권번의 사범인 박영구에게 북과 승무를 배웠으며, 중학교 1학년 재학 중에는 명인명창대회의 가설무대에서 승무를 정식으로 선보였다.[27] 그는 이후 임방울 악단에서 잠시 활동하다가 6·25동란을 거치면서 여러 무용 연구소의 선생으로 재직하게 되었다.

1968년에 개최되었던 일본 순회공연을 끝으로, 그는 부산에 정착하여 한국 전통춤 전수를 시작했다. 이매방은 부산 동래 권번에서 동기들을 모아 승무, 허튼춤, 검무, 살풀이춤 등을 가르쳤으며, 이 시기에 김진걸(金振傑)의 문하생으로 춤을 수학하던 부인 김명자(金明子)를 만나게 되었다.

이매방은 1977년에 서울로 올라와 춤 활동을 이어가기 시작했다. 그는 동료 정인방(본명 정인하)과 여러 공연 무대를 함께하며 활발하게 활동했으며, 또한 발레를 전공한 이인범(본명 이영일)과도 활발하게 교류했다. 이후 이매방은 1987년(승무), 1990년(살풀이춤)에 국가무형문화재로 지정[28]되면서 후진 양성에 힘쓰기 시작했다. 또한 1986년 서울아시안게임의 축전 행사, 1988년 문화 축전 등 국내의 주요 공연과 개인 공연들을 통해 한국 전통춤의 보급에 앞장서왔다. 그 후 1978년 프랑스 렌에서 개최된 '세계민속예술제'에 한국의 대표로 초청되어 공연했으며 이후 미국과 일본의 유수 축제를 비롯한 대규모 무대에 초청받아 국제적으로 활발하게 활동했다. 1998년에는 프랑스 아비뇽 축제 주최 측의 초청으로 한국춤을 공연하면서 프랑스 예술문화훈장을 수여받았다.

이매방은 여러 무용가와 끊임없이 교류하며 자신의 춤을 정립하고 후학들에게 전통을 전승하고자 노력했다. 그의 춤은 예명 '매방(梅芳)'과 같이 겨울을 견디고 첫 봄을 알리는 매화꽃과 같이 절개가 있고 아름답다. 굴곡 많았던 자신의 인생을 인내하고 고뇌한 인고의 세월이 그의 춤에 녹아들어 있기 때문이다. 역경의 삶을 이겨내고 오로지 전통춤만을 고집한 그의 춤 정신에서 묻어져 나오는 삶의 '그늘'이 춤에 녹아 있는 것이다.[29] 한국 전통춤의 명인으로 독보적인 존재로서 인식되는 그는 특히 전통춤의 대중화와 춤 동작의 발전을 위해 지속적으로 노력하여 대중적으로도 높이 평가되고 있다.

최현: 서정주의 한국춤의 대명사

최현(崔賢, 본명 최윤찬, 1929~2002)은 부산 영도구 출생으로 이 시대의 '마지막 낭만주의자'라고 불리며 당대 최고의 남성 무용수로 활약한 춤꾼이자 안무가이다. 그는 마산상업고등학교와 서울대학교 사범대학을 졸업했다. 그는 16세 되던 1945년 부산의 무지개 악극단이 주최한 전국 가요 경연대회에서 특상을 받는 등, 성장기 시절부터 예인으로서의 재능과 열정을 인정받기 시작했다. 성악으로 자신

• 도8-16 최현(원필녀 제공)

의 예술적 재능을 인정받은 그는 이후 영남 지방의 악극단에서 무대예술인으로 활동했다. 이후 '지평선 가극단'에 발탁되어 마산에서 정착하는 등 성장기의 대부분을 마산 오동동에서 보냈다. 그 당시 스승 김해랑(金海郎)[30]과의 첫 만남을 계기로 최현은 춤의 세계로 입문하게 되었다.

최현은 1964년부터 8년간 김해랑의 문하에서 한국춤의 유형과 기법을 전수받았으며, 서울대학교 재학 시절 궁중정재부터 민속춤 전반에 이르기까지 춤을 고루 섭렵하는 등 왕성한 학구열을 과시했다. 그는 궁중정재의 김천흥, 승무 및 살풀이의 한영숙, 봉산탈춤의 김진옥, 통영오광대의 장채봉 등 전통춤의 여러 스승에게서 각종 전통춤을 전수받았으며, 전수받은 춤 종목으로는 승무, 살풀이춤, 태평무, 탈춤, 기방무, 궁중무 등이 있다. 또한 그는 신무용 계열로는 조택원에게 「신로심불로身老心不老」를 전수받아 계승한 유일한 남성 무용수이기도 했다. 그는 여러 유파의 춤을 사사받아 자신의 춤 세계를 넓힐 수 있었으며, 당대 최고의 남성 무용수로 자리매김하면서 자신만의 작품 세계를 구축해나가기 시작했다. 뿐만 아니라 서울예술고등학교에서 30여 년간 재직하며 춤 교육자로서 후학 양성에도 중요한 역할을 했다. 춤평론가 문애령과의 대담에서 최현은 다음과 같이 회고했다.

> 창원대학의 김향금 선생이나 이화여대 김명숙 선생이나 한양대학 백정희 선생, 서울예고 무용과장 서영임, 그밖에 학원을 하는 직계들, 부산에도 몇 사람 있고요. 윤성주 선생이 국악고등학교 과장으로 있고, 정혜진 선생이 예원에 있고 부산에 정진욱이 대통령상 타고 그랬어요. 지금 한창 활동하는 나이들입니다.[31]

몸의 바른 자세와 한국춤의 곡선을 담은 팔 움직임, 섬세한 발디딤을 특히 강조하던 그는, 1961년부터 서울대학교 무용과 강사를 필두로 서울예

• 도8-17 허행초, 최현(원필녀 제공)

술고등학교, 서울대학교 사범대학, 서울예술대학 무용과 주임교수를 역임하는 등 춤 교육에 남다른 열정을 쏟았다. 또한 1995년에는 제3대 국립무용단 단장을 역임했으며, '최현 춤전'에서 초연된 「허행초」와 재연된 「군자무」 등의 작품을 통해 큰 호응을 받았다.

최현은 서울예술고등학교 재직 시절 고등학교 학생의 작품으로는 처음으로 무용극을 도입하여 지도했으며, 이를 통해 무용수 스스로가 표현해야 할 인물에 대한 탐구와 표현력을 위한 교수법을 마련하기도 했다. 최현이 안무한 대표적인 무용극으로는 국립무용단에서 작업한 「춘향전」(1974), 「시집가는 날」(1979), 「마의 태자」(1981)와 서울예술단의 창단 공연인 「새불」(1987), 「향가」(1999), 그리고 서울시립무용단에서 작업한 「꿈의 춘향」(1992) 등이 있으며, 작고하기 직전에 발표한 「비파연」(2001)도 있다.

최현은 무용극, 마당극, 뮤지컬, 창극, 춤 소품 등 백여 편이 넘는 작품에 안무 및 출연했으며, 1988년에는 서울올림픽 폐막식에서 안무 총괄을 맡아 1990년 대통령표창을 받았다. 또한 1994년 문화훈장 화관장, 1996년 대한민국예술원상, 2000년 서울시문화상을 수상하는 등 한국춤계를 위해 크게 공헌했다.

그는 평소 "우리 춤은 추는 것이 아니라 추어지는 춤이다"라고 주장했으며, 여러 장르의 작품을 통해 한국춤의 미적 감각과 무대의 조형미를 강조한 안무가로 평가되고 있다. 최현의 작품 세계는 철저한 작가정신과 풍부한 음악적 해석력, 섬세한 움직임으로 대변할 수 있다. 또한 그는 연기자이자 가수로서도 명성을 떨쳤으며 이와 같은 천부적 자질을 토대로 각종 뮤지컬과 창극을 안무하기도 했다.[32] 그의 이러한 다양한 경험은 이후 당대 남성 무용수로서의 돋보이는 자질과 안무가적 능력의 큰 밑거름이 되었다고 할 수 있으며, 특히 최현만의 독특한 예술 세계를 이루어낼 수 있도록 한 큰 초석이라고 할 수 있다.

2. 창작춤의 흐름

현대는 전통춤의 팽창과 더불어 창작춤이 질적으로 성장한 시기이다. '한국 창작무용'기라고도 하는 1970년대 말부터 극무용 스타일의 대극장용 춤 작품과 춤 소품 위주의 한국춤 경향이 나타나기 시작했다. 이 시기에는 '한국 창작춤'이라는 용어가 등장하고 한국춤에서 춤 언어가 강조되어 관객이 공감할 수 있는 춤을 새롭게 선보여야 한다는 필요성이 대두되었다. 1980년대에 들어 춤계는 무엇보다도 큰 양적 성장을 경험하게 된다. 1986년 서울아시안게임과 제24회 서울올림픽의 개최는 다양한 문화예술 행사와 함께 한국춤의 아름다움을 전 세계에 널리 소개할 수 있는 좋은 기회가 되었다. 특히 1986년에는 '88서울예술단'이 새롭게 창단되어 초대 단장에 차범석, 예술 감독에 김명숙, 음악 감독에 강준일이 임명되었고 50여 명의 창단 멤버가 구성되었다. 이로써 국립무용단, 국립국악원무용단, 서울시립무용단과 함께 서울에서만 네 개의 국립 및 시립 무용단이 활발한 활동을 펼쳤다.

특히 1988년에는 서울올림픽 개막식과 폐막식 등 국제적 행사를 통해 세

• 도8-18 색동너머, 김명숙 늘휘무용단, 1996 초연, 문예회관 대극장

계인들에게 한국춤의 위상을 알리는 특별한 기회가 마련되었다. 서울올림픽 개막식에는 안무 총괄에 임성남, 육완순, 김백봉, 송범, 이덕분, 한익평 등이 참여했으며, 협동 안무에 조홍동, 박찬빈, 김명숙, 최청자, 박명숙, 박일규, 김말애, 문인숙, 김현숙, 김복희, 국수호, 박병천, 김양근, 김문영 등이 참여했다. 특히 개막식에서는 '인간이 가장 행복하게 살았던 시대'를 표현하는 춤으로 화관무를 추었는데, 1,450여 명의 출연자가 김백봉을 선두로 작품에 출연하여 대장관을 이루었다. 또한 폐막식에서는 3단으로 설치된 대형 무대에서 한영숙의 살풀이춤이 공연되어 한국춤의 우수성을 세계 무대에 알렸다.

이 시기에 '국립무용단'은 한국의 전통춤과 민속춤을 기반으로 새로운 창작춤의 지평을 열었다는 평가를 받는다. 이 단체는 우리나라 극장춤의 초석을 이룬 국립기관으로 세계 무대에 한국춤을 소개하여 한국춤계의 발전에 기여한 대표적인 단체이다. 국립무용단은 지난 60여 년 동안 시대의 흐름 속에서 새롭게 발전해왔다. 1960년대에는 발레와 한국춤을, 1970년대부터 1980년대 중반까지는 극 중심의 무용극을 정립했고, 1980년대 중반부터 1990년대 말까지는 한국춤의 위상을 세계에 알렸으며, 2000년부터 현재까지는 현대적 감각의 한국 창작춤을 선보이면서 세계 무대로 도약하고 있다.[33] 특히 국립무용단은 한국춤의 대중화와 세계화를 위해 전통춤을 새롭게 해석하고, 해외 안무가를 적극적으로 초청하며, 타 장르와 융합하는 등 새로운 한국춤 레퍼토리를 선보였다. 국립무용단의 대표작으로는 「별의 전설」(1973), 「도미부인」(1985), 「그 하늘 그 북소리」(1990), 「춤, 춘향」(2006), 「코리아환타지」(2004), 「Soul, 해바라기」(2006), 「묵향」(2013), 「회오리」(2014), 「향연」(2015), 「시간의 나이」(2016) 등이 있다.

'국립국악원무용단'은 1962년에 창단하여 1980년부터 현재까지 궁중정재를 복원·보존하고 다양한 민속춤 레퍼토리를 개발하는 데 노력을 기울임으로써 한국춤 전통의 맥을 이어가고 있다. 특히 김천흥과 이흥구는 훗날 세계문화유산으로도 지정된 처용무를 비롯하여 선유락, 포구락과 같은 궁중정재의 대부분을 재현하는 등 정재의 보존 및 보급에 힘써 국립국악원무용단의 발전에 기여했다. 대표작으로는 「왕조의 꿈, 태평서곡」(2001), 「세종조 회례연」(2007), 「종묘제례악」(2015) 등이 있다.

'서울시무용단'은 전통문화의 계승과 새 시대의 춤문화를 창조하여 시민들의 문화 향유에 기여했다는 평가를 받는다. 이 단체는 초창기인 1970년대 중반에 주로 궁중정재와 민속춤을 공연했고 1980년대에는 「님의 침묵」, 「백결」, 「맹가나무 열매 이야기」 등의 창작춤을 무대화했다. 특히 1984년 LA올림픽 폐막식 공연과 1986년 서울아시안게임 및 1988년 서울올림픽 등의 국제 행사 무대를 통해 한국춤을 세계에 널리 알리는 데 기여했다. 현재는 서울 시민을 위한 다채로운 공연을 선보이며 대중성을 조화롭게 풀어내는 다양한 시도를 하고 있다.

이외에도 경기도립무용단, 강원도립무용단, 제주특별자치도립무용단, 인천시립무용단, 부산시립무용단, 창원시립무용단, 대전시립무용단, 청주시립무용단, 천안시립무용단, 울산시립무용단, 목포시립무용단, 익산시립무용단, 구미시립무용단, 포천시립무용단, 의정부시립무용단, 부산국악원무용단, 전북국악원무용단, 대전연정국악원무용단, 진도국악원무용단, 경상북도도립무용단 등 2019년 현재 약 23개의 국립 및 시립 한국춤 무용단이 존재하고 있으며, 이 단체들은 다양한 작품을 통해 시민들의 정서 함양과 문화 생활 증진에 기여하고 있다.

또한 이 시기에 한국은 국제 행사 등을 통해 '춤의 르네상스 시대'라 불릴 정도로 공연의 양적 증대와 질적 변화를 겪었다. 그 결과 근대기 이래 계속되어온 신무용 위주의 창작춤이 1980년대에 접어들면서 새로운 예술성을 띠게 되었다. 특히 이화여자대학교 출신의 한국 창작춤 단체인 창무회와 서울시 춤 아카데미 등 대학 동문 단체들이 창작춤 활동에 많이 참여했다.

• 도8-19 도미부인, 국립무용단, 1985 초연(국립극장 제공)

• 도8-20 묵향, 국립무용단, 2013 초연(국립극장 제공)

• 도8-21 향연, 국립무용단, 2015 초연(국립극장 제공)

• 도8-22 시간의 나이, 국립무용단, 2016 초연(국립극장 제공)

1990년대와 2000년대에는 한국춤계에 더 큰 변화가 있었다. 기존의 춤 단체 이외에도 새로운 한국춤 단체가 설립되었으며, 이들은 다양한 공연 활동으로 관객과의 만남을 시도하고 있다. 아울러 춤계는 현대적인 감각에 맞게 다양한 무대 기술과 영상, 음악, 조명 등 타 분야 예술과의 교류로 대중에게 더 다가갈 수 있는 작품을 지향하고 있다. 또한 한국춤을 전공하는 예술인들은 한국 창작춤의 세계화 작업에 앞장서면서 외국 안무가를 초청하고, 외국 연주단과 협업하는 등 다양한 장르 간 협업을 통해 한국 창작춤이 나아갈 방향을 제시하고 있다. 특히 타 예술과의 크로스오버 작품 성향을 표방하는 김명숙 늘휘무용단은 서정적인 한국춤의 곡선미와 다양한 예술 장르, 그리고 첨단 무대 기술의 조화를 꾀하며 2003년 국립국악원 예악당에서 세계 최초로 사이버 공연을 성공시킨 바 있다. 이는 한국 창작춤의 새로운 지평을 열었다는 평가를 받고 있다.[34]

지금은 한국 창작춤을 전공하는 안무가들이 세계로 뻗어나가 각자의 영역에서 예술적 입지를 굳혀가며 활발한 작품 활동을 하고 있다. 이렇듯 현재 한국춤계는 40~50대 중견 안무가들의 왕성한 작품 활동과 20~30대 젊은 안무가들의 열정적인 에너지로 새로운 시대의 춤을 구현하며 세계 속에 한국춤이 자리매김하는 계기를 만들어가고 있다.

• 도8-23 움직이는 산, 김명숙 늘휘무용단, 2001 초연, 예술의전당 토월극장

• 도8-23 움직이는 산, 김명숙 늘휘무용단, 2001 초연, 예술의전당 토월극장

• 도8-24 샘, 김명숙 늘휘무용단, 2000, 현대갤러리

• 도8-25 나비연가, 김명숙 늘휘무용단, 2003, 가나아트센터 야외공연장

• 도8-26 헌무다례, 김명숙 늘휘무용단, 2003 초연, 국립국악원 예악당

• 도8-27 사색의 춤: 알.수.없.어.요, 김명숙 늘휘무용단, 2005 초연, 예술의전당 토월극장

• 도8-28 상상, 김명숙 늘휘무용단, 2006 초연, LG아트센터

• 도8-29 하늘의 미소, 김명숙 늘휘무용단, 2011 초연, LG아트센터

• 도8-30 미궁, 김명숙 늘휘무용단, 2013 초연, 예술의전당 토월극장

• 도8-31 나·飛, 김명숙 늘휘무용단, 2014 초연, 예술의전당 자유소극장

• 도8-32 법·계, 김명숙 늘휘무용단, 2015 초연, 아르코예술극장 대극장

• 도8-33 모래·그림, 김명숙 늘휘무용단, 2016 초연, LG아트센터

| 미주 |

제1장. 선사시대(~기원전 1세기)

1) 한국정신문화연구원(1991), p. 264.
2) 이능화(2002), p. 1.
3) 김정배(1994), p. 103.
4) 변태섭(2007), pp. 45-53.
5) 안휘준(2012), p. 95.
6) 송방송(2007), p. 32.
7) 성경린(1979), p. 22.
8) 성경린(1985), p. 300.
9) 성경린(1985), p. 301.
10) 성경린(1979), p. 22.
11) 『삼국지三國志』「위지부여전魏志夫餘傳」.
    殷正月祭天 國中大會 連日飮食歌舞 名日迎鼓。於是斷刑獄 解囚徒。
    (은정월제천 국중대회 연일음식가무 명일영고 어시단형옥 해수도)
12) 『삼국지』「위지동이전魏志東夷傳」, 고구려조.
    其民 喜歌舞 國中邑落 晝夜 男女群聚 相就歌戱。
    (기민 희가무 국중읍락 주야 남녀군취 상취가희)
13) 『후한서後漢書』「마한조馬韓條」.
    常以天月下種 祭鬼神 晝夜會聚歌舞。舞輒數十人 相隨踏地。爲節十月 農功畢 亦如之。
    (상이천월하종 제귀신 주야회취가무 무첩수십인 상수답지, 위절십월 농공필 역여지)

제2장. 삼국시대(기원전 1세기~7세기)

1) 고려대학교한국사연구소(2014), p. 48.
2) 이현희 · 교양국사연구회(2006), p. 56.
3) 안휘준(2012), pp. 187-188.
4) 안휘준(2012), p.103.
5) 장사훈(1993), p. 8.
6) 성경린(1979), pp. 39-40.
7) 이애주(1999), p. 33.
8) 이애주(1999), pp. 23-24.

9) 『구당서舊唐書』「음악지音樂志」.

高麗樂 工人紫羅帽, 飾以鳥羽, 黃大袖, 紫羅帶, 大口袴, 赤皮鞾, 五色縚繩。舞者四人, 椎髻於後, 以絳抹額, 飾以金璫。二人黃裙襦, 赤黃袴, 極長其袖, 烏皮鞾, 雙雙並立而舞。

(고려악 공인자라모, 식이조우, 황대수, 자라대, 대구고, 적피화, 오색도승. 무자사인, 추계어후, 이강말액, 식이금당. 이인황군유, 적황고, 극장기수, 오피화, 쌍쌍병립이무.)

10) 장사훈(1984), p. 135.

11) 안휘준(2013), p. 49.

12) 『삼국사기』.

高句麗樂, 通典云, 樂工人紫羅帽, 飾以鳥羽, 黃大袖, 紫羅帶, 大口袴, 赤皮鞾 五色縚繩。舞者四人, 椎髻於後, 以絳抹額, 飾以金璫, 二人黃裙襦, 赤黃袴, 二人赤黃裙襦袴, 極長其袖, 烏皮鞾, 雙雙倂立而舞。

(고구려악, 통전운, 악공인자라모, 식이조우, 황대수, 자라대, 대구고, 적피화 오색치승. 무자사인, 추계어후, 이강말액, 식이금당, 이인황군유, 적황고, 이인적황군유고, 극장기수, 오피화, 쌍쌍병립이무.)

13) 『신당서新唐書』 '지11: 舞者立毬上 旋轉如風'.

14) 백거이, 「백거이경집」 권3.

15) 『해동역사』.

16) 성경린(1985), p. 309.

17) 성경린(1985), p. 311.

18) 『일본후기日本後紀』 권17.

高麗樂師四人, 橫笛・箜篌・莫目・舞等師也。

(고려악사사인, 횡적・공후・막목・무등사야.)

19) 이종구(2010), p. 240.

20) 성경린(1979), p. 29.

21) 안휘준(2012), p. 108.

22) 송방송(2007), pp. 53-54.

23) 장사훈(1993), p. 10.

24) '정읍'은 고려가요 '정읍사'와 같은 맥락으로 본다.

25) 장사훈(1993), p.38.

26) 『일본서기日本書紀』 권19.

樂人 施德三斤・季德己麻次・季德進奴・對德進陀。皆依請代之。

(악인 시덕삼근・계덕기마차・계덕진노・대덕진타. 개의청대지.)

"음악인 시덕(施德: 8관등) 삼근, 계덕(季德: 10관등) 기마차(己麻次), 계덕(季德: 10관등) 진노(進奴), 대덕(對德: 11관등) 진타(進陀)를 파견했는데, 모두가 교대시켜달라는 요청에 따른 것이다."

이 기록을 통해 백제는 554년 이전부터 일본과 음악적으로 교류했으며, 백제의 악사가 일본에 파견되었다는 것을 알 수 있다. 또한 기록에 언급된 '시덕', '계덕', '대덕'은 사회적 지위를 의미하는 관등으로, 또한 백제의 악사가 왕립 음악 기관에 소속되어 있었음을 추정할 수 있다.

27) 이병옥(1996), p. 139.

28) 『일본서기』, 흠명천황 15년.

29) 고취란 궁중 의식에서 연주되었던 군악 계통 악기 편성의 총칭을 의미한다.

30) 이병옥(1996), p. 139.

31) 『백제기百濟記』 권29.
32) 성경린(1976), p. 45.
33) 이병옥(1996), pp. 143-144.
34) 『일본서기』 권23, 추고천황 20년.
百濟人 味摩之歸化曰 學于吳 得伎樂儛 則安置櫻井 而集少年 令習伎樂儛 於是眞野首弟子 新漢濟文 二人 習之 傳其儛。
(백제인 미마지귀화왈 학우오 득기악무 칙안치앵정 이집소년 령습기악무 어시진야수제자 신한제문 이인 습지 전기무.)
35) 박재희(2015), p. 165.
36) 김매자(1995), p. 37.
37) 박재희(2015), p. 243.
38) 고려대학교한국사연구소(2014), p. 55.
39) 한영우(2004), p. 132.
40) 유홍준(2010), pp. 89-90.
41) 안휘준(2012), pp. 111-112.
42) 장사훈(1993), p. 41.
43) 『삼국사기三國史記』 「악지樂志」.
… 碓樂, 慈悲王時人百結先生作也。竽引, 智大路王時人川上郁皆子作也。美知樂, 法興王時作也。徒領歌, 眞興王時作也。捺絃引, 眞平王時人淡水作也。思內奇物樂, 原郎徒作也。內知, 日上郡樂也。白實, 押梁郡樂也。德思內, 河西郡樂也。石南思內, 道同伐郡樂也。祀中, 北隈郡樂也。此皆鄕人喜樂之所由作也。而聲器之數·歌舞之容, 不傳於後世。
(… 대악, 자비왕시인백결선생작야. 우인, 지대로왕시인천상욱개자작야. 미지악, 법흥왕시작야. 도령가, 진흥왕시작야. 날현인, 진평왕시인담수작야. 사내기물악, 원랑도작야. 내지, 일상군악야. 백실, 압량군악야. 덕사내, 하서군악야. 석남사내, 도동벌군악야. 사중, 북외군악야. 차개향인희악지소유작야. 이성기지수·가무지용, 부전어후세.)
44) 장사훈(1993), p. 40.
45) 장사훈(1993), p. 11.
46) 송방송(2007), p. 65.
47) 장사훈(1993), p. 11.
48) 성경린(1979), pp. 34-35.
49) 구나 의식은 음력 섣달그믐날 민가와 궁중에서 지난해의 잡귀를 몰아내기 위하여 행한 의식이다.
50) 『삼국사기三國史記』 「잡지雜志」, 〈향악잡영鄕樂雜詠〉.
51) 『동경잡기東京잡記』 「풍속조風俗條」.
舞劒之戱: 黃倡郎新羅人也。諺傳 年七歲入百濟 市中舞劍 觀者如堵。濟王聞之 召觀 命升堂舞劒。倡郎因刺王。國人殺之, 羅人哀之 像其容 爲假面 作舞劒之狀, 至今傳之。
(무검지희: 황창랑신라인야. 언전 년칠세입백제 시중무검 관자여도. 제왕문지 소관 명승당무검. 창랑인자왕. 국인살지, 라인애지 상기용 위가면 작무검지상, 지금전지.)
52) 『증보문헌비고增補文獻備考』 「황창랑무조黃昌郎舞朝」.
諺傳 八歲童子爲新羅王 謀釋憾於百濟 往百濟市 以劍舞, 市人觀者如堵墻。百濟王聞之 召入宮令舞, 昌郎於座 揕王殺之。後世作假面以像之 與處容舞並陳。

(언전 팔세동자위신라왕 모석감어백제 왕백제시 이검무, 시인관자여도장. 백제왕문지 소입궁령무, 창랑어좌 침왕살지. 후세작가면이상지 여처용무병진.)

53) 『삼국사기』 권47「관창조官昌條」.

官昌一云官狀 新羅將軍品日之子 儀表都雅 少而爲花郎 善與人交 年十六能騎馬彎弓 大監某薦之太宗大王 至唐顯慶五年庚申 王出師 與唐將軍侵百濟 以官昌爲副將 至黃山之野 兩兵相對 父品日謂曰 爾雖幼年 有志氣 今日是立功名取富貴之時其可無勇乎。官昌曰 唯卽上馬橫槍 直擣敵陣 馳殺數人 而彼衆我寡 爲賊所虜 生致百濟元帥階伯前 階伯俾脫冑 愛其少且勇 不忍加害 乃嘆曰 新羅多奇士 少年尙如此 況壯士乎。乃許生還 官昌曰 向吾入賊中 不能斬將搴旗 深所恨也。再入必能成功。以手掬井水飮訖 再突賊陣疾鬪 階伯擒斬首 繫馬鞍送之 品日執其首 袖拭血曰 吾兒面目如生能死於王事 無所悔矣。三軍見之 慷慨有立志 鼓噪進擊 百濟大敗 大王贈位級湌 以禮葬之 賻其家唐絹三十匹 二十升布三十匹穀一百石。

(관창일운관장 신라장군품일지자 의표도아 소이위화랑 선여인교 년십육능기마만궁 대감모천지태종대왕 지당현경오년경신 왕출사 여당장군침백제 이관창위부장 지황산지야 량병상대 부품일위왈 이수유년 유지기 금일시립공명취부귀지시기가무용호. 관창왈 유즉상마횡창 직도적진 치살수인 이피중아과 위적소로 생치백제원수계백전 계백비탈주 애기소차용 불인가해 내탄왈 신라다기사 소년상여차 황장사호. 내허생환 관창왈 향오입적중 불능참장건기 심소한야. 재입필능성공. 이수국정수음흘 재돌적진질투 계백금참수 계마안송지 품일집기수 수식혈왈 오아면목여생 능사어왕사 무소회의. 삼군견지 강개유립지 고조진격 백제대패 대왕증위급찬 이례장지 부기가당견삼십필 이십승포삼십필곡일백석.)

54) 박재희(2015), p. 46.

55) 여령은 조선시대에 궁중에서 베푸는 각종 잔치에서 춤을 추고 노래를 하던 여성을 지칭하며, 그 명칭은 시대마다 다르게 통칭되었다. 삼국시대에는 '무척'·'가척', 고려시대에는 '교방여제자', 조선시대에는 '여령'·'여기' 등으로 불렀다(한국고전용어사전편찬위원회, 1991).

56) 국립문화재연구소(1996), p. 49.

57) 장사훈(1984), p. 192.

58) 성경린(1979), p. 33.

59) 『삼국사기』 권1「신라본기新羅本紀」.

60) 엄국현(2012), pp. 4-5.

61) 『삼국사기』 권1「신라본기」.

王旣定六部 中分爲二 使王女二人各 率部內女子 分朋造黨。自秋七月旣望 每日早集大部之庭 績麻 乙夜而罷。至八月十五日 考其功之多小 負者置酒食 以謝勝者。於是歌舞百戲皆作 謂之嘉俳。是時 負家一女子 起舞歎曰 會蘇, 會蘇, 其音哀雅, 後人因其聲而作歌 名會蘇曲。

(왕기정육부 중분위이 사왕여이인 각률부내여자 분붕초당. 자추칠월기망 매일조집대부지정 적마 을야이파. 지팔월십오일 고기공지다소 부자치주식 이사승자. 어시가무백희개작 위지가배. 시시 부가일여자 기무탄왈 회소, 회소, 기음애아, 후인인기성이작가 명회소곡.)

제3장. 통일신라시대(7세기~9세기)

1) 고려대학교한국사연구소(2014), p. 93.

2) 안휘준(2012), p. 117.

3) 안휘준(2012), p. 114.

4) 용뉴란 범종(梵鐘)의 가장 위쪽에 있는 용 모양의 고리를 의미한다. 이곳에 쇠줄을 연결하여 종을 매단다.

5) 안휘준(2012), p. 115.

6) 범패란 불교의 의식 음악을 의미하며 범음(梵音), 어산(魚山), 인도(印度 · 引導)소리라고 한다. 가곡(歌曲) · 판소리와 함께 한국 3대 성악의 하나이며, 장단이 없고, 단성선율(單聲旋律)이며, 의식 음악이라는 점에서 서양의 그레고리안 성가(gregorian chant)와 상통하는 음악이라고 할 수 있다.

7) 장사훈(1993), p. 11.

8) 『삼국유사三國遺事』「처용랑망해사조處容郞望海寺條」

第四十九憲康大王之代, 自京師至抡海内比屋連墻, 無一草屋。笙歌不絶道路, 風雨調抡四時。抡是大王遊開雲浦 在鶴城西南, 今蔚州。王将還駕。晝校勘 歇抡汀过, 忽雲霧冥曀迷失道路 恠問左右, 日官奏云 "此東海龍所變也, 冝行勝事以解之." 抡是勑有司為龍刱佛寺近境。施令已出雲開霧散 因名開雲浦。東海龍喜乃率七子現抡駕前 讃德獻舞奏樂。其一子隨駕入京輔佐王政 名曰處容。王以美女妻之欲留其意 又賜級干職。其妻甚美 疫神欽慕之 變爲人夜至其家 竊與之宿。處容自外至其家 見寢有二人, 引唱歌作舞而退。歌曰…

(제사십구헌강대왕지대, 자경사지어해내비옥련장, 무일초옥. 생가부절도로, 풍우조어사시. 어시대왕유개운포 재학성서남, 금울주. 왕장환가. 화교감 헐어정과, 홀운무명에미실도로 괴문좌우, 일관주운 "차동해룡소변야, 의행승사이해지." 어시래유사위룡창불사근경. 시령이출운개무산 인명개운포. 동해룡희내솔칠자현어가전 찬덕헌무주악. 기일자수가입경보좌왕정 명왈처용. 왕이미녀처지욕류기의 우사급간직. 기처심미 역신흠모지변위인야지기가 절여지숙. 처용자외지기가 견침유이인, 인창가작무이퇴. 가왈…)

9) 『삼국유사』「처용랑망해사조」.

時神現形 跪於前曰, 吾羡公之妻 今犯之矣, 公不見怒 感而美之。誓今已後 見畫公之形容 不入其門矣。因此 國人門巾占處容之形 以僻邪進慶。王旣還 乃卜靈鷲山東麓勝地 置寺 曰望海寺 亦名新房寺, 乃爲龍而置也。

(시신현형 궤어전왈, 오선공지처 금범지의, 공부견노 감이미지. 서금이후 견화공지형용 불입기문의. 인차국인문건점처용지형 이벽사진경. 왕기환 내복령취산동록승지 치사 왈망해사 역명신방사, 내위룡이치야.)

10) 김연진(2017), pp. 101-103.

11) 『동경잡기』.

從王入京 自號處容 每月夜歌舞於市境 不知所在, 時以爲神。其歌舞處 後人名爲月明巷 因作處容歌處容舞 假面以戱。

(종왕입경 자호처용 매월야가무어시경 부지소재 시이위신 기가무처 후인명위월명항 인작처용가처용무 가면이희.)

12) 이승열(1992), p. 75.

13) 김천흥(2005), p. 246.

14) 『용재총화慵齋叢話』 권1.

初使一人 黑袍紗帽而舞。其後有五方處容, 世宗以其曲折 改撰歌詞 名曰鳳凰吟 遂爲廟廷正樂, 世祖遂增其制。

(초사일인 흑포사모이무. 기후유오방처용, 세종이기곡절 개찬가사 명왈봉황음 수위묘정정악, 세조수증기제.)

15) 『대동운부군옥大東韻府群玉』 권8.

鳳凰吟 新羅時有處容。初使一人 黑袍紗帽而舞, 其後有五方處容。我英廟以其曲節 …(中略)… 歌詞名曰 鳳凰吟, 遊爲廟庭之樂。

(봉황음 신라시유처용. 초사일인 흑포사모이무, 기후유오방처용. 아영묘이기곡절 …(중략)… 가사명왈 봉황음, 유위묘정지악.)

16) 이흥구(2000), p. 30.
17) 박경은(2012), p. 21.
18) 성경린(1985), p. 325.
19) 성경린(1976), pp. 83-84.
20) 선상기란 나라의 잔치 때 각 지방에서 뽑아 올리던 기녀를 의미한다.
21) 박신의(2010), p. 101.
22) 『삼국유사』.

曉旣失戒 生聽己後 易俗服 自號小姓居士 偶得優人舞弄大瓠 其狀瑰奇 因其形製爲道具 以華嚴經一切無㝵人 一道出生死 命名曰無㝵。

(효기실계 생총기후 역속복 자호소성거사 우득우인무롱대호 기상괴기 인기형제위도구 이화엄경일절무애인 일도출생사 명명왈무애.)

23) 『파한집破閑集』.

昔元曉大聖, 混迹屠沽中, 嘗撫玩曲項葫蘆, 歌舞於市, 名之曰無㝵。

(석원효대성, 혼적도고중, 상무완곡항호로, 가무어시, 명지왈무애.)

24) 김온경(2016), p. 46.
25) 『삼국사기』 권11「신라본기」'헌강왕조憲康王朝.'
26) 『삼국유사』「처용랑망해사조」.

又幸鮑石亭 南山神現舞於御前 左右不見 王獨見之 有人現舞於前。王自作舞 以像示之, 神之名或曰祥審。故至今國人傳此舞 曰御舞詳審, 或曰御舞山神。或云其神出舞 審象其貌 命工模刻 以示後代。故云詳審 或云霜髥舞 此乃以其形稱之。

(우행포석정 남산신현무어어전 좌우부견 왕독견지 유인현무어전 왕자작무 이상시지 신지명혹왈상심 고지금국인전차무 왈어무상심 혹왈어무산신 혹운기신출무 심상기모 명공모각 이시후대 고운상심 혹운상염무 차내이기형칭지.)

27) 『증보문헌비고增補文獻備考』'신라악조新羅樂條.'

제4장. 고려시대(10세기~14세기)

1) 김영시 · 강희맹(2011), pp. 174-175.
2) 변태섭 · 신형식(2006), p. 310.
3) 안휘준(2012), p. 169.
4) 안휘준(2012), pp. 122-124.
5) 대성악은 중국 송나라의 휘종(徽宗)이 1105년(휘종 4) 대성부(大晟府)에서 만든 아악이다. 황실의 존엄성과 통치의 정당성 확보, 민족적 자부심 고취, 내부 결속 강화를 목적으로 만들어졌다. 대성악이 한국에 들어온 것은 1116년(예종 11)으로, 전에 송 휘종이 악기와 악보, 무복, 의물 등 일무에 쓰이는 모든 것을 갖춰 보내왔다. 이는 대성아악 혹은 대성신악이라고도 한다.

6) 장사훈(1993), p. 43.
7) 『태종공정대왕실록太宗恭定大王實錄』 권22, 충숙왕조.
8) 등가악기란 사직, 풍운뇌우, 산천성황, 선농, 선잠 등의 제례와 종묘 영녕전의 제향, 그리고 조선 세종(1418~1450)대의 회례연 등에 편성되어 연주하던 악대 중에서 대뜰 위에 위치하는 악대의 악기를 이르는 말이다.
9) 헌가악기란 등가악기의 악대 중에서 뜰 아래에 위치하는 악대의 악기를 이르는 말이다.
10) 김매자(1995), p. 70.
11) 『고려사高麗史』 권2 「세가世家」 권2, 태조 26년.
其六日 朕所至願 在於燃燈八關, 燃燈所以事佛 八關所以事天靈及五嶽名山大川龍神也。後世姦臣建白加減者 切宜禁止。吾亦當初誓心, 會日不犯國忌 君臣同樂 宜當敬依行之。
(기륙왈 짐소지원 재어연등팔관, 연등소이사불 팔관소이사천령급오악명산대천룡신야. 후세간신건백가감자 절의금지. 오역당초서심, 회일불범국기 군신동악 의당경의행지.)
12) 국사편찬위원회(2013).
13) 가무백희란 국가에서 주관하는 각종 행사나 연회에서 베풀어졌던 노래, 춤, 기예 등을 총칭한다. 여러 종류의 악(樂)·가(歌)·무(舞)가 연행되는 놀이로, 가무(歌舞)는 노래와 춤을 말하며, 백희(百戲)는 헤아릴 수 없이 많은 놀이라는 의미이다.
14) 『삼국사기』 권44 예전4 「거칠부전居柒夫傳」.
15) 군신동락이란 임금과 신하가 함께 즐겁게 노는 것을 의미한다.
16) 이혜구(1989), pp. 275-296.
17) 『고려사高麗史』「예지禮志」 권69 제23, '중동팔관회의'.
協律郎擧麾 太樂令板奏 百戲協場 百戲俱進, 少頃 協律郎偃麾 百戲俱退…
(협률랑거휘 태악령판주 백희협장 백희구진, 소경 협률랑언휘 백희구퇴…)
18) 간등이란 불교 의례의 하나로 등을 밝히는 공양(供養)을 의미한다. 또한 '등을 보았다'라는 의미를 지니며, 등을 밝히면서 마음을 밝고 바르게 하여 불덕을 찬양하고 부처에 귀의한다는 의미이다.
19) 『고려사』「예지」 권69 제23 예11 '상원연등회의'.
小會日坐殿 / 謁祖眞儀 / 大會日坐殿
(소회일좌전 / 알조진의 / 대회일좌전)
20) 산대악인은 고려시대 산대잡극의 연희자를 의미한다.
21) 양부악관은 고려시대 왕립 음악 기관에서 관장했던 궁중 음악의 좌부(左部)와 우부(右部)에 소속된 악공의 별칭을 의미한다.
22) 『고려사』 권6 「세가」 6, 정종(靖宗) 4년.
二月 癸未 燃燈 王如奉恩寺 謁太祖眞。燈夕 必親行香眞殿以爲常。
(이월 계미 연등 왕여봉은사 알태조진. 등석 필친행향진전이위상.)
23) 『고려사』「예지」 문종31년 2월.
24) 이규보, 『동국이상국집東國李相國集』 권19 '丁巳年上元燈夕教坊致語口號'
25) 성경린(1985), p. 366.
26) 홍윤식(2005), p. 8.
27) 〈감로왕도甘露王圖〉는 조선시대 전기에 그려진 불화로, 중생들에게 감로와 같은 법문을 베풀어 해탈시킨다는 의미에서 붙여진 이름이다. 이는 감로탱·감로탱화라고도 한다.

28) 능화(2006), p. 151.

29) 불보살은 어려움에 처한 중생을 구하기 위해 여러 모습으로 나타내는 보살을 의미한다.

30) 신묘장구대다라니란 천수경에 있는 주문으로 관세음보살과 삼보에 귀의하여 악업을 금하고 탐욕, 노여움, 어리석음을 가라앉히고 깨달음에 다다르게 해줄 것을 기원한다는 의미이다.

31) 사다라니란 범패의 한 곡명으로 홋소리와 진언으로 부른다.

32) 육수가사란 장삼 위에 왼쪽 어깨에서 오른쪽 겨드랑이 밑으로 걸쳐 입는 승려의 법의(法衣)가 여섯 개의 자락으로 구성된 것을 의미한다.

33) 죽간자란 당악정재(唐樂呈才)가 추어지는 동안 춤이 등장하고 퇴장할 때 선두에 서서 인도하는 역할을 하는 의물(儀物)이다. 죽간자를 드는 사람은 두 사람으로 춤추는 사람 앞에서 인도한다.

34) 『고려사』「악지樂志」'무고舞鼓'.

舞鼓 侍中李混 謫宦寧海 乃得海上浮査 制爲舞鼓 其聲宏壯。其舞變轉 翩翩然雙蝶繞花 矯矯然二龍爭珠 最樂部之奇者也。

(무고 시중이혼 전황영해 내득해상부사 제위무고 기성굉장. 기무변전 편편연쌍접요화 교교연이용쟁주 최악부지기자야.)

35) 『고려사』「악지」'무고'.

舞隊[皂衫] 率樂官及妓樂官朱衣, 妓丹粧]立于南。樂官重行而坐, 樂官二人, 奉鼓樂志 俗樂條 舞鼓 舞隊率樂官及妓 立于南 樂官重行而坐。樂官二人 奉鼓及臺 置於殿中。諸妓歌井邑詞, 鄕樂奏其曲。妓二人先出分左右, 立於鼓之南, 向北拜。訖, 跪, 斂手起舞。俟樂一成, 兩妓執鼓槌起舞, 分左右俠鼓, 一進一退。訖, 繞鼓或面或背, 周旋而舞, 以槌擊鼓, 從樂節次, 與杖鼓相應, 樂終而止。樂徹, 兩妓如前, 俛伏興退。

(무대[조삼] 솔악관급기악관주의, 기란장립우남. 악관중행이좌, 악관이인, 봉고악지 속악조 무고 무대솔악관급기 입우남 악관중행이좌. 악관이인 봉고급대 치어존중. 제기가정읍사, 향악주기곡. 기이인선출분좌우, 입어고지남, 향북배. 흘, 궤, 감수기무. 사악일성, 양기집고퇴기무, 분좌우협고, 일진일퇴. 흘, 요고혹면혹배, 주선이무, 이퇴격고, 종악절차, 여장고상응, 악종이지. 악철, 양기여전, 면복흥퇴.)

36) 『악학궤범樂學軌範』 권5「시용향악정재도의時用鄕樂呈才圖儀」'무고舞鼓'.

樂師帥樂工十六人 奉鼓臺具 由東楹入 置於殿中(先置北次置西次置東次置南)而出。樂師抱鼓槌十六箇 由東楹入 置鼓南而出(每鼓槌二)。諸妓唱井邑詞。

(악사수악공십육인 봉고대구 유동영입 치어전중(선치북차치서차치동차치남)이출. 악사포고퇴십육개 유동영입 치고남이출(매고퇴이). 제기창정읍사.)

37) 국립국악원(1988), p. 13.

38) 차주환(1972), p. 223.

39) 『고려사』 권71「악지」'장생포長生浦'.

侍中柳濯出鎭全羅有威惠軍士愛畏之。及倭寇順天府長生浦濯赴援賊望見而懼卽引去。軍士大說作是歌。

(시중유탁출진전라유위혜군사애외지. 급왜구순천부장생포탁부원적망견이구즉인거. 국사대설작시가.)

40) 『고려사』 권71「악지」'동동動動'.

動動之戲 其歌詞多有頌禱之詞。盖效仙語而爲之 然詞俚不載。

(동동지희 기가사다유송도지사. 개효선어이위지 연사리부재.)

41) 성경린(1985), p. 352.

42) 성경린(1985), p. 352.

43) 『악학궤범』 권8 「향악정재악기도설鄕樂呈才樂器圖說」 '아박牙拍'.
牙拍象牙爲之, 或用鯨骨 · 牛骨 · 鹿角之類假造。凡六片以鹿皮貫之, 垂五色結子。
(아박상아위지, 혹용경골 · 우골 · 녹각지유가조. 범육편이녹피관지, 수오색결자.)
44) 국립국악원(1993), p. 17.
45) 장사훈(1984), p. 154.
46) 『송사宋史』 권142 「악지樂志」 17.
女弟子隊凡一百五十三人, 一三日抛毬樂隊, 衣四色繡羅寬衫, 繫銀帶, 奉繡毬。
(여제자대범일백오십삼인, 일삼일포구락대, 의사색수라관삼, 계은대, 봉수구.)
47) 『고려사』 「악지」.
十一月辛亥 設八關會 御神鳳樓觀樂, 教坊女弟子楚英 奏新傳抛毬樂九張機別伎。抛毬樂 弟子十三人, 九張機 弟子十人。
(십일월신해 설팔관회 어신봉루관악, 교방여제자초영 주신전포구락구장기별기. 포구락 제자십삼인, 구장기 제자십인.)
48) 박현규(2002), 포구락의 기원과 변천, 『한국국악학회』, 권31, p.437.
49) 국립국악원(1988), p. 95.
海州士人李愼言嘗夢至一處水殿中, 觀宮女戲毬 山陽蔡純爲之傳, 敍其事甚詳。有抛毬曲-十餘闋, 詞皆清麗, 今獨記兩闋。
(해주사인이신언상몽지일처수전중, 관궁녀희구 산양채순위지전, 서기사심상. 유포구곡-십여결, 사개청여, 금독기량결.)
50) 『고려사』 「세가」.
以河清節 幸萬春亭 宴宰樞侍臣於延興殿, 大樂署 · 管絃坊 爭備綵棚 · 樽花 · 獻仙桃 · 抛毬樂等 聲伎之戲。
(이하청절 행만춘정 연재추시신어연흥전, 대악서 · 관현방 쟁비채붕 · 준화 · 헌선도 · 포구락등 성기지희.)
51) 신태영(2015), p. 80.
52) 신태영(2015), p. 80.
53) (송) 서긍, 『선화봉사고려도경宣和奉使高麗圖經』 40권, 『악률』, "若女伎, 則謂之下樂。凡三等, 大樂司二百六十人, 王所常用。次管絃坊一百七十人, 次京市司三百餘人, 亦有柘枝·抛毬之藝。其百戲數百人, 聞皆敏捷特甚。然以時王俣衣制未終, 工人執其器而不作, 聲律之度, 不可得而考也"
54) 신태영(2016), p. 431.
55) 『고려사』 「악지」.
蓮花臺 本出於拓跋魏。用二女童 鮮衣帽。帽施金鈴 抃轉有聲。其來也 於二蓮花中藏之 花坼而後。見舞中之雅妙者, 其傳久矣。
(연화대 본출어척발위. 용이녀동 선의모. 모시금령 변전유성. 기래야 어이련화중장지 화탁이후. 견무중지아묘자, 기전구의.)
56) 『신당서』 권221 하 열전, 권146 하, 서역(西域). "石, 或曰柘支, 曰柘折, 曰赭時"
57) 『악부樂府』
用二女童 帽施金鈴 抃轉有聲。其來也 於二連花中藏 花坼而後見 對舞相占, 實舞中雅妙者也。
(용이여동 모시금령 변전유성. 기래야 어이련화중장 화탁이후견 대무상점, 실무중아묘자야.)
58) 차주환(1972), p. 159.
59) 『고려사』 「악지」.

住在蓬萊 下生蓮蘂, 有感君王之德化, 來呈歌舞之懽娛。

(주재봉래 하생연예, 유감군왕지덕화, 래정가무지환오.)

60) 『고려사』 권71.

三十一年二月乙未 燃燈 御重光殿觀樂, 教坊女弟子楚英 奏王母隊歌舞。一隊五十五人, 舞成四字, 或"君王萬歲", 或"天下太平"。

(삼십일년이월을미 연등 어중광전관악, 교방여제자초영 주왕모대가무. 일대오십오인, 무성사자, 혹 "군왕만세", 혹 "천하태평".)

61) 민속춤은 특정 지역 안에서 자연적으로 발생되었으나 지역 특유의 민속적·미학적·정서적 특색을 가미해 그 고장 민요와의 관계 안에서 만들어진 춤이다. 또한 대중에 의한 대중의 춤으로 발전해온 집단 형식의 춤을 의미한다.

62) 김온경(2016), p. 205.

63) 나승만(2004), 『국가무형문화재 제8호 강강술래』(국립문화재연구소), p. 57.

64) 『고려사』 권64「지志」, 권18「예禮」, 권6「군례조軍禮條」.

靖宗六年十一月 … 瑞祥志云 '季冬之月 命有司大儺, 旁磔土牛 以送寒氣.' 請造黃土牛四頭, 各長一尺高五寸, 以代磔雞。

(정종육년십일월 … 서상지운 '계동지월 명유사대나, 방책토우 이송한기.' 청조황토우사두, 각장일척고오촌, 이대책계.)

65) 축역이란 무속에서 전염병을 쫓아버리는 일을 의미한다.

66) 대나란 음력 섣달그믐날에 민가와 궁중에서 지난해의 잡귀를 몰아내기 위해 행하던 의식을 의미하는 '나례'와 유사한 의미이다.

67) 『고려사』 권64「지」, 권18,「예」, 권6「군례조」.

大儺之禮 前一日 所司奏聞。選人年十二以上·十六以下 爲侲子, 着假面 衣赤布袴褶。二十四人爲一隊, 六人作一行, 凡二隊。執事者十二人, 着赤幘褠衣 執鞭。工人二十二人, 其一方相氏 著假面黃金四目 蒙熊皮 玄衣朱裳 右執戈 左執楯。其一爲唱帥, 著假面皮衣 執棒。鼓角軍 二十爲一隊, 執旗四人 吹角四人 持鼓十二人 以逐惡鬼于禁中。有司 先於儀鳳·廣化·朱雀·迎秋·長平門 備設酒果禳物。又爲瘞埳, 各於門之右方。深稱其事 前一日夕 儺者各赴集所 具其器服 依次陳布 以待事。

(대나지례 전일일 소사주문. 선인년십이이상·십육이하 위진자, 착가면 의적포고습. 이십사인위일대 육인작일행 범이대. 집사자십이인, 착적책구의 집편. 공인이십이인, 기일방상시 저가면 황김사목 몽웅피 현의주상 우집과 좌집순. 기일위창수, 저가면피의 집봉. 고각군 이십위일대, 집기사인 취각사인 지고십이인 이축악귀우금중. 유사 선어의봉·광화·주작·영추·장평문 비설주과양물. 우위예감, 각어문지우방. 심칭기사 전일일석 나자각부집소 구기기복 의차진포 이대사.)

68) 윤아영(2012), 『궁정나례의 변천양상과 공연사적 의의』(서울: 민속원), p. 38.

69) 『목은집』,「목은시고」 권21.

70) 김매자(1995), p. 102.

71) 한국민족대백과사전.

72) 『목은집』 권33 '산대잡극山臺雜劇'.

山臺結綴似蓬萊 獻果仙人海上來
雜客鼓鉦轟地動 處容衫袖逐風廻
長竿倚漢如平地 瀑火衝天似疾雷

欲寫太平眞氣像 老臣簪筆愧非才
(산대결철사봉래 헌과선인해상래
잡객고정굉지동, 처용삼수축풍회
장간의한여평지 폭화충천사질뢰
욕사태평진기상 노신잠필괴비재)

73) 최윤영(2004), pp. 35-36.

제5장. 조선시대 전기(14세기~16세기)

1) 역성혁명이란 왕조가 바뀌는 것을 의미한다. 왕조는 새로운 왕조가 기존의 왕조를 무너뜨리거나 선양을 통해 왕의 지위를 물려받는 방식으로 교체되며, 왕조의 교체에 따라 통치자의 성이 바뀐다. 이성계가 고려를 무너뜨려 조선을 건국한 것이 역성혁명의 대표적인 사례이다.

2) 도화서는 조선시대에 그림 그리는 일을 관장하기 위해 설치되었던 관청이다. 고려시대부터 존재했던 도화원이 성종 1년(1470)때 도화서로 개칭되었다.

3) 유홍준(2010), p. 24.

4) 강민기(2006), p. 274.

5) 아악이란 궁중에서 연주하던 양부악(兩部樂)의 하나로, 우방(右坊)에 속하는 향악(鄕樂)·당악(唐樂)과 구별하여 좌방(左坊)에 속하는 음악이다.

6) 아악서는 종묘제례악을 비롯한 모든 제례악의 업무 중 악기로 연주하는 아악만을 관장했던 곳이다.

7) 전악서는 궁중잔치와 관련된 향악과 당악, 곧 연례악의 연주를 관장하는 기관이었다. 현재 국립국악원(國立國樂院)으로 맥을 이어오고 있다.

8) 조회악이란 왕세자와 백관(百官)이 정전(正殿)에서 임금을 알현하는 의식에 쓰이는 음악을 의미한다.

9) 장사훈(1993), p. 17.

10) 편경이란 아악(雅樂)에서 사용되는 팔음(八音) 악기 중 석부(石部)에 해당하는 유율악기이다. 1116년(고려 예종 11년) 송나라에서 수입되었으며, 편종과 함께 아악을 대표하는 상징적인 악기로서 종묘제례악, 문묘제례악 등에 사용된다.

11) 정간보란 우물정자 모양으로 칸을 잘라 음의 시가를 표시하고, 그 정간 속에 음의 고저를 표기하는 방식의 악보이다. 이는 동양에서는 최초로 창안된 것이며, 주로 오음 음계로 이루어진 한국 전래 음악만을 기보할 수 있다.

12) 경석이란 편경과 특경의 재료인 특수한 돌을 의미한다. 경석은 조선 초기 이후 우리나라 음악사의 발전에 중요한 몫을 했는데, 특히 세종 대에 아악(雅樂)의 부흥 때 아악기 정비 과정에서 중요한 구실을 했으며, 조선시대 후기에 이르러서도 아악기의 제조 때마다 크게 이바지했다.

13) 『용재총화慵齋叢話』 권1.
處容之戲 肇自新羅憲康王時。有神人出自海中, 始現於開雲浦 來入王都。其爲人奇偉倜儻, 好歌舞。益齋詩所謂貝齒頳顔歌夜月 鳶肩紫袖舞春風者也。初使一人黑布紗帽而舞, 其後有五方處容。世宗以其曲折 改撰歌詞 名曰鳳凰吟 遂爲廟廷正樂, 世祖遂增其制 大合樂而奏之。初倣僧徒供佛群妓齊唱 靈山會相佛菩薩, 自外廷回匝而入, 伶人各執樂器 雙鶴人五處容假面十人 皆隨行縵唱三回。入就位而聲漸促 撞大鼓 伶妓搖身動足 良久乃罷。於是作蓮花臺戲, 先是設香山池塘 周揷彩花高丈餘。左右亦有畫燈籠。而流蘇掩映於其間。
池前東西 置大蓮萼 有小妓入其中。樂奏步虛子 雙鶴隨曲節翱翔而舞 就啄蓮萼, 雙小妓排萼而出 或相向或相背 跳躍而舞, 是謂動動也。於是雙鶴退處容入。初奏緩機 處容成列而立 有時彎袖而舞。次奏中機 處容五人 各分五方而立 拂袖而舞, 次奏促機 繼爲神房曲 婆娑亂舞, 終奏北殿 處容退列于位。於是有妓一人 唱南無阿彌陁佛 群從而和之, 又唱觀音贊三周 回匝而出。每於除夜則一日夜分入昌慶昌德兩宮殿庭 昌慶用妓樂, 昌德用歌童 達曙奏樂, 各賜伶妓布物, 爲闢邪也。
(처용지희 조자신라헌강왕시. 유신인출자해중, 시현어개운포 래입왕도. 기위인기위척당, 호가무. 익재시소위패치정안가야월 연견자수무춘풍자야.
초사일인흑포사모이무, 기후유오방처용. 세종이기곡절 개찬가사 명왈봉황음 수위묘정정악, 세조수증기제대합악이주지. 초방승도공불 군기제창 영산회상불보살, 자외정회잡이입, 령인각집악기 쌍학인오처용가면십인 개수항만창삼회. 입취위이성점촉 당대고 령기요신동족 양구내파. 어시작연화대희, 선시설향산지당 주삽채화고장여. 좌우역유화등농, 이유소엄영어기간.
지전동서 치대연악 유소기입기중. 악주보허자 쌍학수곡절고상이무 취탁연악, 쌍소기배악이출 혹상향혹상배 도약이무, 시위동동야. 어시쌍학퇴처용입. 초주만기 처용성열이립 유시만수이무. 차주중기 처용오인 각분오방이립 불수이무, 차주촉기 계위신방곡 파사난무, 종주배전 처용퇴열우위. 어시유기일인 창남무아미타불 군종이화지, 우창관음찬삼주 회잡이출. 매어제야칙일일야 분입창경창덕양궁전정 창경용기악, 창덕용가동 달서주악, 각사령기포물, 위벽사야.)

14) 이홍구(2006), p. 9.

15) 이혜구(2000), p. 346.

16) 장사훈(1977), p. 194.

17) 이의강(2006), p. 68.

18) 차주환(1972), p. 157.

19) 국립국악원(1987), p. 81.

20) 성경린(1985), p. 386.

21) 『태조강헌대왕실록太祖康獻大王實錄』 권4, 2년, 10월.
都評議使司享上, 慣習都監判事 鄭道傳 王康。副判事 鄭士倜 率典樂署 武工房, 進 文德、武功、夢金尺、受寶籙 等 新樂。
(도평의사사향상, 관습도감판사 정도전 왕강. 부판사 정사척 솔전악서 무공방, 진 문덕、무공、몽금척、수보록 등 신악.)

22) 국사편찬위원회(2013).

23) 잠저란 국왕이 즉위하기 전 거주하던 사저(私邸)의 미칭을 의미한다. 또한 왕이 즉위하기 이전 신분을 지칭하기도 한다.

24) 『태조강헌대왕실록』 권4, 2년, 7월.
我主上殿下 在潛邸 夢神人以金尺授之, 若曰: "以此均齊家國。" 又有人得異書以獻之曰: "秘之勿妄示人。" 後十數年 其言果驗, 是皆天以今日之事 預告之也。
(아주상전하 재잠저 몽신인이금척수지, 약왈: "이차균제가국." 우유인득이서이헌지왈: "비지물망시인." 후십수년 기언과험, 시개천이금일지사 예고지야.)

25) 『태조강헌대왕실록』 권4, 2년, 7월.
主上殿下 在潛邸 有人得異書於智異山石壁中以獻, 後至壬申歲 其言乃驗, 作受寶籙。

(주상전하 재잠저 유인득이서어지이산석벽중이헌, 후지임신세 기언내험, 작수보록.)

26) 양로연이란 귀천을 따지지 않고 노인을 우대하여 베풀던 조선시대의 연향이다. 이는 고려시대에 시작되어 조선시대에 실시된 기로 정책 중에서 가장 중요한 행사였다.

27) 『태종공정대왕실록太宗恭定大王實錄』 권3, 2년, 6월.
領司平府事河崙進樂章二篇, 賜教書奬諭。
(영사평부사하륜진악장이편, 사교서장유.)
"振振王子, 德音孔彰。("진진왕자, 덕음공창.)
緝熙其學, 奎璧其章。(집희기학, 규벽기장.)
天子有旨, 邦人震惶。(천자유지, 방인진황.)
惟君父使, 不敢或遑。(유군부사, 불감혹황.)
旣見天子, 敷納維詳。(기견천자, 부납유상.)
貝錦消沮, 家國之昌。(패금소저, 가국지창.)
勉勉王子, 夙遵義方。(면면왕자, 숙준의방.)
專對來歸, 宗社之光。(전대래귀, 종사지광.)
桓桓我王, 壽考而康。(환환아왕, 수고이강.)
王子來歸, 其樂無疆。"(왕자래귀, 기악무강.")
右覲天庭五章。(우근천정오장.)

28) 『태종공정대왕실록』 권3, 2년, 6월.
"亹亹我王, 德明敬止 孝友施政, 令望不已。
翼翼乃心, 事大惟一。奉揚聲教, 漸于出日。
帝賜明命, 金印斯煌。又何賜之, 袞衣九章。
王拜受命, 天子聖明。王拜受命, 宗社與榮。
於樂我王, 荷天之休。體仁保民, 壽考千秋。
於樂我王, 如日之升。貽謀克正, 萬世其承"
右受明命六章.
("미미아왕, 덕명경지 효우시정, 령망불이.
익익내심, 사대유일. 봉양성교, 점우출일.
제사명명, 금인사황. 우하사지, 곤의구장.
왕배수명, 천자성명. 왕배수명, 종사여영.
어악아왕, 하천지휴. 체인보민, 수고천추.
어악아왕, 여일지승. 이모극정, 만세기승."
우수명명륙장.)

29) 『세종장헌대왕실록世宗莊憲大王實錄』 권5, 1년, 8월.
奏樂除鄕樂, 專用 覲天庭, 受明命, 賀皇恩, 娼妓工人, 俱立而奏。
(주악제향악, 전용 근천정, 수명명, 하황은, 창기공인, 구립이주.)

30) 『세종장헌대왕실록』 권40, 10년, 5월.
舞隊率樂官上妓衣冠行次, 上妓一人爲王母, 左右各四人爲俠舞… 致語曰: "聖澤, 慰朝廷使臣也, 慰使臣, 所以欽上德也。殿下事大以誠, 帝用嘉之, 特遣使臣, 國人歡忻, 作是歌焉。"
(무대솔악관상기의관행차, 상기일인위왕모, 좌우각사인위협무… 치어왈: "성택, 위조정사신야, 위사신, 소이흠상덕야。전하사대이성, 제용가지, 특견사신, 국인환흔, 작시가언.")

31) 『악학궤범』 권2, 세종조회례연의世宗朝會禮宴.
進第四爵 登歌作荷皇恩之樂 文舞入作。
(진제사작 등가작하황은지악 문무입작.)
32) 이혜구(2000), p. 189.
33) 종묘제례(宗廟祭禮)는 종묘의 제향 의식을 의미한다.
34) 사직대제(社稷大祭)는 중국과 우리나라 왕조시대 때 국토와 곡식의 번창을 기원하는 제사와 장소를 의미한다.
35) 『춘추좌전春秋左傳』「은공오년隱公五年」.
九月, 考仲子之宮 將萬焉。公問羽數於衆仲, 對曰 天子用八 諸侯用六 大夫四 士二。夫舞所以節八音 而行八風。故自八以下。公從之 于是初獻六羽 始用六佾也。
(구월, 고중자지궁 장만언. 공문우수어중중, 대왈 천자용팔 제후용륙 대부사 사이. 부무소이절팔음 이행팔풍. 고자팔이하. 공종지 우시초헌륙우 시용륙일야.)
36) 김영숙(2012), p. 3.
37) 국립국악원(2009), p. 164.
38) 김영숙(1981), p. 26.
39) 석전대제는 문묘(文廟)에서 공자(孔子)를 비롯한 복성공(復聖公) 안자(顔子)·종성공(宗聖公) 증자(曾子)·술성공(述聖公) 자사자(子思子)·아성공(亞聖公) 맹자(孟子) 등에게 지내는 제사로, 1986년 국가무형문화재 제85호로 지정되어 있다. 우리나라 성균관의 대성전에는 공자·4성·공문10철·송조6현·우리나라의 동국18현 등의 39위의 위패가 모셔져 있으며, 태조 7년(1398) 이후 매년 중춘(仲春)과 중추(仲秋)인 2월·8월 상정일에 행하다가, 일제강점기인 1937년부터 양력 4월과 10월 15일에 거행했다. 광복이후 1953년부터는 공부자탄신일인 음력 8월 27일에, 1956년부터는 다시 중춘과 중추의 상정일에 거행했다.
40) 국립국악원(2009), p. 172.
41) 국립국악원(2009), p. 173.
42) 『시악화성詩樂和聲』 권9「악무의보樂舞擬譜」.
是故 文舞 取賓相之三揖三讓, 武舞 取蒐畋之三進三擊。
(시고 문무 취빈상지삼읍삼양, 무무 취수전지삼진삼격.)
43) 『시악화성』.
文陽 故尙左 而左執籥 右秉翟。
(문양 고상좌 이좌집약 무병적.)
44) 『문헌통고文獻通考』.
籥躍也 氣躍而出也。古者取卯地之竹 以爲籥 春分之音 萬物振躍而出也。
(약약야 기약이출야. 고자취묘지지죽 이위약춘분지음 만물진약이출야.)
45) 국립국악원(2009), p. 173.
46) 『시악화성』.
武陰 故尙右 而右秉戚 左執干。
(무음 고상우 이우병척 좌집간.)
47) 국립국악원(2009), p. 173.
48) 김영숙(2012), p. 36.
49) 문화재연구회(1999), pp. 121-122.

50) 철릭이란 무관이 입는 공복으로, 허리에 주름이 있고 소매가 크다.
51) 황루시 · 이보형(1983), p. 118.
52) 김명숙(1979), pp. 7-8.
53) 임학선(1975), p. 5.
54) 임학선(1975), p. 6.
55) 임학선(1975), p. 20.
56) 사재삼성은 사람을 잡아가는 저승의 3사자를 의미한다.
57) 새발심지란 서울굿에 쓰는 무구로 종이나 실을 새의 발처럼 세 갈래로 꼬아 세울 수 있도록 만든 심지이다.
58) 임학선(1975), pp. 104-105.
59) 문화재연구회(1999), p. 69.
60) 황루시 · 최길성(1971), pp. 90-91.
61) 황루시(2001), p. 35.
62) 염현주 · 서숙희(2012), p. 215.

제6장. 조선시대 후기(17세기~19세기)

1) 성경린(1976), 167p.
2) 김창하는 조선 순조 대에 궁중잔치인 진찬 · 진연 · 진작 의식과 음악 연주, 정재 출연을 지휘한 인물로, 효명세자를 도와 이십여 종의 정재를 창안하는 데 기여하여 궁중정재의 황금기를 이루었다.
3) 풍류악에서 '풍류'는 성리학이 사회의 지배 이념으로 확고히 자리 잡은 조선시대에 사상적 전통 혹은 종교적 풍습의 의미가 아닌, 자연친화적이고 멋과 운치를 즐기는 삶의 태도를 나타내는 말로 사용되었다.
4) 악현이란 궁중 음악을 연주할 때의 악기 편성 방식으로, 등가와 헌가의 악현이 다르다. 등가는 현악기와 노래를 위주로 편성하며, 헌가에서는 관악기와 타악기를 위주로 편성한다.
5) 예제(睿製)는 왕이나 왕세자가 지은 시문(時文)을 일컫는 말이다.
6) 성경린(1976), p. 177.
7) 김천홍(2005), p. 206.
8) 『정재무도홀기呈才舞圖忽記』.
9) 향당교주란 전통 음악의 연주 형태 중 향악기와 당악기의 혼합 편성으로 합주하는 것을 의미한다.
10) 『진작의궤進爵儀軌』.
演慶堂 進爵時 呈才各差備, 執事樂師 金昌河, 舞山香 呈才 舞童舞一 金亨湜。
(연경당 진작시 정재각차비, 집사악사 김창하, 무산향 정재 무동무일 김형식.)
11) 『진찬의궤進饌儀軌』.
萬慶殿 進饌時 殿庭軒架樂工, 內吹, 殿上樂工, 呈才女伶 各 差備。
(만경전 진찬시 전정헌가악공, 내취, 전상악공, 정재여령 각 차비.)
12) 『정재무도홀기』.
13) 함녕지곡은 "관악영산회상" 8곡 중 삼현도드리-염불도드리-타령-군악을 연주하거나 삼현도드리 한곡, 또는 삼현도드리에서부터 타령까지 연주 할 때 통칭되는 곡명으로 피리가 주선율을 이끄

는 관악합주곡이다.

14) 『정재무도홀기』.
15) 국사편찬위원회(2013), p. 355.
16) 김명숙(2001), p. 40.
17) 국립국악원(1980), p. 88.
睿製春臺玉燭 宋太宗親製小石調登春臺圖書集成隋書律曆志宋錢樂之用京房之術冬至之聲 黃鍾爲宮一部三十四律有玉燭之名設輪臺於臺上舞童四人執寶燈三人在前一 人在後互相族轉而舞二人執幢在其後分左右北向立。
(예제춘대옥촉 송태종친제소석조등춘대도서집성수서율역지송전악지용경방지술동지지성 황종위궁일부삼십사율유옥촉지명설윤대어대상무동사인집보등삼인재전일 인재후호상족전이무이인집당재기후분좌우북향립.)
18) 국립국악원(1980), p. 88.
綺席光華, 盛宴初張。麗日舒長, 仙來朝。(執幢進口號)
(기석광화, 성연초장. 여일서장, 선래조.(집당진구호))
寶臺高星彩, 燈光點點紅。賀聖壽雲韶, 天樂聲聲慢。(執燈唱詞)
(보대고성채, 등광점점홍. 하성수운소, 천악성성만.(집등창사))
法樂將終, 拜辭華筵, 仙鶴欲返, 遙指雲程。(執幢退口號)
(법악장종, 배사화연, 선학욕반, 요지운정.(집당퇴구호))
19) 국립국악원(1980), p. 96.
舞童戴珠翠金冠, 着紫羅袍白質黑 中單衣藍質紅。裳藍紗帶白羽護領白羽。掩腰鶴頂帶飛頭履。
(무동대주취금관, 착자라포백질흑 중단의람질홍. 상람사대백우호영백우. 엄요학정대비두이.)
20) 전통음악연구회(1981), pp. 157-158.
21) 장사훈(1977), p. 265.
22) 수악절창사는 정재가 추어질 때 불리는 창사 중 하나로 정재 공연에서 악절의 가락에 따라 불려졌다. 이는 순조 대에 효명세자에 의해 지어졌다.
23) 보허자는 고려 때 들어온 당악 중 하나이다.
24) 이의강(2006).
『圖書集成』 宋太宗親製小石調, 九催花發
(『도서집성』 송태종친제소석조, 구최화발)
25) 이홍구 · 손선숙(2000), p. 78.
26) 정승희(2010), p. 45.
27) 구희서 · 정범태(1985), p. 37.
28) 백경우(2011), pp. 334-335.
29) 정병호(1985), p. 35.
30) 시나위란 무속 음악에서 사용되는 즉흥적인 기악합주곡을 의미한다. 시나위의 어원은 신라의 향가(사뇌가)에서 유래되었다고 전해진다(한국민속예술사전).
31) 박헌봉 · 홍윤식 · 유기룡(1970), pp. 3-4.
32) 김명숙(2007), p. 18.
33) 이세기(2002), p. 320.
34) 이매방과의 대담(2004. 4. 5).

35) 국립문화재연구소(1998), p. 139.
36) 구희서(1992), p. 9.
37) 김숙자(1985. 6), p. 123.
38) 정병호(1985), p. 41.
39) 구희서(1992), p. 11.
40) 김명숙(2007), p. 13.
41) 이두현(1991), p. 91.

제7장. 근대(19세기 후반~20세기 전반)

1) 삼정(三政)이란 토지에 부과된 세금을 받는 전정(田政), 정남(丁男)에 부과된 군포를 받는 군정(軍政), 곡식이 모자란 시기에 곡식을 빌려준 후 나중에 이자를 붙여 받는 환정(還政)을 의미한다.
2) 쇄국정책이란 문호를 굳게 닫아 타국과 서로 통상하지 않는 정책을 의미한다.
3) 이계형(2018), pp. 41-42.
4) 김철웅 · 한시준(2012), p. 193.
5) 신형식(2005), p. 108.
6) 김영나(1998), p. 23.
7) 홍선표(2009), p. 155.
8) 홍선표(2009), pp. 140-141.
9) 김영나(2010), p. 169.
10) 김영나(1998), p. 156.
11) 창가란 개항과 함께 한국 사회에 수용된 서구의 악곡에 맞춰 제작된 노래 양식을 의미한다.
12) 장사훈(1974), p. 172.
13) 잡가란 정가(正歌)로 분류되는 가곡(歌曲) · 가사(歌詞) · 시조(時調)를 제외한 전문 소리꾼들이 부르던 대부분의 노래를 의미한다.
14) 원각사는 1908년 서울 광화문에 세워졌던 개화기의 사설극장으로, 서양식 일면무대(一面舞臺)의 형태로 제작되었다.
15) 김매자(1995), p. 231.
16) 정혜란(1986), p. 30.
17) 조선 음악 무용 연구회는 근대 전통춤 교육의 산실로서 오늘날 경기류 전통춤의 모태가 되는 곳이다.
18) 최종민(2003), p. 119.
19) 이애주(2000), p. 92.
20) 「서울신문」(1974. 7. 9).
21) 김천흥(1995), p. 445.
22) 최종민(2003), p. 142.
23) 김명숙(2004b), pp. 68-69.
24) 안제승(1985), p. 455.
25) 박용구 · 유미희 · 송경희(2000), p. 20.

26) 정승희(1997), p. 153.
27) 조동화(1973), pp. 132-133.
28) 최승희(2006), p. 86.
29) 안제승(1985), p. 456.
30) 안제승(1985), p. 18.
31) 안제승(1985), p. 459.
32) 안제승(1985), pp. 481-482.
33) 「조선일보」(1953. 8. 13).
34) 「조선일보」(1953. 9. 28).
35) 안제승(1985), p. 509.
36) 이화100년사편찬위원회(1994), pp. 536-537.
37) 「조선일보」(1956. 7. 18).
38) 한국예술종합학교한국예술연구소(2000), p. 299.
39) 「경향신문」(1956. 11. 6).
40) 「조선일보」(1959. 4. 21-22).
41) 「조선일보」(1959. 5. 9).
42) 김효진(2016), pp. 67-69.
43) 유화정(2019), p. 70.
44) 조택원(1973), p. 34.
45) 조택원(1973), p. 40.
46) 김문숙과의 대담(2019. 2. 8).
47) 김문숙과의 대담(2019. 2. 8).
48) 김문숙과의 대담(2019. 2. 8).
49) 안제승(1985), p. 586.
50) 안제승(1985), p. 71.
51) 안제승(1985), p. 461.

제8장. 현대(20세기 중반~)

1) 고려대학교한국사연구소(2014), p. 546.
2) 김영나(1995), p. 297.
3) 앵포르멜이란 제2차 세계대전의 발생 이전의 기하학적 추상을 거부하고, 미술가의 즉흥적이고 격정적인 표현 행위를 중시한 전쟁 이후의 추상미술을 의미한다.
4) 김영나(1995), p. 198.
5) 단색조회화란 최소한의 색채사용, 규칙적이고 반복적인 요소, 화면 전체를 뒤덮는 구도 등을 통해 캔버스의 평면성을 강조하는 그림을 의미한다.
6) 김영나(1995), pp. 306-307.
7) 임혜정(2017), p. 159.
8) 정악이란 아정(雅正)하고 고상하며 바르고 큰 음악이라는 의미이다. 궁중 음악을 포함하여 민간

상류층에서 연주되어 오던 모든 음악을 지칭하며 속악의 대칭으로 쓰인다.

9) 송방송(2007), p. 413.

10) 김매자(1995), p. 272.

11) 김매자(1995), p. 274.

12) 김명숙(2007), p. 5.

13) 정승희(2007), p. 31.

14) 세종문화회관대극장(1981), p. 87.

15) 「경향신문」(1947. 11. 23).

16) 「조선일보」(1957. 10. 29).

17) 「일간스포츠」(1974. 11. 23).

18) 이세기(2003), p. 28.

19) 「안성신문」(2006. 8. 3).

20) 김윤영·안병헌(2012), p. 30.

21) 구희서(2003), pp. 530-531.

22) 김윤영·안병헌(2012), pp. 30-31.

23) 문애령(2001), p. 94.

24) 대한민국예술원(2000), p. 537.

25) 이매방(1978), p. 98.

26) 성경린(1991), p. 80.

27) 이매방과의 대담(2004. 3. 29).

28) 문철영(2015).

29) 김명숙(2004a), pp. 21-22.

30) 김해랑(1915)은 이시이 바쿠, 다카다 세이코 등에게 춤을 전수받아 조택원, 정인방, 이매방, 조용자, 임성남, 주리 등 당대의 최고 무용가들과 교류했으며, 1954년에 한국무용예술가협회 초대 회장직을 맡은 인물이다.

31) 문애령(2001), p. 292.

32) 김명숙(2002), pp. 45-46.

33) 유인화(2010), 『국립극장 60년사-역사편』, 서울: 국립중앙극장, p.267, p.305.

34) 「문화일보」(2003. 8. 6).

| 용어 정리 |

제1장. 선사시대(~기원전 1세기)

공후(箜篌): 일종의 하프 형태의 발현악기이다. 중국 한대(漢代)에 처음 생긴 악기로 우리나라에서는 고구려시대에 사용되었으나, 어떠한 경로로 유입되었는지는 밝혀지지 않았고 지금은 연주되지 않는다.

궁중연향무용(宮中演饗舞踊) : 궁중에서 베푸는 잔치에서 추어지는 춤을 의미한다.

기마민족(騎馬民族): 말을 타고 활동하는 기마 활동을 생활의 중심으로 하던 민족을 의미한다. 부여와 고구려는 수렵 생활과 관련된 기마민족이라 할 수 있다.

기악무(伎樂舞): 불교적인 내용을 담은 가면극의 일종으로, 백제 사람 미마지(味摩之)가 중국 오(吳)나라에서 배워 일본에 전한 무언극 형식의 가면춤을 의미한다.

길쌈내기: 한국의 전통적인 추석 행사로, 추석 즈음에 두 편으로 나뉘어 삼이나 모시, 목화, 누에로 각기 베나 모시, 무명, 명주 등의 피륙을 짜는 것을 내기하는 것을 의미한다.

나례(儺禮): 민가와 궁중에서 음력 선달그믐날에 묵은해의 마귀와 사신을 쫓아내고, 즐겁고 경사스런 새해를 맞이하기 위해 행하는 의식을 의미한다.

대붕(大鵬): 한번에 12만 리를 날아간다는 중국의 전설의 새로, 북쪽 바다에 사는 상상의 물고기 '곤'이 변해서 된 새라고 전해진다.

두레굿: 두레굿은 직접 노동을 하는 사람들이 노동 과정에서 노동과 놀이를 결합시켜 행하는 풍물의 형태를 말한다.

목탁(木鐸): 불교의 의식 용구로서, 목어(木魚)가 변형된 것으로 불공을 드리거나 독경(讀經)을 할 때 사용한다.

묵희(默戲): 대사가 없는 극으로, 서양의 마임(mime)과 유사한 개념이다.

벽사진경(辟邪進慶): 나쁜 귀신인 사귀(邪鬼)를 쫓고 경사스러운 일을 맞이함을 의미한다.

신선사상(神仙思想): 불로장생의 신선의 존재를 믿고 그 경지에 달하기를 바라는 사상으로, 한국에서는 무속과 함께 신선사상이 신앙의 바탕을 이루고 있다.

윤무(輪舞): 여럿이 둥그렇게 둘러서서 추거나 돌면서 추는 춤이다.

음주가무(飮酒歌舞): 술을 마시며 노래와 춤을 즐긴다는 의미로, 한국인의 신명나는 기질을 대변하는 표현이다.

제천 의식(祭天儀式): 하늘을 숭배하고 제사 지내는 원시 종교 의식이자 일종의 추수감사제의 성격을 띤 부족 전체 행사로, 노래하고 춤추고 술을 마시며 즐겼다. 부여의 영고, 동예의 무천, 고구려의 동맹, 마한의 시월제 등이 있다.

지모무(持矛舞): 형태는 알 수 없으나 창을 들고 추었던 춤으로, 농경 사회 이전 수렵 사회에서 추었던 것으로 이해할 수 있다. 고대 중국인이 한국 민족의 춤을 지모무라 불렀다.

천신숭배사상(天神崇拜思想): 하늘을 신격화하여 절대적인 최고의 신으로 숭배하는 고대 원시적 종교 사상을 의미한다. 하늘이 초자연적인 힘을 가지며, 인간과 자연물을 창조했다고 믿는 사상이다.

탁무(鐸舞): 마한(馬韓)의 습속에 관한 기록에서 "5월에 씨를 뿌리고 귀신을 제(祭)한다. 때를 지어 모여 노래하고 춤추며 술을 마신다. 밤낮 쉬지 않고 수십 명이 함께 춤을 추는데, 다 같이 함께 일어나 서로 따르며 가락에 손발을 맞춰 몸을 높였다 낮췄다 하면서 땅을 밟는다"라는 언급이 있다. 탁무는 이와 같이 몸을 구부리고 땅을 밟고 구르는 동작의 춤이다.

제2장. 삼국시대(기원전 1세기~7세기)

고취(鼓吹): 궁중 의식에서 연주되었던 군악 계통 악기 편성의 총칭을 의미한다.

구나 의식(驅儺儀式): 음력 섣달그믐날 민가와 궁중에서 지난해의 잡귀를 몰아내기 위하여 행한 의식이다.

사물(四物): 사물이란 원래 사찰에서 불교 의식 때 쓰인 법고(法鼓), 운판(雲板), 목어(木魚), 범종(梵鐘)의 네 악기를 가리키던 말이었으나, 후에 북, 장구, 징, 꽹과리의 네 민속 타악기로 바뀌어 사물놀이를 지칭하게 되었다.

산대놀이(山臺놀이): 큰길가나 빈 터에 만든 무대에서 탈을 쓰고 행하는 여러 가지의 탈놀음이다. 현재 전승되고 있는 산대놀이 계통의 탈놀이에는 양주 별산대놀이, 송파 산대놀이, 봉산탈춤, 강령탈춤, 오광대놀이가 있다.

삼한악(三韓樂): 일본에 전래된 음악으로 백제, 신라, 고구려의 악을 총칭한다. 현재 고마가쿠(高麗樂)라는 이름으로 남아 있다.

여령(女伶): 조선시대에 궁중에서 베푸는 각종 잔치에서 춤을 추고 노래를 하던 여성을 지칭하며, 그 명칭은 시대마다 다르게 통칭되었다. 삼국시대에는 '무척', '가척', 고려시대에는 '교방여제자', 조선시대에는 '여령', '여기' 등으로 불렸다(한국고전용어사전편찬위원회, 1991).

잡희(雜戲): 여러 가지 잡스러운 장난이나 놀이를 말하며, 같은 의미로 소학지희(笑謔之戲)가 있다.

장삼(長衫): 길이가 길고 품과 소매가 넓은 승려의 겉옷을 의미하며, 춤에서는 승무의 소매가 아주 긴 겉옷을 의미한다.

장송가무악(葬送歌舞樂): 죽은 이를 장사 지내어 보내는 장례 의식에 쓰이는 노래, 음악, 춤을 의미한다.

회소곡(會蘇曲): 신라 유리왕(琉璃王) 때 지어진 노래로 회악(會樂)이라고도 한다. 가사는 전해지지 않고 있으며 『삼국사기』에 그 유래만 전해지고 있다.

제3장. 통일신라시대(7세기~9세기)

범패(梵唄): 불교의 의식 음악을 의미하며 범음(梵音), 어산(魚山), 인도(印度 · 引導)소리라고 한다. 가곡(歌曲), 판소리와 함께 한국 3대 성악의 하나이며, 장단이 없고, 단성선율(單聲旋律)이며, 의식 음악이라는 점에서 서양의 그레고리안 성가(gregorian chant)와 상통하는 음악이라고 할 수 있다.

선상기(選上妓): 나라의 잔치 때 각 지방에서 뽑아 올리던 기녀를 의미한다.

용뉴(龍鈕): 범종(梵鐘)의 가장 위쪽에 있는 용 모양의 고리를 의미한다. 이곳에 쇠줄을 연결하여 종을 매단다.

채선(彩船): 궁중정재 선유락(船遊樂)을 공연할 때 사용하는 배의 이름이다. 무원(舞員) 10여 명이 탈 수 있는 배로, 아름다운 그림과 조각이 화려하게 장식되어 있다.

처용설화(處容說話): 신라 헌강왕(憲康王)이 개운포에서 용왕의 아들 처용을 만나 신하로 삼고 아름다운 여자를 아내로 맞아들이게 했다. 그러나 역신이 처용의 아내를 흠모하여 사람으로 변한 후 은밀히 정을 통하다가 처용에게 발각되었다. 어진 처용은 흥분하지 않고 오히려 처용가 "집에 돌아와 보니 다리가 넷이라. 둘은 내 아내의 것인데, 나머지 둘은 누구의 다리인가?"를 부르며 유유자적하게 춤을 추며 집을 나갔다. 이를 보고 역신이 놀라 사죄하며, 앞으로 처용의 형상을 한 그림만 보아도 그 집에는 얼씬도 하지 않겠다 하며 사라졌다. 이후 궁중이나 민간에서 처용설화를 바탕으로 처용의 탈을 쓰고 악귀를 몰아내기 위해 처용무를 추었다고 한다.

향악잡영오수(鄕樂雜詠五首): 신라의 뛰어난 문장가였던 최치원은 당대에 연행되던 놀이 다섯 가지를 주제로 향악잡영오수(鄕樂雜詠五首)라는 시를 지었다. 이 시는 금환(金丸), 산예(狻猊), 월전(月顚), 속독(束毒), 대면(大面) 등 다섯 가지로 이루어져 있다.

제4장. 고려시대(10세기~14세기)

가무백희(歌舞百戱): 국가에서 주관하는 각종 행사나 연회에서 베풀어졌던 노래, 춤, 기예 등을 총칭한다. 여러 종류의 악(樂) · 가(歌) · 무(舞) 가 연행되는 놀이로, 가무(歌舞)는 노래와 춤을 말하며, 백희(百戱)는 헤아릴 수 없이 많은 놀이라는 의미이다.

간등(看燈): 불교 의례의 하나로 등을 밝히는 공양(供養)을 의미한다. 또한 '등을 보았다'라는 의미를 지니며, 등을 밝히면서 마음을 밝고 바르게 하여 불덕을 찬양하고 부처에 귀의한다는 의미이다.

감로왕도(甘露王圖): 조선 전기에 그려진 불화로, 중생들에게 감로와 같은 법문을 베풀어 해탈시킨다는 의미에서 붙여진 이름이다. 이는 감로탱 · 감로탱화라고도 한다.

교방(敎坊): 고려시대부터 시작된 음악과 춤의 교육기관으로 기생 학교를 겸했다.

군신동락(君臣同樂): 임금과 신하가 함께 즐겁게 노는 것을 의미한다.

당악정재(唐樂呈才): 중국계의 곡조, 악기, 춤을 의미한다. 이는 당나라의 속악과 송나라의 교방악, 사악(詞樂)까지 포함하며, 중국의 음악에 맞춰 추는 춤이다.

대나(大儺): 음력 섣달그믐날 민가와 궁중에서 지난해의 잡귀를 몰아내기 위해 행하던 의식을 의미하는 '나례'와 유사한 의미이다.

대성악(大晟樂): 중국 송나라의 휘종(徽宗)이 1105년(휘종 4) 대성부(大晟府)에서 만든 아악이다. 대성악이 한국에 들어온 것은 1116년(예종 11)으로, 전에 송나라의 휘종이 대성악과 함께 그 음악을 연주하기 위한 아악기 등을 보내왔다. 이는 대성아악 혹은 대성신악이라고도 한다.

등가악기(登歌樂器): 사직, 풍운뇌우, 산천성황, 선농, 선잠 등의 제례와 종묘 영녕전의 제향, 그리고 조선 세종(1418~1450)대의 회례연 등에 편성되어 연주하던 악대 중에서 대뜰 위에 위치하는 악대의 악기를 이르는 말이다.

민속춤(民俗춤): 특정 지역 안에서 자연적으로 발생되었으나 지역 특유의 민속적 · 미학적 · 정서적 특색을 가미해 그 고장 민요와의 관계 안에서 만들어진 춤이다. 또한 대중에 의한 대중의 춤으로 발전해 온 집단 형식의 춤을 의미한다.

불보살(佛菩薩): 어려움에 처한 중생을 구하기 위해 여러 모습으로 나타내는 보살을 의미한다.

사다라니(四陀羅尼): 범패의 한 곡명으로 홋소리와 진언으로 부른다.

산대악인(山臺樂人): 고려시대 산대잡극의 연희자를 의미한다.

산대잡극(山臺雜劇): 고려시대의 종합적 무대극이다. 동의어로는 백희가무(百戲歌舞), 백희잡기(百戲雜技) 등으로 지칭되었다.

신묘장구대다라니(神妙章句大陀羅尼): 천수경에 있는 주문으로 관세음보살과 삼보에 귀의하여 악업을 금하고 탐욕, 노여움, 어리석음을 가라앉히고 깨달음에 다다르게 해줄 것을 기원한다는 의미이다.

양부악관(兩部樂官): 고려시대 왕립 음악 기관에서 관장했던 궁중 음악의 좌부(左部)와 우부(右部)에 소속된 악공의 별칭을 의미한다.

육수가사(六垂袈裟): 장삼 위에 왼쪽 어깨에서 오른쪽 겨드랑이 밑으로 걸쳐 입는 승려의 법의(法衣)가 여섯 개의 자락으로 구성된 것을 의미한다.

작법(作法): 불교 의식의 춤, 범패와 대칭적인 의미로 범무(梵舞)라고도 한다. 몸동작의 표현으로 불덕을 찬양한데서 비롯되었으며, 나비춤, 바라춤, 법고춤 등이 대표적이다.

죽간자(竹竿子): 당악정재(唐樂呈才)가 추어지는 동안 춤이 등장하고 퇴장할 때 선두에 서서 인도하는 역할을 하는 의물(儀物)이다. 죽간자를 드는 사람은 두 사람으로 춤추는 사람 앞에서 인도한다.

집무도우(集巫禱雨): 무당들이 모여서 신명으로 기원하는 것을 의미한다.

창사(唱詞): 정재에서 춤추는 사람이 부르는 노래를 의미한다. 이는 그날의 행사를 송축하는 춤의 내용을 설명하는 것으로 춤의 앞이나 중간에 불렀다.

축역(逐疫): 무속에서 전염병을 쫓아버리는 일을 의미한다.

향악정재(鄕樂呈才): 한국에서 창작되어 전해 내려오는 전통 궁중정재의 한 갈래로 중국에서 전해져 온 당악정재에 대칭되는 의미에서 붙인 이름이다. 춤이 시작될 때와 끝날 때 엎드려 절하는 점, 죽간자 구호, 치어 등이 없다는 점이 당악정재와 다른 점이다.

헌가악기(軒架樂器): 등가악기의 악대 중에서 뜰 아래에 위치하는 악대의 악기를 이르는 말이다.

제5장. 조선시대 전기(14세기~16세기)

경석(磬石): 편경과 특경의 재료인 특수한 돌을 의미한다. 경석은 조선 초기 이후 우리나라 음악사의 발전에 중요한 몫을 했는데, 특히 세종 대에 아악(雅樂)의 부흥 때 아악기 정비과정에서 중요한 구실을 했으며, 조선시대 후기에 이르러서도 아악기의 제조 때마다 크게 이바지했다.

권번(券番): 일제강점기에 생긴 기생들의 조합을 의미하며 노래와 춤을 가르쳐 기생을 양성하던 기관이다. 또한 기생이 요정에 나가는 것을 감독하고 화대를 받아주는 등의 중간 역할을 했다.

농자천하지대본(農者天下之大本): 농업은 천하의 사람들이 살아가는 근본이라는 의미이며, 농업을 장려하는 말이다.

도화서(圖畫署): 조선시대에 그림 그리는 일을 관장하기 위해 설치되었던 관청이다. 고려시대부터 존재했던 도화원이 성종 1년(1470)때 도화서로 개칭되었다.

사신연(使臣宴): 외국의 사신들이 방문했을 때 임금이 그들을 위해서 베풀었던 연회를 의미한다.

사재삼성: 사람을 잡아가는 저승의 3사자를 의미한다.

사직대제(社稷大祭): 중국과 우리나라 왕조시대 때 국토와 곡식의 번창을 기원하는 제사와 장소를 의미한다.

새발심지: 서울굿에 쓰는 무구로 종이나 실을 새의 발처럼 세 갈래로 꼬아 세울 수 있도록 만든 심지이다.

석전대제(釋奠大祭): 문묘(文廟)에서 공자(孔子)를 비롯한 복성공(復聖公) 안자(顔子), 종성공(宗聖公) 증자(曾子), 술성공(述聖公) 자사자(子思子), 아성공(亞聖公) 맹자(孟子) 등에게 지내는 제사로, 1986년 국가무형문화재 제85호로 지정되어 있다. 우리나라 성균관의 대성전에는 공자, 4성, 공문10철, 송조6현, 우리나라의 동국18현 등의 39위의 위패가 모셔져 있으며, 태조 7년(1398) 이후 매년 중춘(仲春)과 중추(仲秋)인 2월, 8월 상정일에 행하다가, 일제강점기인 1937년부터 양력 4월과 10월 15일에 거행했다. 광복 이후 1953년부터는 공부자탄신일인 음력 8월 27일에, 1956년부터는 다시 중춘과 중추의 상정일에 거행했다.

아악(雅樂): 궁중에서 연주하던 양부악(兩部樂)의 하나로, 우방(右坊)의 향악(鄕樂), 당악(唐樂)과 구별하여 좌방(左坊)에 속하는 음악이다.

아악서(雅樂署): 종묘제례악을 비롯한 모든 제례악의 업무 중 악기로 연주하는 아악만을 관장했던 곳이다.

악학궤범(樂學軌範): 조선시대 음악의 유일한 지침이 된 9권 3책으로 이루어진 악전(樂典)이다. 이 책에는 궁중 의식에서 연주하던 아악, 당악, 향악에 관한 여러 사항을 그림으로 풀어 설명하고, 그밖에도 악기, 의상, 무대장치 등의 제도, 정재의 방법, 음악 이론 등을 자세히 적고 있다. 『악학궤범』은 궁중음악과 정재의 이론과 제도 및 법식(法式)을 주로 다룬 귀중한 문헌이다.

양로연(養老宴): 귀천을 따지지 않고 노인을 우대하여 베풀던 조선시대의 연향이다. 이는 고려시대에 시작하여 조선시대에 실시된 기로 정책 중에서 가장 중요한 행사였다.

역성혁명(易姓革命): 왕조가 바뀌는 것을 의미한다. 왕조는 새로운 왕조가 기존의 왕조를 무너뜨리거나 선양을 통해 왕의 지위를 물려받는 방식으로 교체되며, 왕조의 교체에 따라 통치자의 성이 바뀐다. 이성계가 고려를 무너뜨려 조선을 건국한 것이 역성혁명의 대표적인 사례이다.

용비어천가(龍飛御天歌): 조선시대 세종 27년(1445)에 간행된 악장의 하나로 조선 건국에 이바지한 선조들의 행적을 노래한 서사시이다. 이는 훈민정음으로 쓴 최초의 작품으로 125장 10권 5책으로 구성되어 있다.

음양오행설(陰陽五行說): 조화와 통일을 강조하는 세계관으로, 우주나 모든 현상 및 만물의 생성·소멸을 음양의 원리와 오행의 변천으로 설명하는 것이다.

잠저(潛邸): 국왕이 즉위하기 전 거주하던 사저(私邸)의 미칭을 의미한다. 또한 왕이 즉위하기 이전 신분을 지칭하기도 한다.

재인청(才人廳): 조선시대 후기까지, 경기, 충청, 전라 세 도의 직업적 민간 예능인의 연예 활동을 관장하던 기구를 의미하며, 각 군에 두어, 세습무(世襲巫), 화랑(花郞), 재인(才人), 광대 따위의 감독과 관련 사무를 맡아보았다.

전악서(典樂署): 궁중잔치와 관련된 향악과 당악, 곧 연례악의 연주를 관장하는 기관이었다. 현재 국립국악원(國立國樂院)으로 맥을 이어오고 있다.

정간보(井間譜): 우물정자 모양으로 칸을 질라 음의 시가를 표시하고, 그 정간 속에 음의 고저를 표기하는 방식의 악보이다. 이는 동양에서는 최초로 창안된 것이며, 주로 오음 음계로 이루어진 한국 전래 음악만을 기보할 수 있다.

조회악(朝會樂): 왕세자와 백관(百官)이 정전(正殿)에서 임금을 알현하는 의식에 쓰이는 음악을 의미한다.

종묘사직(宗廟社稷): 종묘는 조선의 역대 왕과 왕비의 신위를 모셔놓고 제사를 지내던 신성한 장소를 의미하고, 사직은 땅의 신인 사(社)와 곡식의 신인 직(稷)을 의미한다.

종묘제례(宗廟祭禮): 종묘의 제향 의식을 의미한다.

종묘제례악(宗廟祭禮樂): 조선역대군왕의 신위(神位)를 모시는 종묘와 영녕전(永寧殿)의 제향에 쓰이는 음악이다.

철릭(天翼): 무관이 입는 공복으로, 허리에 주름이 있고 소매가 넓다.

편경(編磬): 아악(雅樂)에서 사용되는 팔음(八音) 악기 중 석부(石部)에 해당하는 유율악기이다. 1116년(고려 예종 11년) 송나라에서 수입되었으며, 편종과 함께 아악을 대표하는 상징적인 악기로서 종묘제례악, 문묘제례악 등에 사용된다.

한량(閑良): 조선시대 후기 양반계층을 지칭하며, 보통 일정한 직위는 없으나 풍류를 즐기며 협기 있고 호걸스럽게 노니는 사람을 가리킨다.

제6장. 조선시대 후기(17세기~19세기)

경기도 도당굿 음악: 경기도의 지역적 특성을 지니고 있는 무속 음악으로, 장단이 다양하며 악기로 연주하는 선율(旋律)이 특이하다.

김창하(金昌河): 조선 순조 대에 궁중잔치인 진찬・진연・진작 의식과 음악 연주, 정재 출연을 지휘한 인물로, 효명세자를 도와 이십여 종의 정재를 창안하는 데 기여하여 궁중정재의 황금기를 이루었다.

대리청정(代理聽政): 국왕을 대리(代理)해서 행하는 정치로, 어린 왕이 즉위했을 때 그의 어머니나 할머니가 대신 나랏일을 돌보던 것을 말한다.

보허자(步虛子): 고려 때 들어온 당악 중 하나이다.

수악절창사(隨樂節唱詞): 정재가 추어질 때 불리는 창사 중 하나로 악절의 가락에 따라 불려졌다. 이는 순조 대에 효명세자에 의해 지어졌다.

시나위: 무속 음악에서 사용되는 즉흥적인 기악합주곡을 의미한다. 시나위의 어원은 신라의 향가(사뇌가)에서 유래되었다고 전해진다.

악현(樂懸): 궁중 음악을 연주할 때의 악기 편성 방식으로, 등가와 헌가의 악현이 다르다. 등가는 현악기와 노래를 위주로 편성하며, 헌가에서는 관악기와 타악기를 위주로 편성한다.

앵삼(鶯衫): 조선시대에 과거 급제와 관례의 삼가(三加) 때 착용하던 예복이다. 춘앵전은 노란색 소매가 넓은 앵삼을 겉옷으로 입는다.

여령정재(女伶呈才): 조선시대에 여자들로 이루어진 궁중정재를 의미한다.

예제(睿製): 왕이나 왕세자가 지은 시문(時文)을 일컫는 말이다.

정재무도홀기(呈才舞圖笏記): '홀기(笏記)'란 각종 의식에서 진행 순서와 절차를 정해놓은 기록이다. 궁중에서 행해진 진연・진찬 등 각종 연향에서 공연될 정재(呈才)를 연습할 때에도 홀기를 사용했다. 이 홀기에는 춤사위의 순서, 반주되는 악(樂)과 노랫말, 그리고 춤의 대형 등이 자세히 적혀 있으며, 현재 국립국악원・장서각에 소장되어 있는 귀중한 사료이다.

태평성대(太平聖代): 어진 임금이 나라를 잘 다스리어 태평한 세상이나 시대를 말한다.

파계승(破戒僧): 불교의 계율을 깨뜨린 스님을 의미한다.

풍류(風流): 성리학이 사회의 지배 이념으로 확고히 자리 잡은 조선시대에 사상적 전통 혹은 종교적 풍습의 의미가 아닌, 자연친화적이고 멋과 운치를 즐기는 삶의 태도를 나타내던 말이다.

함녕지곡(咸寧之曲): "관악영산회상" 8곡 중 삼현도드리-염불도드리-타령-군악을 연주하거나 삼현도드리 한곡, 또는 삼현도드리에서부터 타령까지 연주 할 때 통칭되는 곡명으로 피리가 주선율을 이끄는 관악합주곡이다.

향당교주(鄕唐交奏): 전통 음악의 연주 형태 중 향악기와 당악기의 혼합편성으로 합주하는 것을 의미한다.

화문석(花紋席): 꽃의 모양을 놓아 짠 돗자리이다. 신라시대부터 제작되었으며 고려시대에는 인삼과 함께 외국에까지 널리 알려진 한국의 특산품이 되었다.

제7장. 근대(19세기 후반~20세기 전반)

기생조합(妓生組合): 관기제도가 폐지된 1908년 9월 이후에 소속이 없어진 관기들이 모여서 조직한 단체이다. 기생조합의 시초인 한성기생조합은 1909년 초부터 원각사에서 자선연주회를 하는 등 적극적인 활동을 한다.

삼정(三政): 토지에 부과된 세금을 받는 전정(田政), 정남(丁男)에 부과된 군포(軍布)를 받는 군정, 곡식이 모자란 시기에 곡식을 빌려준 후 나중에 이자를 붙여 받는 환정(還政)을 의미한다.

쇄국정책(鎖國政策): 문호를 굳게 닫아 타국과 서로 통상하지 않는 정책을 의미한다.

원각사(圓覺社): 1908년 서울 광화문에 세워졌던 개화기의 사설극장으로, 서양식 일면무대(一面舞臺)의 형태로 제작되었다.

이왕직아악부(李王職雅樂部): 일제강점기에 전통 음악의 연주 · 보존에 관한 일을 맡았던 음악 기관이다. 장악원(掌樂院)이 폐지되면서 설립된 기구로 종묘제례와 문묘제례 때 음악을 연주하고 아악생의 음악 교육을 담당했다. 이는 오늘날 국립국악원으로 전승되었다.

잡가(雜歌): 정가(正歌)로 분류되는 가곡(歌曲), 가사(歌詞), 시조(時調)를 제외한 전문 소리꾼들이 부르던 대부분의 노래를 의미한다.

장악원(掌樂院): 조선시대 궁중에서 연주하는 음악과 정재에 관한 일을 담당하던 관청이다. 궁중 음악의 전통은 조선 후기까지 계속되었으며 일제강점기 때 장악원이 이왕직아악부(李王職雅樂部)로 개편되면서 일부 이어졌다. 이는 8 · 15광복 후 구왕궁아악부(舊王宮雅樂部)를 거쳐 1951년 국립국악원이 설립되면서 현재까지 계승되고 있다.

조선 음악 무용 연구회(朝鮮音樂舞踊研究會): 근대 전통춤 교육의 산실로서 오늘날 경기류 전통춤의 모태가 되는 곳이다.

창가(唱歌): 개항과 함께 한국 사회에 수용된 서구의 악곡에 맞춰 제작된 노래 양식을 의미한다.

제8장. 현대(20세기 중반~)

극무용: 극무용이란 줄거리를 지닌 극적 형태의 종합예술로, 춤적 요소와 연극적 요소가 작품 내에서 조화를 이룬다.

단색조 회화(單色調繪畫): 최소한의 색채 사용, 규칙적이고 반복적인 요소, 화면 전체를 뒤덮는 구도 등을 통해 캔버스의 평면성을 강조하는 그림을 의미한다.

앵포르멜(Informel): 제2차 세계대전 발생 이전의 기하학적 추상을 거부하고, 미술가의 즉흥적이고 격정적인 표현 행위를 중시한 전쟁 이후의 추상미술을 의미한다.

예인무(藝人舞): 예인무는 직업적인 전문예능인들이 추는 고도로 다듬어진 춤으로, 개인의 예능을 보여주는 개인춤(홀춤)의 형식을 지니며 국가무형문화재로 지정되어 있다.

전통춤: 전통춤이란 한 나라에서 발생하여 전통적으로 계승되고 있는 그 나라 고유의 춤이다.

정악(正樂): 아정(雅正)하고 고상하며 올바르고 큰 음악이라는 의미이다. 이는 궁중 음악을 포함하여 민간 상류층에서 연주되어 오던 모든 음악을 지칭하며 속악의 대칭으로 쓰인다.

| 도판 목록 |

제1장. 선사시대(~기원전 1세기)

제2장. 삼국시대(기원전 1세기~7세기)

제3장. 통일신라시대(7세기~9세기)

제4장. 고려시대(10세기~14세기)

제5장. 조선시대 전기(14세기~16세기)

제6장. 조선시대 후기(17세기~19세기)

제7장. 근대(19세기 후반~20세기 전반)

제8장. 현대(20세기 중반~)

| 참고문헌 |

<원전>

『가악사초(歌樂史草)』.
『고려사(高麗史)』「세가(世家)」.
『고려사(高麗史)』「악지(樂志)」〈동동(動動)〉.
『고려사(高麗史)』「악지(樂志)」〈장생포(長生浦)〉.
『고려사(高麗史)』「예지(禮志)」〈중동팔관회의(仲冬八關會儀)〉.
『교방가요(教坊歌謠)』.
『교훈초(教訓抄)』.
『구당서(舊唐書)』「음악지(音樂志)」.
『대동운부군옥(大東韻府群玉)』.
『동국이상국집(東國李相國集)』.
『동경잡기(東京잡記)』「풍속조(風俗條)」.
『목은집(牧隱集)』「목은시고(牧隐詩稿)」.
『몽계필담(夢溪筆談)』.
『문헌통고(文獻通考)』.
『백거이(白居易)』.
『백제기(百濟記)』.
『삼국사기(三國史記)』.
『삼국유사(三國遺事)』「처용랑망해사조(處容郎望海寺朝)」.
『삼국지(三國志)』「위지동이전(魏志東夷傳)」.
『삼국지(三國志)』「위지부여전(魏志夫餘傳)」.
『선화봉사고려도경(宣和奉使高麗圖經)』「악률(樂律)」.
『세종장헌대왕실록(世宗莊憲大王實錄)』.
『송사(宋史)』「악지(樂志)」.
『시악화성(詩樂和聲)』.
『신당서(新唐書)』.
『악부(樂府)』.
『악학궤범(樂學軌範)』.
『용재총화(慵齋叢話)』.
『원행을묘정리의궤(園幸乙卯整理儀軌)』.
『위지(魏志)』.
『일본서기(日本書紀)』, 흠명천황(欽明天皇) 15년.

『일본후기(日本後紀)』, 추고천황(推古天皇) 20년.
『정재무도홀기(呈才舞圖笏記)』.
『증보문헌비고(增補文獻備考)』.
『진연의궤(進宴儀軌)』.
『진작의궤(進爵儀軌)』.
『진찬의궤(進饌儀軌)』.
『춘추좌전(春秋左傳)』「은공오년(隱公五年)」.
『태조강헌대왕실록(太祖康獻大王實錄)』.
『태종공정대왕실록(太宗恭定大王實錄)』.
『파한집(破閑集)』.
『해동역사(海東繹史)』.
『후한서(後漢書)』「마한조(馬韓條)」.

<단행본>

강민기(2006), 『한국 미술문화의 이해』(서울: 예경).
고려대학교한국사연구소(2014), 『한국사』(서울: 새문사).
구희서 · 정범태(1985). 『한국의 명무』(한국일보사).
구희서(1992), 『김숙자: 도살풀이』(서울: 열화당).
구희서(1992), 『강선영: 태평무』(서울: 열화당).
구희서(2003), 『한국문화예술총집 연극 · 영화 · 무용 III』(서울: 대한민국예술원).
국립국악원(1986~2009). 『궁중무용무보 제1~13집』(서울: 국립국악원).
국립국악원(2009), 『궁중무용무보 제13집: 아악일무보』(서울: 국립국악원).
국립국악원(1980), 『한국음악학자료총서 3: 진작의궤(무자), 진찬의궤(기축)』(서울: 은하출판사).
국립문화재연구소(1996), 『입춤 · 한량무 · 검무』(서울: 국립문화재연구소).
국립문화재연구소(1998), 『국가무형문화재 제97호 살풀이춤』(서울: 신유문화사).
국사편찬위원회(2013), 『신편한국사「민족문화의 수호와 발전」』(서울: 국사편찬위원회).
고려대학교한국사연구소(2014), 『한국사』(서울: 새문사).
김매자(1995), 『한국무용사』(서울: 삼신각).
김온경 · 윤여숙(2016), 『한국춤총론』(서울: 두손컴).
김영나(1998), 『20세기의 한국미술』(서울: 도서출판예경).
김정배(1994), 『한국 고대사 입문 I : 한국 문화의 기원과 국가 형성』(서울: 신서원).
김정완 · 하루미(2009).『심소 김천흥의 해밝은 삶』(서울: 민속원).
김종수(2001), 『조선시대 궁중연향과 여악 연구』(서울: 민속원).
김천흥(1995), 『심소 김천흥 무악칠십년』(서울: 민속원).
김천흥(2005), 『심소 김천흥 선생님의 우리춤 이야기』(서울: 민속원).
김철웅 · 한시준(2012), 『한눈에 읽는 파노라마 한국사』(서울: 노스보스).
나승만(2004), 『국가무형문화재 제8호 강강술래』(대전: 국립문화재연구소).
능화(2006), 『한국의 불교무용』(서울: 푸른세상).
대한민국예술원(2000), 『한국예술총집: 연극 · 영화 · 무용편3』(서울: 대한민국예술원).

문애령(2001), 『한국 현대무용사의 인물들』(서울: 눈빛).
문철영(2015), 『하늘이 내린 춤꾼 이매방 평전』(서울: 새문사).
문화재연구회(1999), 『국가무형문화재 3: 의식, 음식, 무예』(서울: 대원사).
박재희(1999), 味摩之의 伎樂의 再照明(I), 『청예논총』 제16집, 청주대학교 예술문화연구소.
박재희(2015), 『우리 춤을 찾아서』(청주: 푸른나라).
변태섭(2007), 『한국사통론』(서울: 삼영사).
성경린(1979), 『한국전통무용』(서울: 일지사).
성경린(1985), 『한국 연극 · 무용 · 영화사』(서울: 대한민국예술원).
송방송(2007), 『한국음악통사』(서울: 민속원).
신태영(2015), 고려 당악정재의 전래와 수용, 『국립국악원』, 제31집.
신형식(2005), 『한국사 입문』(서울: 이화여자대학교 출판부).
안제승(1985), 『한국 연극 · 무용 · 영화사』(서울: 대한민국예술원).
안휘준(2012), 『한국 미술사 연구』(서울: 사회평론).
안휘준(2013), 『한국고분벽화연구』(서울: 사회평론).
유홍준(2010), 『유홍준의 한국 미술사 강의』(서울: 눌와).
윤아영(2012), 『궁정나례의 변천양상과 공연사적 의의』(서울: 민속원).
이계형(2018), 『한국 근대사: 1863~1910』(서울: 청아출판사).
이능화(2002), 『朝鮮巫俗考』, 이재곤 역. (서울: 동문선).
이두현(1991), 『한국의 탈춤』(서울: 일지사).
이병옥(1996), 『한국무용사 연구 I : 고대편』(용인: 노리).
이세기(2002), 『빛을 가꾸는 에피큐리언』(서울: 푸른사상).
이의강(2006), 『국역 순조무자진작의궤』(서울: 보고사).
이현희 · 교양국사연구회(2006), 『이야기 한국사』(파주: 청아출판사).
이혜구(1989), 『한국음악서설』(서울: 서울대학교 출판부).
이혜구(2000), 『신역 악학궤범』(서울: 국립국악원).
이화100년사편찬위원회(1994), 『이화 100년사』(서울: 이화여자대학교출판문화원).
이흥구(2000), 『처용무』(서울: 화산문화).
이흥구(2006), 『학연화대합설무: 국립문화재연구소편』(대전: 피아).
이흥구 · 손경순(2000), 『조선궁중무용』(서울: 열화당).
장사훈(1977), 『한국전통무용연구』(파주:일지사).
장사훈(1993), 『한국 음악과 무용에 관한 연구』(서울: 세광음악출판사).
전통음악연구회(1981), 『한국음악학자료총서3: 진작의궤(무자), 진찬의궤(기축)』(서울: 수서원).
정병호(1999), 『한국의 전통춤』(서울: 집문당).
정승희(2007), 『한성준-한영숙류 전통춤: 살풀이춤1』(서울: 민속원).
정승희(2010), 『한성준-한영숙류 전통춤: 승무』(서울: 민속원).
조택원(1973), 『자서전 가사호접』(서울: 서문당).
진홍섭(1991), 『무령왕릉발견 두침과 족좌』, 충남대학교 백제연구소
차주환(1972), 『고려사악지(高麗史樂誌)』(서울: 을유문화사).
최승희(2006), 『불꽃: 1911-1969, 세기의 춤꾼 최승희 자서전』(서울: 자음과모음).
최종민(2003), 『방일영국악상 10년』(방일영 문화재단).

한국고전용어사전편찬위원회(1991), 『한국고전용어사전』(서울: 세종대왕기념사업회).
한국예술종합학교한국예술연구소(2000), 『한국현대 예술사대계 II』(서울: 시공사).
한국정신문화연구원(1991), 『한국민족문화대백과사전 8』(성남: 한국정신문화연구원).
한국정신문화연구원(1994), 『정재무도홀기』(성남: 한국정신문화연구원).
한영우(2004), 『다시 찾는 우리역사』(파주: 경세원).
홍선표(2009), 『한국 근대미술사』(서울: 시공사).
홍윤식(2005), 『영산재』(서울: 대원사).
황루시(2001), 『진도씻김굿』(서울: 화산문화).
황루시 · 이보형(1983), 『경기도 도당굿』(서울: 열화당).

<학술지 및 학위논문>

김명숙(1979), 도당굿의 무무에 대한 고찰, 이화여자대학교 대학원 석사학위논문.
김명숙(1990), 굿춤의 기능에 관한 연구, 『대한무용학회논문집』12.
김명숙(2001), 춘대옥촉의 재현에 관한 고찰, 『무용예술학연구』8.
김명숙(2002), 최현(催賢)의 작품특성 연구:「비상」, 「허행초」를 중심으로, 『무용예술학연구』10.
김명숙(2004a), 이매방의 예술 세계, 『무용예술학연구』13.
김명숙(2004b), 김천흥의 예술 세계, 『무용예술학연구』14.
김명숙(2007), 한영숙 춤의 특질과 예술 세계, 『무용예술학연구』22.
김명숙(2015), 종교 의식의 의식무용화 작업에 관한 연구: 「육법공양」을 중심으로, 『무용예술학연구』56.
김연진(2017), 봉산탈춤과 처용무에 내재된 구나성(驅儺性) 연구, 성균관대학교 대학원 박사학위논문.
김영나(1995), 해방이후 한국현대미술의 전개: 전통과 서구미술 수용의 갈등 및 방향모색, 『미술사연구』9(12).
김영숙(1981), 현행일무고, 이화여자대학교 대학원 석사학위논문.
김영숙(2012), 한국 제례일무의 미학사상 연구, 성균관대학교 대학원 박사학위논문.
김영시 · 강희맹(2011), 역대(歷代) 우리나라에서 편찬된 오예의(五禮儀)에 대하여: 고려와 조선 초기에 편찬된 오예의(五禮儀)를 중심으로, 『동양예학회』.
김윤영 · 안병헌(2012), 김백봉 아카이브 구축을 위한 기초연구, 『무용역사기록학』27.
김율희(2002), 조선 세종조 궁중정재 창사에 나타나는 예악사상연구, 이화여자대학교 대학원 석사학위논문.
김효진(2016), 배구자의 예술활동과 근대공연예술사적 업적 연구, 한국예술종합학교 예술전문사 논문.
박경은(2012), 음양오행의 상생상극론을 적용한 무용창작작품 「휘(暉), 빛의 노래」에 관한 연구, 이화여자대학교 대학원 박사학위논문.
박신의(2010), 교방가요 소재 선악(仙樂) 연구, 『한국무용교육학회지』21(2).
박용구 · 유미희 · 송경희(2000), 신무용을 말한다, 『춤과 지성』1.
박현규(2002), 포구락의 기원과 변천, 『한국국악학회』31.
신태영(2015), 고려 당악정재의 전래와 수용, 『국악원논문집』31.
신태영(2016), 전통공연유산의 지속과 변화 : 〈연화대〉의 시대별 변천과 전승, 『공연문화연구』32.
엄국현(2012), 도솔가 연구, 『한국민족문화』43.
염현주 · 서숙희(2012), 박병천류 지전춤의 특성 고찰: 박병천과의 면담 녹취기록을 중심으로, 『무용역사기록학회』 제13호.
유화정(2019), 한국춤 연구의 영상인류학적 접근: 다큐멘터리의 제작 방안 고찰 및 적용을 중심으로, 이화여자대학교 대학원 박사학위논문.
이승열(1992), 처용무의 역사적 전승과 벽사의 특징, 『국악원논문집』, 제4권.
이애주(1999), 고구려 춤의 상징체계, 서울대학교 대학원 박사학위논문.
이은정(2007), 조선시대 후기 궁중검무의 민간 연희화 과정에 대한 연구, 이화여자대학교 대학원 석사학위논문.
이정민(2006), 고분벽화에 나타난 고구려 춤 연구, 이화여자대학교 교육대학원 석사학위논문.
이종구(2010), 백제악기연구 1, 『음악논단』 24.
임학선(1975), 진오귀굿의 무당춤에 대한 고찰, 이화여자대학교 대학원 석사학위논문.
임혜정(2017), 광복 이후 한국음악 공연물의 흐름과 변화, 『국악원논문집』 36.
정혜란(1986), 한성준에 관한 연구, 이화여자대학교 대학원 석사학위논문.
최윤영(2004), 산대잡극(山臺雜劇)의 공연양상 연구, 『한국연극학』 24.

<기타 자료>

김문숙과의 대담(2019. 2. 8), 김문숙 자택.
이매방과의 대담(2004. 3. 29), 이매방 자택.
이매방과의 대담(2004. 4. 5), 이매방 자택.
小原國芳(1963), 『玉川百科大辭典 권20』(東京: 玉川學園出版局).
김숙자(1985. 6), 『샘이 깊은 물』(서울: 샘이깊은물).
박헌봉 · 홍윤식 · 유기룡(1970), 무형문화재조사보고서 제76호 시나위, 정정 및 보완자료(문화재관리국).
성경린(1991), 한국무용의 맥락 천자의 명무: 이매방, 『무용한국』 봄.
이매방(1978), 영욕의 천직, 『춤』 1978년 6월호.
이애주(2000), 심소 김천흥 대담: 원로 예술인에게 듣는다. 『문화예술』 5월호.
세종문화회관대극장(1981), 「한국의 명무전: 한영숙」 팜플렛.
한국정신문화연구원 편(1979~1995), 『한국민족문화대백과사전 1~28』(한국정신문화연구원).
「경향신문」(1947. 11. 23), '습작의 의미: 신인무용가 송범 군에게 주는 글.'
「경향신문」(1956. 11. 6), '무용극 최초의 교향미: 한국무용가협회 공연 단편 조동화.'
「문화일보」(2003. 8. 6), "첫 사이버-리얼 무대 김명숙의 한국춤.'
「안성신문」(2006. 8. 3), '태평무 예능보유자 강선영씨 뉴욕 링컨센터 초연.'
「일간스포츠」(1974. 11. 23). '무용극 「왕자호동」 공연.'
「조선일보」(1953. 8. 13), '김윤학 무용 발표회' 포스터.
「조선일보」(1953. 9. 28), '강선영 고전무용' 포스터.
「조선일보」(1956. 7. 18), '한국무용가협회 결성.'
「조선일보」(1957. 10. 29), '본자 찾은 현대미, 송범 무용 발표회를 보고.'
「조선일보」(1959. 4. 21-22), '두 무용단체 통합, 29일 한국무용협회 결성대회.'
「조선일보」(1959. 5. 9), '쟈닌스 샤라 불란서 발레단 드디어 오다.'
국립현대미술관 홈페이지: http://www.mmca.go.kr/
도쿄국립박물관 홈페이지http://www.emuseum.jp/

한국춤의 역사

펴낸날 1판 1쇄 2019년 5월 24일
지은이 김명숙
펴낸이 김헌민
펴낸곳 이화여자대학교출판문화원
주소 서울특별시 서대문구 이화여대길 52 (우03760)
등록 1954년 7월 6일 제9-61호
전화 02) 3277-2965(편집), 362-6076(마케팅)
팩스 02) 312-4312
전자우편 press@ewha.ac.kr
홈페이지 www.ewhapress.com
책임편집 이혜지, 이지예
찍은곳 (주)현문자현

ISBN 979-11-5890-315-2 93680
값 27,000원

* 잘못된 책은 구입처에서 바꾸어 드립니다.

이 도서의 국립중앙도서관 출판예정도서목록(CIP)은 서지정보유통지원시스템 홈페이지(http://seoji.nl.go.kr)와 국가자료공동목록시스템(http://www.nl.go.kr/kolisnet)에서 이용하실 수 있습니다. (CIP제어번호: CIP2019014714)